U0756231

高等职业教育法律类专业新形态系列教材

法学基础

主　编◎赵保胜
副主编◎刘　畅
撰稿人◎（按撰写章节顺序）
赵保胜　刘　畅　高　亭
贾莉蔷　黄群峰　吴扶桑
刘　佳

中国政法大学出版社
2022 · 北京

图书在版编目（CIP）数据

法学基础/赵保胜主编. —北京：中国政法大学出版社，2022.9（2025.9重印）
ISBN 978-7-5764-0677-1

Ⅰ.①法…　Ⅱ.①赵…　Ⅲ.①法学－中国－高等职业教育－教材　Ⅳ.①D920.0

中国版本图书馆CIP数据核字(2022)第176052号

出版者	中国政法大学出版社
地　址	北京市海淀区西土城路 25 号
邮　箱	fadapress@163.com
网　址	http://www.cuplpress.com (网络实名：中国政法大学出版社)
电　话	010-58908435(第一编辑部) 58908334(邮购部)
承　印	保定市中画美凯印刷有限公司
开　本	787mm×1092mm　1/16
印　张	16.25
字　数	346 千字
版　次	2022 年 9 月第 1 版
印　次	2025 年 9 月第 2 次印刷
印　数	5001~9000 册
定　价	49.00 元

前言

法理学是关于法和法律的思辨哲学，它不仅是人类对于生活秩序的追求，更是人类理性思辨的精神家园。法理学思想历来都是那些先贤哲人们理性思辨的成果，任何一本法理学教材都难以把古往今来庞大的法理思想全部成体系地复述下来，更何况我们这本只是针对高职学校学习法律的学生编写的《法学基础》，但是这丝毫不能动摇我们所有参编者对人类理性家园的向往和追求。也正因如此，我们所有参编者都能竭尽自己的所能，不敢有丝毫怠慢，努力以专业的标准来挖掘可用的素材，认真对待每一个法理学所涉及的理论和实践问题，并使之尽量符合高职法律学生的学习目标，力争编写出一本高质量的《法学基础》教材，以期实现促进学生提高思辨能力，引领他们走进法律殿堂，走上法律职业之路这一初衷夙愿。

《法学基础》这本教材是浙江警官职业学院国家双高专业群建设项目之一的特色教材建设的最终成果。本着为学生学习法律奠定坚实的理性基础，引领他们走入法律思维的路径的理念，本教材在编写时突出高职法律学校的特色，结合法律职业特点，在结构和框架安排上进行了新的尝试。每一章都由典型案例为引领，引导出本章所要学习的目标以及所要解决的问题，带着问题开始学习。并用二维码链接本章学习所涉及的重要理论或者热点问题，帮助学生把理论学习直接和社会实践连接起来，并感受社会生活中所蕴含的深刻法理。在每一章学习完之后为学生提供了“提高研讨题”，进一步激发学生学习法学理论和关注社会实践的兴趣，提高他们的思辨能力，树立法律意识，培育法治思维。综上所述，本书在编写上突出体现了如下四个特色：

第一，实现“理实一体化”，体现职业教育的特色。在教材编写时各个章节把实践教学的内容融入其中，在理论教学中交叉进行实践教学。

第二，结合本课程的特点，更加突出思政教育的功能，把能加入思政元素的内容进一步扩充、深化，实现法理教育与思政教育一体化，真正实现课程思政化。

第三，突出基于问题的情境式教学特色。在教材编写设计上，以“问题思考—基本知识学习—实践训练”为体例组织每一章节的内容，让学生带着问题进入学习情境，完成学习任务走出情境，真正实现基于问题的情境式教学。

第四，把课堂教学延伸到网络教学，在教材编写时把一些热点、难点问题运用二维码链接嫁接到网络上，一来可以真正把学生带入情境之中，二来更是把学习范围延伸扩大，最终实现线下教学与线上教学的融通。

参加本书编写人员和分工为（按在本书中编写章节的先后次序分列）：

赵保胜，浙江警官职业学院教授：第一、二、四、十、十四章，第十五章第三、四节；

刘畅，浙江警官职业学院讲师：第三、五、十二章；

高亭，浙江警官职业学院讲师：第六、十一章；

贾莉蔷，陕西警官职业学院副教授：第七章；

黄群峰，浙江警官职业学院讲师：第八、九章；

吴扶桑，浙江警官职业学院讲师：第十三章；

刘佳，湖南司法警官职业学院讲师：第十五章第一、二节。

本教材由赵保胜主编，刘畅为副主编，在所有参编学人的共同努力下，集大家智慧编写而成。本教材由主编负责统稿，副主编部分参与。本教材在编写过程中得到中国政法大学出版社的大力支持，在此深表谢意。

在本教材的编写过程中所有参编者都尽了最大的努力，这份努力能否得到读者的认可，要在具体教学中去检验。我们期待本教材能激发学生学习法学理论的兴趣，对初学法律的同学提供帮助和指导。当然，这有自说自话之嫌，本教材究竟能给读者多少启迪和帮助，只有读者自己去感受和思辨。我们真诚希望读者对本教材的不足之处提出宝贵的批评意见，以便于我们今后修正。

编　者

2022年7月于杭州

目录CONTENTS

第一章 导 论

本章引例：医学院倡议不再招收吸烟的学生

1995年底，某医科大学因考虑到吸烟是世界公认的三大不良公害之一，而医学院又是培养健康卫士的地方，因而作出决定，从1996年起该校不再招收吸烟学生。1996年初在北京召开的第十届世界烟草和健康大会组委会上，发出了在全国医学院校开展禁烟活动的倡议，倡议从1996年起医学院不再招收吸烟的学生。此举动受到部分媒体的关注和肯定，但也引起了吸烟学生和家长的反对。

作为医学院校倡议禁止吸烟是其应尽的道德职责，但是倡议不再招收吸烟的学生则是与法理相悖的。通过这一案例促使我们深刻反思究竟什么是法理，什么是法理学要研究的对象，我们究竟要持什么样的思维来思考该医学院的这一“善举”。

本章概述：本章主要讲述两个方面的内容，一是什么是法学，法学的研究对象是什么，法学的功能作用是什么，法学的学科是如何分类的，如何学习法学等；二是什么是法理学，学习法理学的意义何在。

本章的学习目标：通过本章的学习，你所要达成的学习目标如下：

1. 掌握法学的概念、性质和特征；
2. 知道法学的研究对象、懂得法学的研究方法；
3. 懂得为什么要学习法学，它的功能作用是什么；
4. 了解法学思维的特点，努力用法学思维看待问题。

本章教学内容：

第一节 法 学

一、法学的概念

法学的全称是法律科学，顾名思义，所谓的法学就是研究法律的一门科学，是研究法律现象的知识体系。法学知识是什么样的知识？是实践知识，还是理论知识？我们认为法学知识偏重实践知识，它是通过实践之思获得的知识。

法学知识的实践性是由法律科学的实践性决定的。其一，法学的研究对象总是指向法律现象和法律问题，所以法学的兴衰总是和一个国家的法律制度联系在一起，法律制度兴法学就繁荣，法律制度衰法学则不振。其二，法学是解决实践问题的，具有务实性。法学必须关注和面向社会的世俗生活，为人们社会生活中的困惑、矛盾冲突寻找到切实的法律解决方案，确立基本原则，或为法律决定作出合理而有说服力的论证。其三，法学是反映人的经验理性的学问，是人的法律经验、知识、智慧和理性的综合体现。其四，法学是职业性知识体系，它所使用的语言是冷静的、刚硬的、简洁的、合逻辑的，是经过法学家们提炼、加工和创造出来的专业语言，与人们“日常生活用语”存在一定的差别。在许多场合，法学语言对外行人来讲是非常陌生的，如“无因管理”“不可抗力”“紧急避险”等。其五，法学不同于自然科学，主要原因在于法学研究的是一种“价值性事实”，即反映人类的价值观、价值取向和价值意义的社会事实。

《法的一般理论及其在中国的发展》_雷磊

二、法学研究的对象

法学研究对象即法学研究些什么或研究的客体问题。法学的研究对象是法律及法律现象，这是古今中外的法学家都一致认可的。但在具体的研究对象方面存在分歧，主要有两个方面：一是对法律概念的外延上的认识存在不同，即什么是法律的认识上是不同的。二是在研究的侧重点方面存在分歧，即法学到底研究法律的哪些方面，是它的价值属性，还是它的规范属性，抑或是社会属性。

正是由于对法律现象研究的侧重点不同，在法学历史上，不同时期、不同学派的思想家、法学家对法学的研究对象往往有不同的理解，因而对法学研究的具体对象从不同角度也就作出了不同的解说和回答。例如，有的认为法学主要研究法的价值和最高目的，特别是法与道德、正义或哲理的关系，亦即研究先验的、亘古不变的理想法、正义法或自然法，以此作为评价现行法、修改和创新新法的依据；有的主张法学应着重研究实在法，即国家制定或认可的法律规范、法律体系及其结构和要素，特别是要对法的概念进行分析；有的主张法学的任务在于调查研究法与社会的相互关系，研究法的社会功能和时效；有的认为法学的研究对象应包括法的价值、法的形式和法的事实；而有的则把法学的任务归结为注释法典或者重述判例。总体上呈现出百家争鸣的局面，产生了众多的法学流派。

梳理众多法学流派的观点，整体上看，法学是以法律现象为研究对象的各种科学活动及其认识成果的总称。作为一门系统的科学，法学必须对其研究对象进行全方位的研究，既要对法进行历史研究，考察研究法的产生、发展及其规律，又要对法进行共时性研究，比较研究各种不同的法律制度，它们的性质、特点以及它们的相互关系；既要研究法的内在方面，即法的内部联系和调整机制等，又要研究法的外部方面，即法与其他社会现象的联系、区别及其相互作用；既要研究法律规范和法律关系的内容和结构，以及法律关系的要素，又要研究法的实际效力、效果、作用和价值。总之，凡属与法有关的问题和现象，都在法学研究的范围之内。因此，法学的研究对象是一个比较复杂的问题，因为法律及法律现象是纷繁复杂、多种多样的，经过归纳总结，法律研究的众多对象中有其共性的问题，在法律实践中法学研究对象的共性问题主要涉及如下三个方面：

（一）法律制度的问题

任何法学研究都离不开法律制度问题，一个国家的法律制度是法律存在的基础，更是法学研究存在的基础，离开法律制度法学将无以存在。法学研究对法律制度的设立及其运行具有指导意义，同时法律制度深深地影响着法学研究的发展。在法学研究领域法学研究者更愿意把研究的目光聚焦到法律规则上来，这对于国家完善立法、释法和修法，构建法律体系具有指导意义，但是确立法律规则，构建法律体系最为根本的基础还是一个国家的法律制度，只有建立了良好完善的法律制度，才能确保制定出良好的法律。所以，法学研究的重点应该是研究不同的法律制度，它们的性质、特点及其相互关系。

（二）社会现实与法律现实的问题

法学研究的另一重点对象即“法律现实”，它是社会现实的一部分，是法律意识、法律行为、法律规范、法律关系以及通过它们所体现的法律文化、法律技术等各种法律现象的总称。法学研究法律现实的各种表现（各种法律现象）是为了透过现象认识其本质，寻找其产生和发展的规律性，提出和论证一定的法律原理，研究、掌握和传播一定的法律文化、法律技术。许多其他学科的研究也涉及法律现象，但法律现象毕竟是法学专门的研究对象，而其他学科仅仅是在研究其自身对象时涉及法律现象。同时，法学研究法律现象，主要是为了满足法律调整的需要，而在其他学科中对法律现象的研究，却往往与此无直接关系。社会现实或社会关系同样是非常复杂多样的，并不是所有的社会现实和社会关系都具有法律意义，有些社会关系是不具有法律意义的，并不是法律现实。比如，张某和李某是大学同班同学，又是好朋友，一天李某主动邀请张某星期天到电影院去看电影，到了星期天张某先行乘车到电影院门口等候李某，可是李某突然改变主意，不想看电影了，致使张某一直等到电影散场时都没有等到李某，张某非常气愤，于是提出与李某断交。这一事例中，李某由于某种原因存在“背信弃义”、不信守承诺的行为，但是该生活行为本身显然不具有“法律制度的关联性”，是没有法律意义的社会现实。但是从法与社会的联系和法的实际效用出发，法学的重要任务也是要考察法与社会事实的联系。马克思主义法学认为一切法律现象都与社会事实相联系，一切法律现象都是社会运动的特殊形式。法学研究的直接对象是这种形式，但不能就形式认识形式，不能脱离开法律形式的经济的、政治的和其他社会生活的内容去认识这种形式，“就法论法”，也不能把这种形式仅仅归结为法律规范及其条文表现；而是要研究法律现象（社会运动的法律形式）的各种表现（法律意识、法律行为、法律规范、法律关系等），研究这些表现之间的相互联系和相互转化，研究它们与其他社会现象之间的关系。既要研究法律现象的静态，也要研究它们的运动。研究法律现象是怎样从社会生活中产生，怎样在社会中运动，又怎样作用于社会生活的。

把法学的研究对象界定为法律现实，即一切法律现象，有重大的理论和现实意义，这样有助于我们克服那种静止的、单纯注意对规范、条文的研究的倾向，开阔我们的视野，对法律现实在其运动中进行多方面、多角度的分析。法学研究法律现实是为了改造法律现实，更好地满足社会生活对法律调整的需要。所以，法学也可以说是从理论和实际应用上来认识和把握法律现实及其与社会现实关系的专门科学知识体系。

（三）法律规范如何适用的问题

法学研究的核心问题之一是法律规范如何对应社会现实，哪些社会现实需要法律规范调整？哪些社会现实不需要法律规范调整？其依据是什么？不同的社会制度和法律制度对此的运用是不同的。例如，《消费者权益保护法》[1] 第 55 条第 1 款规定："经营者提供商品或者服务有欺诈行为的，应当按照消费者的要求增加赔偿其受到的损失，增加赔偿的金额为消费者购买商品的价款或者接受服务的费用的三倍；增加赔偿的金额不足五百元的，为五百元。法律另有规定的，依照其规定。"王某得知某市百货商场正在售卖假冒的"三星"牌电视机，于是王某购买了一台价值 2300 元的假冒三星牌电视机。第二天王某以商场欺诈销售为由，要求商场赔偿 6900 元，无果。遂诉至法院，主审法官以王某知假买假为由，认定王某不属于消费者，对王某的诉讼请求不予支持。

本案主审法官按照自己的解释对王某的购买行为作出了否定性判断。那么什么是"消费者"，什么是"知假买假"，其定义和构成要件以及后果都不确定。因此，不同的裁判者对这个案件的事实认定是有不同认知的，裁判结果也会是不同的。由此可知，法律规范是原则性的规定，在具体适用中要使规范与事实达到相互对应，相互一致是十分困难的。这就需要通过法学对这些相互矛盾的问题进行研究，找到解决问题的方法和路径。

还有同一社会现实或法律现实需要哪些法律规范进行调整，也是法学研究应对社会现实进行的应用性研究。例如，发生在杭州的著名的"糖炒栗子违法用广告语行政处罚案"，行政机关针对糖炒栗子店业主在店面门上和窗户上以及纸用包装袋上违法用"绝对化"宣传用语，认定其违反了《广告法》的相关规定，依照《广告法》的规定给出罚款 20 万的行政处罚。但是如果此违法的法律事实按照《行政处罚法》第 33 条第 1 款"违法行为轻微并及时改正，没有造成危害后果的，不予行政处罚。初次违法且危害后果轻微并及时改正的，可以不予行政处罚"的规定，可以不予处罚或者减轻处罚。这就是同一法律现实有多个法律规范调整，应该选择适用哪个法律规范，这也是应用法学研究应该重点关注的研究内容。

三、法学的目的与功能

研究法学的目的是什么？不同的法学派别对法学的研究目的也是众说纷纭。法学

---

[1] 即《中华人民共和国消费者权益保护法》，为表述方便，本书涉及我国法律均省去"中华人民共和国"字样，不再赘述。

的研究目的即法学家研究工作的主观目标，是法学家内心对法律所起到的作用的一种追求。总体上来看，法学研究有三大目的：一是伦理目的，即为了法学或探究法律的一般规律和原则，为公正安排社会关系及解决社会纷争找到合理的交往模式或法律框架。二是科学目的，即法学研究追求的是发现法律规律，认识法律的本来面目。三是政治目的。法学研究的政治目的有两个方面：一方面是法学研究是为了给统治阶级的统治出谋划策，为国家制定法律制度、创制法律、构建法律体系提供对策、方案；另一方面是法学研究的目的在于证明、揭露法律的缺陷从而在政治上否定它。一般说来法学研究的三大目的不同程度地存在于法学家所追求的目的之中。尽管西方一些法学家追求法学研究的价值中立，但实际上难以完全做到。法学既然是科学就应当力求避免主观因素对研究的干扰，要采取“完全客观”的立场，才能使自己的成果具有科学价值和伦理价值。

法学研究的功能和研究目的是有所不同的，研究功能是研究过程与成果的社会影响，研究目的是研究者的主观愿望。法学研究通常对社会和法律的进步起推动作用，但是也不排除某些被权力控制的法学，被非伦理观念左右的法学会对社会和法律进化起阻碍作用。法学的正常功能主要有：

第一，指导立法司法实践。法学家通过理论研究和直接参加立法实践，将社会规则和原则系统化，或将它们加以改造，从而提高法律的科学性、合理性、确定性的程度。法学家通过参加诉讼或直接从事裁判活动，以理论的睿智和公正的品格保障司法公正。

第二，填补实在法的空白，纠正实在法的讹误。在任何时代的任何法域，法律的空白乃至讹误在所难免。在无法可依时法官实际上只能拿法理来填补。在特殊情况下，法理甚至有纠正实在法错误的作用。

第三，创造和传播法观念，使法思想不断合理化与系统化。法学是一定时代法的精神和理念的表达。法的精神和理念是法律制度的灵魂，是法律制度体系的精神支柱。法的精神、理念的变化会导致法律制度和法学的变革。法学的一项重要功能，就是反映和表达其所处时代的法的精神和理念，并对社会实践中所孕育出的法的精神和理念进行整合和再创造，使法思想不断合理化与系统化，为法律制度和法学体系的发展提供思想动力。

第四，培养法律人才。法律的连续、发展与运作离不开法律人才，法学通过法学专业教育培养各种法律人才：法官、律师、懂法的行政官员、立法者。早在古罗马，就有制度化了的法律教育，培养出大量的法律专门人才，这是古罗马法在古代法中独占鳌头的关键因素。公元 11 世纪，意大利的波伦亚大学法学院培养的学生，是西方法律现代化和传播罗马法的主要力量。

培养法律人才的关键在于要培养法律学人的法学思维。法学思维是法学家在研究法律现象时所持有的思考立场、态度、观点、价值取向和方式方法。法学思维的特点主要有如下几点：

第一，法学思维是实践思维。法学家们在思考法律时，不是绝对的“纯思”，他们所追求的不是纯粹的理论知识，而是追求“实践知识”。即把社会生活中已经存在的内生规则加以理论化并转化为法律规则，再加以论证完善。法学家思考法律不能完全游离于各个时代已经发生法律效力的实在法之外。

第二，法学思维是问题思维。法学思维总是针对法律存在的问题进行思考。法律的问题无处不在，既有可能是立法问题，也有可能是执法问题、司法问题、守法问题；既有可能是法律解释问题，也有可能是法律推理问题。法学的首要任务就是要解决问题，为法律问题找到切实可行的答案。

第三，法学思维是说理的思维，是论证的思维。法学思考遵循“理由优先于结论”的规则。也就是说，法学的结论必须是有论证理由的结论，是对法学思考者本人及其他人都有说服力的结论。

第四，法学思维是评价性思维。法学思维所追求的价值目标与其他学科是有所不同的。比较而言，如果说经济学思维追求“利益最大化”的价值，伦理学思维追求“道德至善”，政治学思维追求“合目的性”“权宜之计”，那么，法学思维则以追求“公平”“正义”为其主要的价值取向。

四、法学的分科

以整个法律现象为研究对象，这是就法学作为一个整体而言的。随着法律发展成为广泛而复杂的整体和随之而来的各种法律部门的出现，产生了对法律体系进行解析型研究，即对法律进行分门别类研究的科学需要。由此，出现了法学内部的分科。法学分科是指把法学内部的知识体系划分出不同的分支，进行类别化的研究，这是近现代法学发达的产物。然而，法学分科如何分，依据什么标准，分成多少分支学科，在国内外法学界尚没有一致的观点。各国学者提出的法学分科相当宽泛，名称也不尽相同。例如，英国《牛津法律指南》中提出，法学可分为理论法学与应用法学两大部类，并可进一步具体分为七个部门：法律理论和哲学；法律史和各种法律制度史；比较法研究；国际法；跨国家法；国内法；附属学科，如法医学、法律精神病学等。还有如日本《万有百科大辞典》中将法学分为四大部类：一是公法，包括宪法、行政法和国际法；二是私法，包括民法、商法、民诉法、劳动法和国际私法；三是刑事法，包括刑法、刑诉法、刑事政策学；四是基础法学，包括法律哲学、法律社会学、法律史学、比较法学等。我国大陆学者通常从法律部门和认识论两个角度对法学进行分科，划分的结果大同小异。完全从部门法的角度划分，难以涵盖理论法学，所以我们认为从认识论的角度可以将法学分为理论法学和应用法学两大类。具体划分如下：

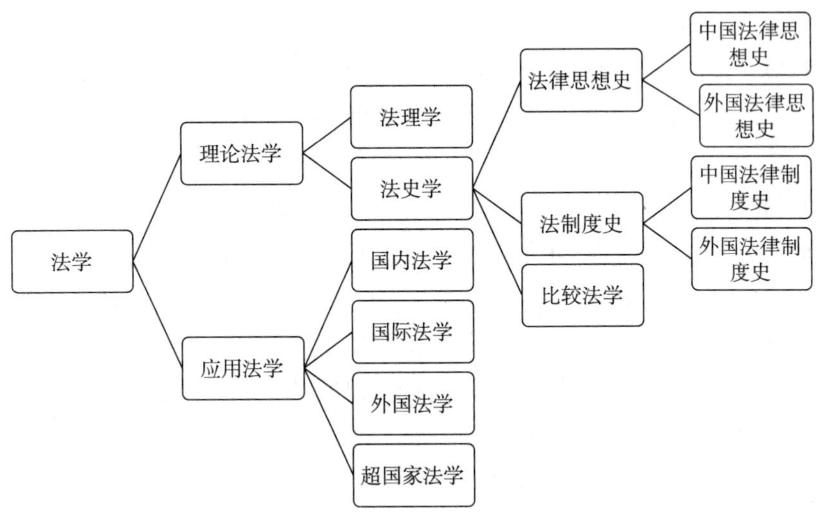

五、法学的研究方法

法学研究的方法不仅仅是一个如何认识法律的问题，而且还是如何评价法律、践行法律的问题。法学研究的方法对于法学学科及其法律实践的发展极其重要。但是由于我国在法学研究上长期受到用阶级分析方法研究法学的影响，致使在法学研究的方法问题上出现了严重的失误，严重地影响我国法学的发展和对外交流。我们在重视法学研究方法的同时，也要注意不要过分夸大法学研究方法的作用，对方法论产生过度的迷恋。方法论无论多么正确它也无法代替研究本身，绝对不能单纯地认为只要方法正确就能产生科学的成果；法学研究的方法对于法学研究行为而言只是提供法学研究的规范意义，不完全具有指导意义。那种认为只要方法正确就会方向正确的观点是偏颇的，法学研究的方法是随着时代发展不断更新与发展的。

基于以上的认识，我们认为法学研究方法应该分为两个层面，一是法学研究的原则立场问题，二是法学研究的技术性方法问题。

1. 法学研究的原则立场是对法学研究具有根本性、导向性的思维方法，是技术性方法得以正确运用的前提。法学研究的原则立场就是要坚持党的领导，与时俱进，实事求是。具体可以概括为如下几点：

（1）坚持一切从客观事实出发的客观立场。科学研究需要一切从客观事实出发的客观立场，需要最大限度地消除人为的主观因素的干扰。

（2）坚持实践是检验真理的唯一标准。认识的正确与否由什么来检验，历来存在分歧。先验论者主要认为由经验来检验，这是极其错误的导向。马克思主义历来坚持以实践来检验真理，反对用理论检验理论。唯有实践才是检验理论真理性的唯一标准，作为检验真理标准的实践不是一时一地的实践，是人类的实践。它具有空间的广延性和时间的无限性，即实践包括了古今中外的实践，还包括人类未来的实践。实践是不断发展的，所以不存在永恒的真理。

（3）坚持与时俱进，不断探索的观点。既然“世界不是一成不变的事物集合体，而是过程的集合体”，是“都处在生成和死亡的不断变化中”，那么人们对世界的认识就是有限的认识，需要随着社会的不断发展变化不断深化对原有事物的认识，做到与时俱进。

（4）坚持公正无私的科学探讨。法所追求的价值目标是维护社会的公平正义，那么，作为研究法学的学者们在研究法学的方法上就应该秉持公正无私、客观公正的立场。这就要求我们的研究必须以事实为依据，而不是以个人的主观偏好为依据。

2. 研究法学的原则立场对法学研究的技术性方法是有指导意义的，同样的方法在不同的原则立场指导下就会得出不同的结论。研究法学的技术性方法是多种多样的，一般来说较为实用的方法主要有如下三种：

（1）实证研究方法，就是指通过对经验事实的观察和分析来建立和检验各种理论命题的研究方法。所谓经验事实，指的是可以通过人们的直接观察或间接观察被发现的确定的事实因素。对于法学的实证研究而言，经验事实既包括与法律的制定和实施有关的一切社会事实，也包括法律文本中的词语、句法和逻辑结构等事实因素。实证分析法之所以是法学的基本方法，就在于法学的一个基本任务是揭示法的实然状态，即回答法实际上是怎样的。比如，法在现实生活中是如何运行的，法有哪些社会作用和功能，法有什么样的体系和结构。我们要解答这样一些涉及法的实然状态的问题，必须借助和运用实证分析方法。

（2）价值分析的方法，就是通过认知和评价社会现象的价值属性，从而揭示、批判或确证一定社会价值或理想的方法。价值分析方法之所以是法学研究的基本方法，就在于法学的一个基本任务是揭示法的应然状态或价值属性，即回答法应当是怎样的。法作为调整社会利益关系的规范体系，其本身就是一定价值理念的体现。法之所以要对一些行为予以保护，而对另一些行为予以制裁，就是因为法之中隐含着一套价值准则，凡是被这种价值准则所肯定的行为就得到法的保护；相反就会受到法律的制裁。因此，法学的一个首要任务就是对各种利益进行评价并确定它们在法律序列中的相应位阶，当发生利益冲突时，还要提供一种在其中进行取舍的原则。也就是说，法学必须回答在利益关系中，哪些利益应当受到保护，应当保护到什么程度，哪些利益应当受到限制，应当限制到什么程度。

价值分析方法主要包括价值认知和价值评价，这是分析过程的两个不同阶段，两者之间既有区别又相互联系。价值认知是以法律这个被认知的课题所蕴含的价值属性为对象的，它要探究特定的法律制度是按照哪一个阶级、阶层的利益标准与价值观念来调整社会关系和在社会主体之间分配权利义务的。价值认知的直接目的是如实地观察和描述特定法律制度所包含的价值准则和价值排序。价值评价是从一定的利益和需要出发，按照一定的价值标准、价值准则对特定法律制度的总体或部分进行判断与取舍。比如，法律制度的权利义务的总体结构是否合理？是应当加以维持还是应当予以改革或摧毁？某一授权性规范或禁止性规范是否公正？如果需要对它加以修改，应如何进行修改？公平与效率发生冲突时，应当如何取舍？由此可见，价值分析方法在法学研究中具有特别重要的现实意义：一是价值分析方法是深刻认识和理解法律制度的精神实质的钥匙；二是价值分析方法是改革和完善法律制度的重要方法。

（3）比较分析的方法，主要是通过对横向的不同法律及其法律制度，对纵向的不同时期的法律进行对比研究的方法。运用比较分析的方法不仅仅针对国际法律制度的比较研究，而且对国内不同地区的法律现象也应当进行比较研究。如比较研究不同地区的治安情况，比较研究城市和农村中法的时效，比较研究沿海发达地区和内地不发达地区的法意识，等等。不仅要进行地区间不同法律现象的研究，还有对不同历史时期的法律现象进行比较研究，通过对不同历史类型法制以及同一类型中的不同时期法制的比较研究，我们可以从中得到很多具有启发性和实用性的知识，促进法学研究的发展与进步。所以，比较法学的研究方法对于法学理论的发展与完善具有重要的推动作用。

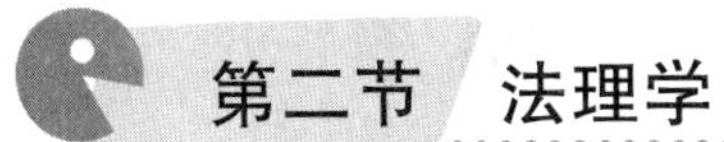

第二节 法理学

一、法理学的含义

法理学是研究一切法律现象的共性问题或一般理论问题的法学分支学科。法理学在法学分科中属于理论法学。

法理学研究的对象主要是古今中外的法或法律的一般原理（哲理）、基本原则、基本概念和法律制度以及法律制度的运行机制，它所关注的重点是法的一般性问题和普遍性的问题。法理学不是十分关心每一个具体制度或法律制度的操作问题，它只对每一法学学科中带有普遍性和根本性的问题和原理做横断面的考察。比如它要解答什么是法，法有什么作用，法的价值有哪些，法与道德、法与正义、法与自由之间的关系如何等问题。

《法理：法理学的中心主题和法学的共同关注》_张文显

法理学从宏观的或具体的角度研究法的基础理论问题或一般性问题，并不表明它不关注法律生活中具体的问题或事件。事实正好相反，法理学家们往往更关注现实生活中某些具体的法律问题或事件，因为这些具体的法律问题或事件更能折射法律的精神实质，更能让人感受到规则所蕴含的道德和正义的力量。所以他们更愿意对生活中的具体法律问题或事件进行哲学思考获得思想的灵感或启迪，并进一步作出理论论证。当然，法理学关注具体的法律问题或事件时，并不是就事论事，而是小中见大，思考和回答这些具体的问题中所折射出来的普遍意蕴。比如，刑法是否应当禁止同性恋和卖淫行为？这原本是一个具体的刑法问题。法理学对这个问题的思考，就不是简单地提出某些理由，作出一个肯定或否定的回答，而是要深刻阐明并解答这个具体问题背后隐含的一个具有普遍意义的道德与法律的关系以及道德是否应当赋予法律强制力的问题。

尽管不同时代的每个国家的法理学家都努力解答法的一般问题，都在努力建构普遍适用于所有国家的法的一般理论。但由于历史和地理疆域的限制，他们研究的立足点和参照系都很难脱离本国法的历史和现实，其所创立的理论虽然具有普适性的特质，但是却打下了本国法的历史和现实的深刻烙印。而一些注重法理学之实际功用的法理学家，更是自觉以本国法律实践为研究的立足点、中心和归宿，努力为本国法律实践提供理论服务。因此，中国的法理学在思考和研究法的一般问题的时候，必须把为自己国家服务作为责无旁贷的己任，密切关注和研究当代中国的法治建设，为当代中国的法治建设提供理论支撑。

二、法理学的发展与学科演变

法理学的发展主要有两条主线：一是法理学思想的发展，二是法理学学科的发展。作为对法的一般性、普遍性问题进行思考的认知活动和知识成果的法理学思想自古就有。在人类的历史长河中，法理学思想的发展经历了奴隶社会、封建社会、资本主义社会、社会主义社会几个历史阶段，马克思主义法理学的产生是法学历史上的里程碑。

（一）古代社会的法理学思想

古代社会的法理学思想主要有两个源头：一是古希腊文明中的法理学思想；二是古罗马文明中的法理学思想。中国早在春秋时代就有丰富的法理思想，中国著名的墨、道、儒、法四大学派对法律都有一些思考。古代法理学思想一直延续到封建社会，形成封建社会的法理学，也可以说完全是为剥削阶级服务的法理学思想。

（二）近代法理学思想

近代法理学主要以资本主义法理学为标志。自 13、14 世纪开始的欧洲文艺复兴运动和宗教改革运动，使西方法学朝着世俗化的方向发展和变革。一批出身于新兴中产阶级的思想家，不再把上帝和神性而是把君主或人性看作国家和法律的基础，使法律和法学从天国回到了人间。这个时期法学发展最重要的标志是人文主义法学派的产生。17 世纪开始的资产阶级革命既需要法学，也解放了法学。近代资产阶级法学的出现，意味着一种与中世纪神权世界观相对立的法权世界观的出现。这一世界观的核心是自由、平等、人权和法治。其典型的表达形式是自然法学派的“社会契约论”和“天赋人权论”（自然权利论）。从 18 世纪末开始，欧美等西方资本主义国家陆续出现了形形色色的法学思潮和流派，极大地促进了当代资本主义法理学的发展。一直到 20 世纪 50 年代中期以后，由于一系列重大的政治辩论和学术争论的推动，出现了西方法学史上前所未有的繁荣局面。自然法学派、社会法学派和分析法学派以新的政治和理论姿态出现，成为近现代西方法理学的三大主流学派。20 世纪 70 年代以后，出现了主张运用经济学的理论和方法分析法律现象（法律制度和法律活动），以实现最大经济效益为目标改革法律制度的经济分析法学派；以批判西方法律制度和法律文化为宗旨的批判法学派；以人本主义为哲学基础，宣扬非意识形态化，宣布对马克思主义实行辩证否定的新马克思主义法学派。这些法学派分别从不同的角度解释和评价法律制度，为维护和改善资本主义法律制度作出了贡献。与此同时，也出现了以否定资本主义法治原则为特征的后现代法学派。后现代法学派对资本主义法治进行了深刻的批评与反思，但却不具有建设性，对资本主义法治建设并未提出多少建构性的主张。

（三）马克思主义法理学及其中国化

马克思和恩格斯在对人类法律思想进行扬弃的基础之上，创立了马克思主义法理学。马克思和恩格斯在早期都深受古典自然法学派和德国哲理法学派思想的影响，撰写了一批具有激进民族主义立场的法学论著，高扬理性法、自由法的思想旗帜。因此，马克思主义法理学有三大思想渊源，它们分别是近代理性主义的古典自然法学、德国古典法哲学和空想社会主义法哲学思潮。马克思主义法理学诞生的标志是1848年2月出版的《共产党宣言》，它是科学共产主义的第一个纲领性文献，也是闪烁着历史唯物主义法学光辉的重要著作。在《共产党宣言》中，马克思和恩格斯明确地阐述了马克思主义法学的基本原理，揭示了人类社会历史运动的客观规律，以及与此密切相关的法的现象的运动规律，分析并揭露了资产阶级法律的阶级本质和特征。马克思主义法理学的产生开辟了法理学发展的新纪元，极大地促进了社会主义法理学的发展。

20世纪以来，马克思主义在中国获得广泛传播和深入发展。中国共产党把马克思主义的普遍原理与中国实际相结合，形成了毛泽东思想、邓小平理论、习近平新时代中国特色社会主义思想三大理论成果。在这一历史进程中，马克思主义法理学也在不断丰富和发展，取得了一系列理论成果。

1. 社会主义革命和建设时期的法理学。在社会主义革命和建设时期，以毛泽东为代表的老一辈无产阶级革命家，把马克思主义与中国新民主主义革命和社会主义建设的实践经验结合起来，进一步地丰富发展了毛泽东思想，这一思想中包含着丰富的法理学观点，其中关于国家学说和法制建设的理论，推动了我国法学理论进一步发展。

2. 改革开放和社会主义现代化建设新时期的法理学。党的十一届三中全会以后，中国进入了以经济建设为中心的改革开放和社会主义现代化建设的新时期。为了适应改革开放和社会主义现代化建设的需要，邓小平等党和国家领导人对改革开放和社会主义现代化建设中出现的许多理论和实践问题进行了科学的论述和高度的概括，从而形成了中国特色社会主义理论体系。这一体系当中包含了民主法治思想，促进了中国法理学的繁荣与发展。

3. 进入中国特色社会主义新时代的法理学。党的十八大以来，习近平总书记坚持把马克思主义与中国特色社会主义改革开放和现代化建设的实践经验相结合，创立了习近平新时代中国特色社会主义思想。在社会主义法治建设方面，习近平创造性提出了关于全面依法治国的一系列新理念、新思想、新战略，形成了习近平法治思想，促进中国法理学迈上更高发展阶段。

习近平关于法治的论述深刻阐明了中国特色社会主义法治的本质特征、政治方向、发展道路、价值功能、基本原则、中国特色、世界意义等根本性问题，系统阐述了什么是法治、什么是中国特色社会主义法治、为什么要实行全面依法治国、如何推进全面依法治国、如何在法治轨道上推进国家治理体系和治理能力现代化等战略性问题，既集中体现出马克思主义法治理论和中国特色社会主义法治理论在新时代的创新发展，又生动展现出他对创立习近平法治思想所具有的独创性、集成性、原创性贡献。〔1〕概括起来，习近平法治思想的核心要义如下：

第一，坚持党对全面依法治国的领导，是中国特色社会主义法治的本质特征和内在要求。党政军民学、东西南北中，党是领导一切的。中国共产党的领导是中国特色社会主义最本质的特征，是社会主义法治最根本的保证，是社会主义法治之魂。全面依法治国绝不是要削弱党的领导，而是要加强和改善党的领导，不断提高党领导依法治国的能力和水平，巩固党的执政地位。必须推进党的领导制度化、法治化，不断完善党的领导体制和工作机制，把党的领导贯彻到全面依法治国全过程和各方面，具体落实到党领导立法、保证执法、支持司法、带头守法的各环节。

第二，坚持以人民为中心，是全面推进依法治国的力量源泉。人民是国家的主人，依法治国的主体。社会主义法治建设必须为了人民、依靠人民、造福人民、保护人民。人民幸福生活是最大的人权。推进全面依法治国，根本目的是依法保障人民权益。要依法保障全体公民享有广泛的权利，保障公民的人身权、财产权、基本政治权利等各项权利不受侵犯，保证公民的经济、文化、社会等各方面权利得到落实，不断增强人民群众获得感、幸福感、安全感，用法治保障人民安居乐业。公平正义是我们党追求的崇高价值。要牢牢把握社会公平正义这一法治价值追求，努力让人民群众在每一项法律制度、每一个执法决定、每一宗司法案件中都感受到公平正义。

第三，坚持中国特色社会主义法治道路，是全面推进依法治国的发展道路和正确方向。道路决定命运，道路决定前途。中国特色社会主义法治道路本质上是中国特色社会主义道路在法治领域的具体体现。全面推进依法治国必须走对路。我们既不走封闭僵化的老路，也不走改旗易帜的邪路，而要从中国国情和实际出发，传承中华优秀传统法律文化，从我国革命、建设、改革的实践中探索适合自己的法治道路，为全面建设社会主义现代化国家、实现中华民族伟大复兴夯实法治基础。我们要学习借鉴人类法治文明的有益成果，但绝不能照搬别国模式和做法，绝不能走西方“宪政”“三权鼎立”“司法独立”的路子。

第四，坚持依宪治国、依宪执政，是全面推进依法治国的工作重点。宪法是国家的根本大法，是治国安邦的总章程，是党和人民意志的集中体现，具有最高的法律地位、法律权威、法律效力。坚持依法治国首先要坚持依宪治国，坚持依法执政首先要坚持依宪执政。党领导人民制定宪法法律，领导人民实施宪法法律，党自身必须在宪法法律范围内活动。要坚持宪法确定的中国共产党领导地位不动摇，坚持宪法确定的

〔1〕张文显：“习近平法治思想的实践逻辑、理论逻辑和历史逻辑”，载《中国社会科学》2021年第3期。

人民民主专政的国体和人民代表大会制度的政体不动摇，加强宪法实施和监督，推进合宪性审查工作，维护宪法权威。

第五，坚持在法治轨道上推进国家治理体系和治理能力现代化，是实现良法善治的必由之路。坚持全面依法治国，是中国特色社会主义国家制度和国家治理体系的显著优势。法治是国家治理体系和治理能力的重要依托。宪法是国家根本大法，是国家制度和法律法规的总依据。通过宪法法律确认和巩固国家根本制度、基本制度、重要制度，并运用国家强制力保证实施，保障了国家治理体系的系统性、规范性、协调性、稳定性。实现国家治理现代化，必须推进国家治理的制度化、程序化、法治化，在宪法范围内和法治轨道上推进国家治理体系和治理能力现代化，充分实现国家和社会治理的有法可依、有法必依、执法必严、违法必究。

第六，坚持建设中国特色社会主义法治体系，是全面推进依法治国的发展目标和总抓手。依法治国各项工作都要围绕这个总抓手来谋划、推进。必须抓住建设中国特色社会主义法治体系这个总抓手，努力形成完备的法律规范体系、高效的法治实施体系、严密的法治监督体系、有力的法治保障体系，形成完善的党内法规体系。充分发挥依法治国和依规治党的互补性作用，确保党既依据宪法法律治国理政，又依据党内法规管党治党、从严治党。坚持依法治国和以德治国相结合，法安天下，德润民心，实现法治和德治相辅相成、相得益彰。

第七，坚持依法治国、依法执政、依法行政共同推进，法治国家、法治政府、法治社会一体建设，是全面推进依法治国的战略布局。全面依法治国是一个系统工程，必须统筹兼顾、把握重点、整体谋划，更加注重系统性、整体性、协同性。依法治国、依法执政、依法行政是一个有机整体，关键在于党要坚持依法执政、各级政府要坚持依法行政。法治国家、法治政府、法治社会三者各有侧重、相辅相成，法治国家是法治建设的目标，法治政府是建设法治国家的主体，法治社会是构筑法治国家的基础。法治政府建设是重点任务和主体工程，要重点推进，率先突破。

第八，坚持全面推进科学立法、严格执法、公正司法、全民守法，是新时代法治建设的“十六字”方针。在全面推进依法治国的工作格局中，科学立法是前提条件，严格执法是关键环节，公正司法是重要任务，全民守法是基础工程。开启全面依法治国新征程，要完善中国特色社会主义法律体系，加强重点领域、新兴领域、涉外领域立法，提高依法行政水平，完善监察权、审判权、检察权运行和监督机制，促进司法公正，有效发挥法治固根本、稳预期、利长远的保障作用。全面推进依法治国需要全社会共同参与，需要全社会法治观念增强，必须深入开展法治宣传教育，在全社会弘扬社会主义法治精神，建设社会主义法治文化。

第九，坚持统筹推进国内法治和涉外法治，是建设法治强国的必然要求。法治兴则国兴，法治强则国强。面对世界百年未有之大变局，必须统筹推进国内法治发展和涉外法治建设，积极参与全球治理体系改革和建设，加强涉外法治体系建设，加强国际法运用，维护以联合国为核心的国际体系和以国际法为基础的国际秩序，共同应对全球性挑战。中国走向世界，以负责任大国形象参与国际事务，必须善于运用法治，加强国际法治合作，推动全球治理体系变革，构建人类命运共同体。

第十，坚持建设德才兼备的高素质法治工作队伍，是全面推进依法治国的组织保障。全面推进依法治国，必须着力建设一支忠于党、忠于国家、忠于人民、忠于法律的社会主义法治工作队伍，推进法治专门队伍正规化、专业化、职业化，提高职业素养和专业水平。坚持立德树人，德法兼修，努力培养造就一大批高素质法治人才及后备力量。

第十一，坚持抓住领导干部这个“关键少数”，是全面推进依法治国的关键问题。领导干部具体行使党的执政权和国家立法权、行政权、监察权、司法权，是全面依法治国的关键。全面推进依法治国必须抓住领导干部这个“关键少数”，不断提高他们运用法治思维和法治方式深化改革、推动发展、化解矛盾、维护稳定的能力，要求他们做尊法学法守法用法的模范。要坚持依法治权，用宪法和法律法规设定权力、规范权力、制约权力、监督权力，把权力关进法律和制度的笼子里。[1]

（四）法理学学科的演变

西方早在古希腊，中国早在春秋时代就有丰富的法理思想。但是法理学成为独立的学科却迟至19世纪。在亚洲首先独立开设法理学课程的是日本，1881年日本法学家穗积陈重在东京帝国大学法学部讲授“法论”时，提出“法理学”这个译名，并在日本历史上第一次开设法理学这门课程。在19世纪末和20世纪初期，西方法理学著作与思潮相继涌入我国，在仿效西方办新学的过程中，一些学校开始设置法理学课程。在1949年新中国成立之前，在一些高等法律院系已经开设了法理学，或一些类似的法律课程，也有法理学教科书和专著出版发行。比如1931年赵琛的《法理学讲义》，1947年出版的瞿同祖先生的《中国法律与中国社会》和1948年李达的《法理学大纲》等。

新中国法理学发展经历了曲折的道路，大致经历了国家与法的理论阶段、法学基础理论阶段和法理学阶段。国家与法的理论阶段是教条主义横行的阶段，先是苏联法学学说的教条主义，后来是以阶级斗争为纲的教条主义。改革开放以后到1992年，基本上是法学基础理论阶段。1981年北京大学编著的《法学基础理论》教科书出版，从此，“法学基础理论”就成为各个大学通用的学科名称。1992年邓小平南方谈话以后，“法理学”成为这一学科公认的名称，学科本身也取得了长足的进步与发展。

三、学习法理学的意义

学习法理学这样抽象难懂的学科究竟有什么用？特别是它对于从事法律职业的人有何用处？我国法学界通常都是从宏观上来理解这一问题，即仅从坚持四项基本原则，理解马克思主义法学等方面理解。

我们认为学习法理学的作用和意义主要有如下几个方面：

---

〔1〕 此部分引自李林：“习近平法治思想的核心要义”，载《中国社会科学报》2020年11月23日，第A04版。

第一，学习法理学能够提高人们对复杂的社会生活的思辨能力。法理学的研究是通过对法的原理、原则以及制度的研究进而推衍至对社会生活方式、价值和人类精神等问题的思考，这无疑为人们从不同角度来思考人类社会的未来、现实、公正与价值展开了一个新的视角和方向，从而提高人们对复杂社会生活的思辨能力。

第二，学习法理学不仅可以为学习法律的人们提供入门的知识，而且更为重要的是培养法律和法学工作者的见识和境界。

第三，学习法理学能够培养法律工作者的法律思维和解决法律疑难问题的能力。学习法律的人必须学会用法律思维去思考社会的现实问题，法律学人的法律思维主要是通过学习法理学获得的。在社会现实中，任何实在法都存在潜在的空缺，在没有实在法可资适用的情况下，法理学所提供的一般原则和价值可作为裁判的依据。在特殊情况下，当实在法存在明显不公的情况下，法理学确立的一般法律原则可对实在法作出矫正。

本章小结提升：法学是研究法律的一门科学，是研究法律现象的知识体系。法学不是单纯的理论之学，而是一门实践之学，是通过“实践之思”获得的知识。法学知识的实践性是由法律科学的实践性决定的。其一，法学的研究对象总是指向法律现象和法律问题；其二，法学是解决实践问题的，具有务实性；其三，法学是反映人的经验理性的学问，是人的法律经验、知识、智慧和理性的综合体现；其四，法学是具有较强逻辑性的职业性知识体系，它所使用的语言不同于生活性的语言，是经过法学家们提炼、加工和创造出来的行业语言；其五，法学不同于自然科学，主要在于法学研究的是一种“价值性事实”，即反映人类的价值观、价值取向和价值意义的社会事实。

法学的研究对象是法律及法律现象，主要涉及三个问题：一是法律制度的问题；二是社会现实或社会生活关系问题；三是法律规范如何适用的问题。学习和研究法学也要具有独特的法学思维，法学思维是法学家在研究法律现象时所持有的思考立场、态度、观点、价值取向和方式方法，学习法律的人必须学会用法律思维去思考社会的现实问题，用辩证思辨的方法研究法学，运用法学。

法学基础的研究对象是一切法律现象的共性问题或一般理论问题，研究法的基本原则、基本概念和法律制度以及法律制度的运行机制。（本书之所以称之为“法学基础”而不是法理学，主要是因为其对法理学所研究的问题进行了简化，没有全面阐述所有的内容）法理学思想自古就有，在人类的历史长河中，法理学思想的发展经历了奴隶社会、封建社会、资本主义社会、社会主义社会几个历史阶段，马克思主义法理学的产生是法学历史上的里程碑。马克思主义法理学在中国化的历史进程中经历三个阶段：一是社会主义革命和建设时期的法理学；二是改革开放和社会主义现代化建设新时期的法理学；三是进入新时代中国特色社会主义的法理学，是以习近平法治思想为指导的法理学。法学基础在整个法学体系中居于基础性和指导地位，因此学习法学基础对于学习其他法律学科具有重要的指导意义。

本章提高研讨题：

1. 湖南有两个男人，想到民政局登记结婚，结果被民政局拒绝了。于是，他们把民政局告上法院。

如果你是法官，你觉得这两个男人应该胜诉还是败诉呢？其中蕴涵着什么样的法理呢？你又是如何理解这个法理的呢？

2. 在乡村一个丈夫发现自己的妻子和情夫在一起，愤怒之下把情夫一顿暴打，这从乡村的习惯来讲、从情理上讲丈夫打人是合情合理的，但是站在法律上来看丈夫显然是违法的。

你怎样理解本案中的法理呢？

本章推荐的阅读文献：

1. 张文显主编：《法理学》，高等教育出版社 2003 年版。
2. 沈宗灵主编：《法理学》，北京大学出版社 2000 年版。
3. ［德］卡尔·拉伦茨著，陈爱娥译：《法学方法论》，商务印书馆 2003 年版。
4. 舒国滢："在历史丛林里穿行的中国法理学"，载《政法论坛》2005 年第 1 期。
5. 苏力：《是非与曲直——个案中的法理》，北京大学出版社 2019 年版。

第一章课后练习题

温故知新：线上复习、练习
（链接到教学资源库）

第二章　法的概念与本质

本章引例：十二铜表法的产生

罗马共和国建立以后，由于原始社会时期的影响，这一时期罗马所依据的法律仍是以习惯法为主。奴隶主、贵族采取习惯法来强调自己在生产关系上处于绝对的统治地位。早期罗马在这种制度下，不断地发展成为一个强大的国家，并通过不断的征讨，将自己的影响扩大到欧亚非三个大陆。由于国家不断发展，商品经济不断地繁荣，社会生产力不断地提高，古罗马社会诞生了不同的社会阶层，他们在这个国家占据相当的地位。由于整个社会为贵族以及奴隶主所把持，平民与贵族之间的矛盾冲突不断加剧，平民为了争取权益，被迫进行了一系列的斗争。公元前 494 年，罗马同邻近的部落发生征战，平民拒绝贵族的征召参与作战，并带走自己的武器离开罗马，史称“平民运动”。

公元前 454 年，为了调整贵族和平民之间的矛盾，贵族和平民之间成立了一个十人立法委员会，简称为“十人团”。通过参照各方利益，于公元前 451 年订立了一部条文法，由于这部法律被刻在铜牌之上，因此被称为“铜表法”，后来经过不断的补充，形成了今天我们所见到的“十二铜表法”，并通过了森都利亚大会的批准，予以正式实施。十二铜表法设立以后，在很长一段时间里，一直是罗马最行之有效的法律条款。虽然铜表在公元前 390 年被高卢人所毁，但它的存在成为调和贵族与平民之间矛盾的基础，并成为罗马法的开端。

从十二铜表法的产生，促使你们进一步地思考，到底什么是法，刻在石柱上或者刻在铜表上就是法了吗？就其实质来讲法的本质是什么，它都有哪些特征呢？

本章概述：本章主要阐述中国法和西方法的基本含义，并通过比较分析，找到它们的共同之处和不同之处，进而概括出法的概念。在了解法的概念之后进一步揭示法的本质，法的基本特征。

本章的学习目标：通过本章的学习，你所要达成的学习目标如下：

1. 掌握法的概念，知道究竟什么是法；
2. 了解法的本质是什么；
3. 懂得法究竟是谁手中的工具；
4. 掌握法的基本特征都有哪些。

本章教学内容：

第一节 法的概念

一、中国法的含义

关于什么是法，古往今来的先哲圣贤们从不同的角度给出了不同的解答，众说纷纭。所以我们要正确地认识什么是法，不能单纯地从过去法的概念和定义入手，而是应该从法的词义入手，先认识法的基本含义，而后再总结概括，提炼出法的定义。汉字“法”的古体是“灋”，这个字由三部分构成：氵，廌（音 zhì），去。《说文解字》廌部曰：“灋，刑也。平之如水，从水；廌所以触不直者去之，从去。”从这一解释来看，我们认为中国的法有这样三层含义：

第一，惩罚、规范的含义。法，刑也。是指法就是刑罚，刑罚的处置必须按照人定的或者自然的规则来进行，否则就起不到震慑、服从的作用。

第二，公平正义的含义。法，平之如水，从水。是指法就像水平面一样公平，寓意着法的公平正义。

第三，裁判的含义。廌所以触不直者去之，从去。主要是指廌是一种传说的神兽，它有神奇的裁判能力，面对有罪之人就会用犄角去顶他，被它顶到的人就意味着要被惩罚。所以古代法的含义中具有裁判的意思。

从上述古语法的词义来看，法的基本含义包括规则、公平正义和裁判。我们认为公平正义是属于价值理念的范畴，也就是法所追求的价值目标。

二、西方法的理解

从词源上看，英文的 law（法）包含规律、权利、正义三层含义。其一，规律其实也可以理解为是规则，就是遵循规律，按照规则行为。美国法学家戈尔丁指出：当存在下述情况就存在法，一是存在必须遵守的行为规则；二是存在制定和修改这些规则的机关。其二，权利是每一个人的核心利益，作为法就是要维护人的基本权利，法就是赋予一方以权利，规定另一方有维护他人权利的义务。其三，从词源上看英文的法也具有维护公平正义的含义。正义是不同人的利益、自由和权利之间的正相关关系和和谐状态。从逻辑上讲，公平是利益的分配机制，是正义的基础；公正是利益的矫正机制，是公平和正义的保障。正义则是公平和公正的目标，也是经过公平分配和公正矫正形成的理想的利益分配结果和状态。显然，“正义”是分配的方式，不论对错，属于公平的范畴。

我们不论西方法学家们都是如何论述法的，就单纯地从英语法的词源来看，西方法的含义主要就是上述三个基本内容。当然西方法律的表述除了英语之外，还有德语的法、拉丁语的法等，尽管西方法的语言表述有比较复杂的词源，但是它们的基本含义不外乎上述三个基本内容。

三、两种法含义的比较分析

从上述中国法的含义和西方法的含义来看，两者的共同之处是法都有遵守和制定规则、维护公平正义的含义，这是人类思想的共通之处，也是法在人类生存发展中不断对自然规律认识和认可的过程。由发现规律到认识规律，再到由规律出发来制定人们共同遵守的规则，这是人类发展的必由之路，也是法首先是人们的习惯，再由习惯发展到法的一个自然基础和社会基础。从两者的这些共同之处，我们可以看出法是一个规则系统。中国法和西方法在含义上的不同之处在于，表面上看似乎西方法有维护权利的含义，而中国法则没有这个含义。由此也有人对中国法大加贬低，认为中国法只是注重维护秩序，而忽视人的权利。我们认为这是完全不正确的，因为中国的传统文化，特别是儒家文化的基本价值取向是重义轻利，进而他们在对权利的表达上是比较含蓄的，对于人的基本权利的维护深藏于其文化内核之中。从中国法的词源表述来看其中的内核是具有保护权利的深层含义的，中国法的第一层含义就是惩罚规范之意，那么惩罚的是什么？毫无疑问惩罚的是犯罪，是对侵犯他人权利的惩罚。对侵犯他人权利的惩罚，显然就是对受侵害人权利的保护，由此可见，中国法的内涵之中具有保护权利的深层含义。从中国传统法律非常重视保护人伦关系这一点来看，它也从另一个角度证明了中国法是具有保护人的基本权利的文化内核的。

从上述对中国法和西方法含义的比较分析中，我们可以发现法不仅仅是一个规则系统，而且是一个维护公平正义的价值系统，是对人们的行为进行价值评价的标准。由此，我们根据中西方法的基本含义，认为法是一个由自然衍生并被人们认可或者由国家制定并认可的以权利义务为核心的规则和价值的系统。

第二节 法的本质

一、关于法的本质的各种论述

马克思主义诞生以前，在国内外就已经存在各种关于法的本质的论述，主要有神意说、命令说、社会控制说、理性说和公意说等。这些非马克思主义学者的论述都没有跳出唯心主义的窠臼，只有马克思主义的法本质观才真正实现了法学领域的实质性变革，可以说是法学思想领域的一场革命。

（一）法的本质是上帝的意志说

在人类发展的初期阶段，由于生产力的落后和科学技术的不发达，人类曾经经历一段漫长的蒙昧和野蛮时期。此时人类是无法战胜自然的力量的，于是把这种强大的自然力量归之于神仙和上帝，人们为了生存自然选择了按照自然规律来进行生产生活，所以人们把应该遵循的规则看作是神的意志。在东方，古巴比伦王国的《汉谟拉比法典》表明它代表的是上帝的意志。古印度的《摩奴法典》也把法看成是神创造的。在西方，古罗马的西塞罗更是把法看成是源自神性的自然法。在西欧的中世纪，教会神学更是把法归结于上帝的意志。神学政治的鼻祖奥古斯丁提出人法服从神法，是从神法中派生出来的。阿奎那进一步发展了奥古斯丁的思想，提出了永恒法、自然法、人法和神法的法律分类思想，认为自然法和人法永远都是对永恒法和神法的参与。近代文艺复兴时期，由于人的价值被充分肯定，神意论受到新兴资产阶级的冲击，其主流地位被理性法律观念所代替。

（二）法的本质是主权者的意志说

在西方，古希腊时期的思想界异常活跃，许多当代流传甚广的理论都可以从那里找到思想源头。当代的实证主义法学，即一种从主权者命令或意志的角度解释法本质的理论学说，便可以追溯至古希腊。普罗泰戈拉宣扬人是万物的尺度，赫拉克利特宣称法律就是服从人的意志。与初民社会的神意论相比，从人的意志的角度出发，探讨研究法本质是人类法律思想认识的一个巨大进步，标志着法终于从遥不可及的天国，降临到了芸芸众生的人间。而此前，人们从未认识到自身存在的价值，总是试图“以神话来解释万物，法也在神话那里获得自己的根基”。从神意论法本质到主权者意志论法本质的转变是人们关于法本质认识的一次进化和升华。英国边沁创立“法的命令说”，奥斯丁发展了边沁的命令说，强调不是任何人的命令都能成为法律，只有主权者的命令才能够成为法律，宣扬“阶级袪除”，主张“恶法亦法”。当代的实证主义法学包括凯尔森的纯粹法学和哈特的新分析法学都是继承了分析法学的衣钵。在我国，古代的君权至上、法自君、君主言出法随等理念与西方主权者意志论或命令说的法本质观可谓是异曲同工。

（三）法的本质是理性意志说

历史上最早从理性或契约角度思考法本质问题的代表是古希腊的两个学派：斯多葛学派和伊壁鸠鲁学派。斯多葛学派提出了自然法的概念，他们认为，宇宙的实质是理性，自然法就是理性的体现。风俗习惯会因地因时而异，但理性却是统一的、永恒不变的。伊壁鸠鲁学派提出了契约论的思想。此时的理性自然法思想和契约论思想是分离的，分属于两个学派。到了17、18世纪，古典自然法学者吸取了上述两个学派思想的合理内核，将理性自然法和契约论融合，创立了社会契约论。在哲学理论中，理性与意志是能将人类与动物区分开来的人类心智活动，二者又有区别。意志是一种低层次的感性思维冲动，而理性是一种高层次思维活动，是深思熟虑的思维过程及其成果。古典自然法学者大多认为，自然法的基础是人性，是建立在人的理性之上的普遍法则。不过内部也有分歧，例如虽然他们都谈理性，但对理性一词的具体所指却是五花八门，有人谈的理性是指自然理性，有人谈的理性是指人为理性。古代的自然法学者多主张自然理性。以此标准，神意论在某种意义上也可以说是一种超自然理性说。

中世纪的阿奎那之后，思想界关于理性的论述开始转向。阿奎那与古希腊和古罗马时期的思想家不同，他认为法律归根结底体现的是人的实践理性。此后的资产阶级启蒙思想家大多延续了阿奎那的思路，他们试图从人的本性或理性中探寻法的本质，这是一种思想认识的升华。例如荷兰格劳秀斯认为，正是人的理性造就了自然法，自然法的本质和核心是人的理性。霍布斯提出，“自然律是理性所发现的戒条或一般法则”。法国思想家孟德斯鸠注重从法与其他事物间关系的独特视角去探寻法的本质。归根结底，就是把法的本质看成是人类理性意志的体现。

（四）法本质是公共意志说

法国著名思想家卢梭是公共意志论的最早提出者和主要代表者。公共意志，即公意，是社会全体成员共同利益的反映和体现。卢梭认为，任何国家都不能缺少主权者，这是国家构成中的一个必备要素。他标新立异地提出，国家的主权者不应当是个人，也不应当是少数人，因为主权不可分割、不可转让、不可代表，所以主权者只能是社会的全体成员，法则是社会全体成员公共意志的表达。卢梭提出“法律乃是公意的行为”。卢梭解释道，公意与众意不同，不能混淆二者的性质，众意是私人利益的简单相加，而公意不是，公意概念中有两个关键的内涵：一是意志的普遍性，二是对象的普遍性。公意的主体只能是广大的人民，未经全体人民批准，法律不能生效。社会契约和国家的核心内容都是公意。后来，美国的宪法性文件《独立宣言》中控诉英王的罪状之一即是“他拒绝批准对公众利益最有益、最必要的法律”，法国的《人权宣言》中也明文规定“法律是公共意志的体现”，其中都能看到卢梭公意说的影响。

（五）法本质是社会控制说

社会控制或社会调整论是当代西方关于法本质认识的一种很有代表性的学说，它主要受当代西方的社会学理论影响并逐步发展而来。1901 年，美国社会学家罗斯在其《社会控制》一书中首次使用社会控制一词，用以表示社会对人之动物性的约束，以避免其对社会不利的行为。罗斯的社会控制理论风靡美国，此后不断被修正和发展。一些社会学学者进而从社会控制的角度分析法律现象和法律问题，创立了一个新的法学流派——社会学法学派，其创始人和集大成者是美国的庞德。塞尔茨尼克也是社会控制论的坚定支持者。

人类对事物本质的认识是循序渐进的过程，遵循着由浅入深、由表及里、由感性到理性的认识规律，一般都要经过从现象入手、逐步深入本质的路径。马克思主义诞生之前，国内外各种非马克思主义学说已经开始涉猎法本质问题，做了大量理论探索和思考。但是，这些非马克思主义学者大多浅尝辄止、以偏概全，他们虽然洞悉了法在某一方面的属性，但有的根本不属于法的本质属性，有的仅仅是涉及法的本质属性的一个层面或一个领域，都没有能够从历史的、唯物的、辩证的角度全面审视法的本质，结果也就大多陷入了唯心主义的窠臼无法自拔。法国学者布律尔的评价非常中肯和客观，他说，马克思主义以前的法学均可以“统称为唯灵论法学，这些观点虽然五花八门，但最终都是建立在同一主导思想基础上，即法律是神对人的一种启示（是理性的还是超自然的，这并不重要），这种启示向人指示应遵循的道路和应采取的行为”。[1] 马克思主义是一个全面系统科学的理论体系，其创始人的历史唯物主义法律观秉承整个理论体系中一贯的革命性和科学性特征，以其无坚不摧的锋芒，以其一针见血的敏锐，批判了唯心主义的法本质观，提出了历史唯物主义的法本质观。这超越了西方思想界对法本质问题的肤浅认识，掀起了法律领域的一场思想革命。

二、法的本质及其决定因素

本质与现象是一对范畴。任何事物都有本质和现象两个方面，本质是事物的内部联系，现象是事物的外部联系。这两个方面是密不可分的，本质总是通过一定的现象表现出来，而现象总是本质的显现。把这一辩证法的原理运用于法学研究，可以说“法的本质”与“法的现象”是一对范畴，它们分别从法的内部依据和法的外部现象两个方面把握法律现象。法的现象是法的外部联系和表面特征，是外露的、多变的，通过经验的、感性的认识就能了解到；而法的本质则深藏于法的现象背后，是法存在的基础和变化的决定性力量，是深刻的、稳定的，不可能通过感观直接把握，需要通过思维抽象才能把握。剥削阶级法学家和思想家习惯于停留在法的表象就法论法，看不到法的现象与法的本质之间的联系；或者把法的现象等同于法的本质；或者是到虚无缥缈的“宇宙精神”“自然命令”或人的心灵世界寻找法的本质，所以，他们从未真正地发现法的本质。马克思主义创始人对法学的主要贡献在于，依据唯物史观科学地揭示了法的本质及其发展规律。总结马克思主义创始人的有关论述，我们可以把法的本质归结为以下两方面：

《在理性与意志之间——洛克〈自然法论文集〉中的自然法指导力问题》_ 刘敏

（一）法是统治阶级意志的体现

“法是统治阶级意志的体现”这一命题包含着丰富而深刻的思想内涵，具体表现为如下四个方面：

第一，法是“意志”的体现或反映。意志是指人为了达到某种目的而产生的自觉的心理状态和心理过程，是支配人的思想和活动的精神力量。意志的形成和作用在一定程度上受世界观和价值观的影响，归根结底受制于客观规律。意志作为一种心理状态和过程、一种精神力量，本身并不是法，只有表现为国家机关制定的法律、法规等规范性文件才是法。所以说，法是意志的反映、意志的结果、意志的产物。正因为法是意志的产物，所以才可以说法属于社会结构中的上层建筑。

第二，法是“统治”阶级意志的反映。法是意志的反映和体现，并不是马克思主义的首创，正如上文我们所讲到的，剥削阶级思想家就曾说过，法是“神的意志”“主权者意志”等。但是把法看成是统治阶级意志的表现或反映，是被奉为法律的阶级意

〔1〕 参见［法］亨利·莱维·布律尔著，许钧译：《法律社会学》，上海人民出版社 1987 年版，第 17 页。

志则是由马克思主义创始人首次提出的，真正揭示出了阶级对立社会中法的本质。所谓“统治阶级”就是掌握国家政权的阶级。虽然统治阶级意志由统治阶级的根本利益和整体利益所决定，但其形成和调节也必然受到被统治阶级的制约。统治阶级在制定法律时，不能不考虑到被统治阶级的承受能力、现实的阶级力量对比以及阶级斗争的形势。统治阶级意志上升为国家意志、被奉为法律之后，在其实施过程中还会遇到来自被统治阶级的阻力。我们应当清楚地看到，在任何情况下，被统治阶级的意志都不能作为独立的意志直接体现在法律里面。它只有经过统治阶级的筛选，吸收到统治阶级的意志之中，转化为统治阶级的国家意志，才能反映到法律中。所以，归根结底，在阶级对立社会中，法是统治阶级意志的体现。

第三，法是统治阶级共同的意志的反映。法所反映的意志是统治阶级的阶级意志，即统治阶级的共同意志，绝对不是某个人或者某个集团的意志。马克思主义认为，法不论是由统治阶级的代表集体制定的，还是由最高政治权威个人发布的，所反映的都是统治阶级的阶级意志，代表着统治阶级的整体利益，而不纯粹是某个人的利益，更不是个别人的任性。当然，统治阶级的共同意志并不是统治阶级内部各个成员意志的简单相加，而是由统治阶级的正式代表以整个阶级的共同的根本的利益为基础所集中起来的一般意志。

第四，法是“被奉为法律”的统治阶级的意志。马克思、恩格斯说，法是“被奉为法律”的统治阶级的意志，这意味着统治阶级意志本身也不是法，只有“被奉为法律”才是法。“奉为法律”，就是经过国家机关把统治阶级的意志上升为国家意志，并客观化为法律规定。这里，他们之所以用“法律”，是由于法律是法的“一般表现形式”。但通观法的历史，法的表现形式并不是只有法律这一种。除法律之外，还有最高统治者的言论、由国家认可的习惯、判例、权威性法理、法学家的注解等。所以可以把马克思、恩格斯所用的“法律”普遍化为所有法的形式。这样就可以说，统治阶级的意志只有表现为国家有权机关制定的规范性文件，才具有法的效力。

一个阶级如果在经济上取得统治地位，它就会在政治上、文化上取得统治地位，掌握国家政权，并将其意识形态上升为国家意志，通过法律表现出来，而这时被统治阶级只能消极地接受这一秩序。也就是说，法律具有鲜明的阶级性，世界上不存在超阶级的、平等体现全体社会成员共同意志的法律，而且统治阶级的意志也是由社会物质生活决定的。

（二）法的内容由统治阶级的物质生活条件决定

把法的本质首先归结于统治阶级的意志，开始触及了统治阶级对立社会的法的本质。但如果认识仅仅停止于此，仍摆脱不了唯心主义。要彻底认识法的本质，认识法产生和发展的规律，还必须深入到那决定着统治阶级意志的社会物质生活条件之中。社会物质生活条件培植了人们的法律需要，也培育着人们的共同追求和喜好，所以也就决定着法的本质。

社会物质生活条件指与人类生存相关的地理环境、人口和物质资料的生产方式，其中，物质生活条件的生产方式是决定性的内容。生产方式是生产力与生产关系的对立统一，生产力代表人与自然界的关系，生产关系代表生产过程中所发生的人与人的关系。马克思和恩格斯的伟大功绩之一，就是发现了社会物质生活条件中生产方式因素的决定意义。生产方式之所以是根本因素，在于它一方面通过生产力和生产关系使自然界的一部分转化为社会物质生活条件，使生物的人上升为社会成员，创造了社会；另一方面，生产过程中发生的人与人之间的关系是根本的社会关系，其他一切关系包括法律关系在内都是从这一关系派生出来的。地形、气候、土壤、山林、水系、矿藏、动植物分布等地理环境因素和人口因素一般说来只有通过生产关系才能作用于法。归根结底，法是由一个社会的经济基础决定的，法是社会经济的集中体现和反映。一切法律现象都可以还原为经济现象，一切法律问题都可以归结于经济问题，这是法的深层本质。除了经济上的物质生活条件以外，政治、思想、道德、文化、历史传统、民族、科技等因素也对统治阶级的意志和法律制度产生不同程度的影响。

在法的意志性与社会物质生活条件的相互关系上，马克思主义法学认为，法律是统治阶级意志的体现，而统治阶级的意志归根结底又是由其所处的社会物质生活条件所决定的，对法律而言，统治阶级的意志和社会物质生活条件是其不同层次的本质。在一定意义上讲，统治阶级的意志是法的“初级本质”，社会物质生活条件是法的更高、更深层次的本质。

第三节 法的特征

以马克思主义的法定义为依据，总结以往法学研究的成果，我们可把法的特征概括为以下四个方面：

一、法是调整人的行为的社会规范

法是调整人的行为的社会规范，它通过对人们行为进行规范而达到调整社会关系的目的。法并不会对人的所有行为都进行规范，因而也不会对所有的社会关系都进行调整，它只是对那些比较重要并适合由法律进行调整的社会关系进行调整。首先，在社会体系中，法属于社会规范的范畴。作为社会规范，法既区别于思想意识和政治实体，又区别于技术规范，更区别于非规范性的文件，比如政府的决定、命令，法院判决等。其次，人的行为是法的调整对象。也可以说，法的调整对象是社会关系。这两种说法意思是一致的，因为社会关系不过是人与人之间的行为互动或交互行为。没有人们之间的交互行为，就没有社会关系。法调整人的行为，同时也就调整了社会关系。作为法的调整对象的行为是指人的外在行为。

《传统中国法特征新论》_ 张中秋

二、法是国家制定和认可的社会规范

社会规范泛指在人类社会生活中调整人们之间交互行为的准则。社会规范种类繁多，法律规范只是其中的一种，其他的社会规范还有道德规范、宗教规范、礼仪规范、政治规范、经济规范（经济交往中应遵守的规则）、各种职业规范等。法律规范区别于其他社会规范的首要之点在于，法律规范是由国家制定或认可的普遍适用于一切社会成员的规范。

法是由国家制定或认可的，它就必然具有国家意志的属性，因此具有高度的统一性、普遍适用性。这种统一性是建立在国家权力和国家意志的统一性基础之上的。法的统一性首先指各个法律之间在根本原则上的一致；其次是指除特殊的情况外，一个国家只能有一个总的法律体系，且该法律体系内部各规范之间不能相互矛盾。从法的统一性又可以引申出来法的普遍适用性，即法作为一个整体在本国主权范围内具有普遍约束力，所有国家机关、社会组织和个人都必须遵守法。任何人的合法行为都无一例外地受到法律保护，任何人的违法行为也都无一例外地受到法律制裁。

三、法是以权利和义务为主要内容的社会规范

法是通过规定人们的权利和义务，以权利和义务为机制，影响人们的行为动机，指引人们的行为，调整社会关系的。法所规定的权利和义务不仅仅指个人、组织（法人）及国家（作为普通法律主体）的权利和义务，而且包括国家机关及其公务员在依法执行公务时所行使的职权和责任。

法规定的权利和义务与道德、宗教和习惯规定的权利和义务是具有本质区别的，所以在调整和指导人们的行为上所起到的作用也是有所不同的。法以规定人们的权利和义务作为自己的主要内容。法律规定的权利意味着人们可以作或不作一定行为以及可以要求他人作或者不作一定行为。法律通过规定权利，使人们获得某种利益或自由。义务意味着人们必须作或者不作一定行为。义务包括作为的义务和不作为义务两种，前者要求人们必须做出一定的行为，后者要求人们不得做出一定行为。正是由于法通过规定权利和义务的方式调整人们的行为，因此，人们在法律上的地位体现为一系列法定的权利和义务。

四、法是由国家强制力保证实施的社会规范

任何一种社会规范都具有强制性，都有保证其实施的社会力量。然而，不同的社会规范的强制性在性质、范围、程度和方式等方面是不尽相同的。比如道德的强制性主要来自人们内心的信念、社会舆论的谴责与批评，无需国家强制力介入。法的实施则不同，它必须由国家强制力保证实施，法具有国家强制性。法的国家强制性，既表现为国家对违法行为的否定和制裁，也表现为国家对合法行为的肯定和保护；既表现为国家机关依法行使权力，也表现为公民可以依法请求国家保护其合法权利。是否具

有国家强制力，是衡量一项规则是否是法的决定性标准。法的国家强制性由两个方面所决定：一是法是由国家制定或者认可的，是统治阶级意志的体现，它必须得到坚决的落实与执行；二是法的遵守不能始终或者主要依赖于行为人的自愿，基于各种各样的原因，违反法律规定的行为始终会存在。如果对于违反法律的行为长期不予制裁，法的约束力将会受到侵犯，而且会危及法的权威性。因此，必须采用国家强制的手段加以纠正。

必须指出，法依靠国家强制力保证实施，这是从终极意义上讲的，即从国家强制力是法的最后一道防线的意义上讲的，而非意味着法的每一个实施过程，每一个法律规范的实施都要借助于国家系统化的暴力。也不是说，国家强制力是保证法实施的唯一力量。如果一个国家单纯地依靠国家暴力来推进法律的实施，那将会给国家和社会带来深重的灾难。国家强制力常常是备而不用的，可以说它是“无所在，无所不在”。我们还是要大力引导人们自愿遵守法律，而不是动辄施予暴力。真正的法律应该是让人们感知不到国家的强制力，而内心却充满对国家强制力的敬畏。

本章小结提升：法理学或者我们称之为的法学基础的核心问题都是回答“法是什么”。关于这一问题，在历史上不同时期的法学家们基于不同的立场，提出了各种不同的法的定义。我们抛开法学家们的各种法的定义，从中外法的词源及其含义出发来揭示法的定义。从法的词源和含义来看，法的基本含义有规则、权利和公平三个基本内容。根据马克思主义的基本观点，结合法的词义，本书认为法是一个由自然衍生并被人们认可或者由国家制定并认可的以权利义务为核心的规则和价值的系统。

法的概念是从法的表象来认识法，那么法的本质究竟是什么呢？剥削阶级法学家们也认识到了法的意志性，提出了法的本质的众多学说，但是他们基本上都是从法的现象来描述法的本质，看不到法的现象与法的本质之间的联系；或者把法的现象等同于法的本质；或者是到虚无缥缈的“宇宙精神”“自然命令”或人的心灵世界寻找法的本质，所以，他们从未真正地发现法的本质。马克思主义创始人对法学的主要贡献在于，依据唯物史观科学地揭示了法的本质及其发展规律。马克思主义认为法的本质是统治阶级意志的体现，不仅肯定了法是意志的反映，而且进一步地揭示出法是统治阶级意志的体现，是统治阶级共同意志的体现，即是阶级意志的体现，同时又必须是被奉为法律的统治阶级意志的体现。

法律是统治阶级意志的体现，而统治阶级的意志归根结底又是由其所处的社会物质生活条件所决定的，对法律而言，统治阶级的意志和社会物质生活条件是其不同层次的本质。在一定意义上讲，统治阶级的意志是法的“初级本质”，社会物质生活条件是法的更高、更深层次的本质。根据对法的概念和法本质的分析，我们认为法具有四个鲜明的本质特征：①法是调整人们行为的社会规范；②法是国家制定和认可的社会规范；③法是以权利与义务为主要内容的社会规范；④法是由国家强制力保证实施的社会规范。

本章提高研讨题：

1. 出租车司机张某在运行中接送一位即将临产的孕妇，在途中孕妇反应强烈，已经开始流血，在家人的请求下张某连闯红灯，将孕妇送到医院。后张某由于违反《道路交通安全法》的规定被交警罚款200元，并被扣分。

请你分析一下交警对张某罚款200元，体现的是什么样的法理念？假如你是张某的辩护人，你应当站在什么样的立场为其作出辩护？

2. 陕西一对夫妻在自己家中观看黄碟，被人举报。警察赶到家中，没收了观看黄碟的影像设备，并把丈夫强制带回派出所进行约束。此案一度成为社会热点新闻。

请你运用法的概念和特征分析一下本案，这对夫妻是否应当受到法律的制裁？

本章推荐的阅读文献：

1. 周永坤：《法理学——全球视野》，法律出版社2004年版。

2. 瞿同祖：《中国法律与中国社会》，中华书局1981年版。

3. ［德］伯恩·魏德士著，丁小春、吴越译：《法理学》，法律出版社2003年版。

4. ［美］E. 博登海默著，邓正来译：《法理学　法律哲学与法律方法》，中国政法大学出版社1999年版。

5. 司春燕："马克思主义法本质观新探"，载《理论学刊》2018年第3期。

第二章课后练习题

第三章 法律的概念与要素

本章引例：乡土中国

费孝通先生在《乡土中国》(1947年初版) 中论述到：近代中国法律移植与法制现代化过程中的问题依着现行法去判决，时常会和地方传统不合。乡间认为坏的行为却正可以是合法的行为，于是司法在乡下人的眼光中成了一个包庇作恶的机构了。有一位兼司法官的县长曾和我谈到过很多这种例子。有个人因妻子偷了汉子打伤了奸夫，在乡间这是理直气壮的，但是和奸没有罪，何况又没有证据，殴伤却有罪。那位县长问我：他怎么判好呢？他更明白，如果是善良的乡下人，自己知道做了坏事绝不会到衙门里来的，这些凭借一点法律知识的败类，却会在乡间为非作恶起来，法律还要去保护他。我也承认这是很可能发生的事实。现行的司法制度在乡间发生了很特殊的副作用，它破坏了原有的礼治秩序，但并不能有效地建立起法治秩序。法治秩序的建立不能单靠制定若干法律条文和设立若干法庭，重要的还得看人民怎样去应用这些设备。更进一步，在社会结构和思想观念上还得先有一番改革。如果在这些方面不加以改革，单把法律和法庭推行下乡，结果法治秩序的好处未得，而破坏礼治秩序的弊病却已先发生了。

费孝通先生的描述，促使你们进一步地思考，法和法律的关系是怎样的呢？法是怎么产生又是怎么发展的呢？在法制现代化的过程中，应该如何避免类似的困境呢？

本章概述：本章主要通过对法与法律的关系、构成法律的基本要素、法律的分类、法与其他社会关系之间的联系与区别、法的演进过程的阐述，全方位展示法律的内涵与外延。

本章的学习目标：通过本章的学习，你所要达成的学习目标如下：

1. 掌握法律的内涵；
2. 掌握法与其他社会规则的关系；
3. 了解法律规则、法律原则、法律概念、技术性规定的概念；
4. 了解法律的演进过程。

本章教学内容：

第一节　法律的概念

一、关于法律的解说

法律是由享有立法权的立法机关行使国家立法权，依照法定程序制定、修改并颁布，并由国家强制力保证实施的基本法律和普通法律的总称。例如，就我国现在的法律而论，它包括宪法、全国人大及其常委会制定的法律、国务院制定的行政法规、地方国家权力机关制定的地方性法规以及民族自治地方的人民代表大会制定的自治条例和单行条例等。

二、法与法律的区别

从总体上看，法与法律都属于社会的上层建筑，二者归根结底都要反映一定社会经济关系的要求。但是，它们毕竟还是有所区别的。

从语义上来看。法代表着法权要求，而这种法权是指在一定社会经济条件下产生的、客观存在的应有的权利义务关系，也就是法的关系。与法不同的是，法律是国家对法所包含的权利义务关系的认可，是具有普遍约束力的行为规范。也就是说，当法被法律确认时便具有一种普遍的约束力，表现的是一种体现国家意志的社会行为规范。

《再论法与法律的区别》_公丕祥

从本质上看。法是经济基础的直接反映，法律是间接反映。法从本质上来说是人民意志的体现，并且是由社会物质生活条件决定的。但是法在一定程度上更加直接地反映现实的社会经济关系。因为法是从社会经济关系中产生的一种直接权利要求，也是人民主体在从事社会经济活动中形成的直接的法的愿望和要求，代表的是社会的公共利益，体现着社会的共同意志，它从经济关系中产生，直接反映了社会经济条件。而法律是具体的社会行为规范，是以制度、条文形式存在的，虽然也是社会经济基础的反映，与经济关系具有一定的联系，但这种联系要有桥梁去架构，要靠掌握国家政权的阶级去颁布，立法者根据社会经济关系的变化发展是否符合人民利益的需要而制定、调整社会规章制度，以此反映其所代表的上层建筑与社会经济之间的关系。

从生成发展上看。法是理性的、肯定的存在，是独立于人定法之外的、不以人的意志为转移的客观法则，不管它有没有被法律确认下来，它都是一种客观的社会法则。而法律是已经明确存在并且具有普遍性和强制性的行为规范。

从功能作用上看。法是“应然”的体现。法作为法律的内容，一方面，对法律起着价值指引作用；另一方面，法还是衡量法律是否正确的标准。法律是法的表现，当法和法律所要表达的内容一致时，便是合法的。法律是“实然”的体现。法律作为已然存在的社会行为规范，是社会利益关系的正当化，它追求的是秩序和效用，具有可操作性和某种程度的强制性，并以具体的法律条文明确规定权利、设定义务，保障人们的利益，维护着社会的稳定。

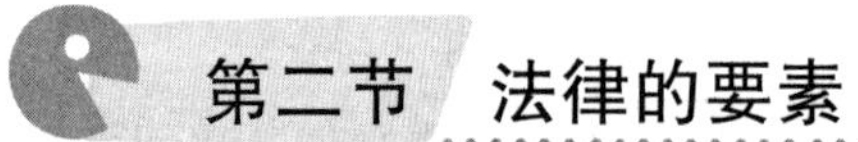

第二节 法律的要素

一、法律要素的含义

要素，即构成系统整体的基本结构或功能单位。法律要素是指组成法律系统所不可缺少的各种因素，它们彼此独立又相互关联，缺少其中任何一个要素，法的效力都将难以有效发挥。

学界对于法究竟由哪些要素构成存在不同的看法，我国法学理论将法的要素分为：法律规则、法律原则、法律概念和技术性规定。

二、法律规则

（一）法律规则的含义

法律规则，是指采取一定的结构形式具体规定人们的法律权利、法律义务以及相应的法律后果的行为规范。法律规则是法律调整社会行为和关系的主要依据，因此也是法律实施的主要依据，特别是司法和执法活动直接适用的对象。

《法律规则的逻辑结构》_雷磊

（二）法律规则的逻辑结构

法律规则的逻辑结构，是指法律规则由哪些要素组成，以及这些要素之间的联结方式。任何法律规则都是由假定条件、行为模式和法律后果三个部分构成的。

1. 假定条件，是指法律规则中有关适用该规则的条件和情况的部分。具体描绘法律规则适用的前提、条件或范围，时间、空间以及规则调整的行为和主体的限制。例如《民法典》第 1074 条第 1 款规定，有负担能力的祖父母、外祖父母，对于父母已经死亡或者父母无力抚养的未成年孙子女、外孙子女，有抚养的义务。在这个法律规则中，祖父母、外祖父母有负担能力，父母已经死亡或父母无力抚养，孙子女、外孙子女未成年，均是该法律规则的假定条件。

2. 行为模式，是指法律规则中规定人们如何具体行为的部分，是法律规则的核心部分。行为模式根据模式规定内容的不同又可以分为：①可为模式，即法律允许为一定的行为，在法律条文中往往用“可以”“有权”等词语表达；②应为模式，即法律要求必须作出一定行为，在法律条文中往往用“必须”“应当”等词语表达；③勿为模式，即法律禁止作出一定行为，法律条文中往往用“禁止”“不得”等词语表达。

3. 法律后果，是指法律规则中规定人们在作出符合或者不符合行为模式的要求时应当承担的相应的结果部分，是法律规则对人们具有法律意义的行为的态度，可分为合法后果与违法后果。对于前者法律规则将给予肯定性的评价，如保护、许可、鼓励等。对于后者法律规则将给予否定性的评价，如制裁、撤销、补偿等。

上述三个部分对于任何一个法律规则来说都是必不可少的。缺少其中任何一个部分，就不能构成一个法律规则。需注意的是，法律规则不等于法律条文，后者只是前者的文字形式。法律规则的三要素并不一定要在一个法律条文中完全表述出来，甚至可能存在于不同的规范性法律文件中，如子女对父母的赡养问题，《民法典》中只规定了假定条件和行为模式部分，但违反这项规定并构成犯罪的法律后果却规定在《刑法》分则中。在立法实践中，为了防止法律条文过于繁琐，甚至还会存在某一逻辑结构缺省的情况。如《民法典》第 1061 条规定，夫妻有相互继承遗产的权利。其假定条件——夫妻中有一方死亡且留有遗产，就被缺省了。需注意的是，法律后果部分的省略在原则上是不允许的，特别是制裁性规定绝不可以省略，以防止法律丧失可操作性。

（三）法律规则的分类

1. 根据规则内容的不同，可将法律规则分为授权性规则、义务性规则和权义复合性规则。授权性规则是指示人们可以作为、不作为或要求别人作为、不作为的规则。授权性规则是主体享有法定权利的依据，而且该类规则具有可选择性，主体可以选择行使、选择放弃行使或选择转让该权利。在法律条文中往往有“可以”“有权”等词语表述。义务性规则是直接要求人们作为或不作为的规则。相较于授权性规则，该类规则没有可选的自由，具有一定的强制性。义务性规则又可分为命令性规则和禁止性规则。前者是指规定人们的积极义务，即人们必须或应当作出某种行为的规则，在法律条文中往往有“必须”“应当”等词语表述。如《民法典》第 603 条第 1 款规定，出卖人应当按照约定的地点交付标的物。后者是指规定人们的消极义务（不作为义务），即禁止人们作出一定行为的规则，在法律条文中往往有“义务”“严禁”等词语表述。如《野生动物保护法》第 6 条第 1 款规定，任何组织和个人都有保护野生动物及其栖息地的义务。禁止违法猎捕野生动物、破坏野生动物栖息地。权义复合规则是指兼具授予权利、设定义务两种性质的法律规则。规定国家机关工作人员职权的规则是典型的权义复合性规则。此外，规定公民某些权利的规则同时也会将其设定为公民的义务，如《宪法》第 42 条第 1 款规定，中华人民共和国公民有劳动的权利和义务。

2. 根据规则内容的确定性程度的不同，可将法律规则分为确定性规则、委任性规则、准用性规则。确定性规则，即内容已经明确规定人们具体的行为模式，无须再援引或者参照其他规则来确定其内容的法律规则。这类规则内容明确，结构完整，可以直接适用。法律条文中规定的绝大多数法律规则属于此种规则。委任性规则，即具体内容尚未确定，只规定某种概括性指示，由相应国家机关通过相应途径或程序加以确定的法律规则。例如，《计量法》第 32 条规定，中国人民解放军和国防科技工业系统计量工作的监督管理办法，由国务院、中央军事委员会依据本法另行制定。此规定即属委任性规则。准用性规则，即内容本身没有规定人们具体的行为模式，而是可以援引或参照其他相应内容规定的规则。例如，我国《商业银行法》第 17 条第 1 款规定，商业银行的组织形式、组织机构适用《公司法》的规定。此规定即属准用性规则。

3. 根据规则对人们行为规定和限定的范围或程度的不同，可将法律规则分为强行性规则和任意性规则。强行性规则是指为社会关系参加者规定了明确的行为模式而不得自行变更其内容的规则。据此，行为主体必须遵守规则的规定，不允许他们自行协议解决问题，违反法定行为模式的协议是无效的。一般说来，禁止性规则与义务性规则都是强行性规则。任意性规则是指在一定范围内，允许人们自行选择或协商确定为与不为、为的方式以及法律关系中的权利义务内容的法律规则。在调整私人利益的法律中，任意性规则较多。如《民法典》第 1112 条规定，养子女可以随养父或者养母的姓氏，经当事人协商一致，也可以保留原姓氏。这就是一条任意性规则。

三、法律原则

（一）法律原则的含义

原则，即分析和处理事务的根本准则。法律原则，是为法律规则提供某种基础或者本源的综合性的、指导性的价值准则或规范。法律原则既不预先设定具体的事实状态，也不直接包含具体的权利、义务和法律后果等内容。法律原则有两个显著特征：①法律原则体现了基本价值追求和社会发展的总体目标，是一定时期社会利益的集中反映，具有较强的稳定性。②法律原则对社会关系具有广泛的指导意义，具有更普遍的适用性。

（二）法律原则的分类

1. 根据产生的基础不同，可将法律原则分为公理性原则和政策性原则。公理性原则是从一定社会关系本质中产生出来，得到社会成员广泛认同，并且被奉为法律准则的公理。如民法中的平等、自愿、公平、诚实信用、公序良俗、绿色原则，就是公理性的原则。公理性原则在国际范围内具有较强的普适性。政策性原则是国家和其他政治共同体为了达到某一目的或目标，或实现某一时期、某一方面的任务而制定的方略，通常是关于社会的经济、政治文化、国防的发展目标、战略措施或社会动员等问题的，通常具有较强的号召性、民族性和时代性。如《宪法》第 25 条规定，国家推行计划生育，使人口的增长同经济和社会发展计划相适应。

2. 根据涉及的内容和问题的不同，可将法律原则分为实体性原则和程序性原则。实体性原则是指规定实体法律问题的原则，其功能是调整实体上的权利义务关系，民法、刑法、行政法中的原则多属此类，例如，罪刑法定原则、诚实信用原则、公序良俗原则等。程序性原则是指规定程序性法律问题的原则，其功能是调整程序上的权利义务关系，例如，公开原则、回避原则、司法独立原则、谁主张谁举证原则、排除非法证据原则等。当然也有跨越实体与程序两界的法律原则，例如，平等原则、公平原则等。

3. 根据覆盖面的不同，可将法律原则分为基本法律原则和具体法律原则。基本法律原则是指体现法的根本价值的法律原则，决定法律的统一性与稳定性，反映法律的基本精神，是整个法律活动的指导思想和出发点。例如，现代法律中的法律面前人人平等原则、基本人权不可侵犯原则等均为现代法律的基本原则。具体法律原则是在某一特定法律领域实施的法律原则，构成某一法律领域的法律规则的基础或出发点，是基本原则在具体部门的应用，例如，分权原则、司法独立原则、正当程序原则等。最具体的法律原则与法律规则难以区分，例如，回避原则、时效原则等。

（三）法律原则与法律规则的区别

1. 在确定性程度上，法律规则的规定是明确具体的，它预先设定了明确、具体的假定条件、行为模式以及法律后果，可有效削弱或防止法律适用上的“自由裁量”。而法律原则是为法律规则提供各种基础或本源的综合性、指导性的价值准则或规范，要求尽最大可能地实现在法律和事实上的可能性，因而原则并不要满足确定性的要求。正如德沃金指出的，“一个规则和一个原则的差别在于，一个规则对于一个预定的事件作出一个固定的反应；而一个原则则在我们决定对一个特定的事件作出反应时，指导我们对特定因素的思考”。

2. 在抽象程度上，法律规则的内容较为具体明确，因此只适用于某一类型的行为，适用面窄。而法律原则对人们的行为及其条件有更大的覆盖面和抽象性，它们是对从社会生活或社会关系中概括出来的某一类行为、某一法律部门甚至全部法律体系均通用的价值准则，具有宏观的指导性，其适用范围比法律规则宽广。

3. 在法律效力上，法律规则在适用时是以完全有效或者完全无效的方式应用于个案当中的。如果一条规则所规定的事实是既定的，那么，在这条规则是有效的情况下，必须接受该规则所提供的解决办法；在该规则是无效的情况下，其对裁决不起任何作用。而法律原则的适用则不同，它不是以“全有或全无”的方式适用的，对于特定案件，具有不同内涵甚至存在冲突的法律原则可以同时适用，只不过它们发挥的指导作用有所不同。

（四）法律原则的适用条件

由于法律原则是高度抽象概括的，所以将它直接作为裁判案件的依据时，会赋予法官较大的自由裁量权，增加法律适用的不确定性。为了保障法律的客观性和确定性，法律原则在司法中的适用主要存在于以下两个场合：一是无规则可用时。在通常情况下，法律适用的基本要求是有规则依规则。但在司法实践中有时会遇到立法应当规定而没有规定的情形，即规则空白。此时，法律原则可以作为填补规则空白的手段发挥作用。二是适用规则将导致个案不正义时。当然，这种情况在司法过程中极少出现，除非直接适用法律规则的结果极端不公正，否则法官不得轻易舍弃法律规则而适用法律原则。

四、法律概念和技术性规定

法律概念是具有法律意义的概念，是对各种有关法律的事物、状态、行为进行概括而形成的专业性术语。法律概念不涉及权利义务的分配，也不对法律关系主体的行为作出指示或提出要求，而仅仅是对法律中的一些重要概念作出解释说明与界定，以便法律人得以高效地进行沟通。

《法律概念是重要的吗》_雷磊

从来源来看，有些法律概念是从日常生活用语中移用过来，并有了特殊的含义，如“善意”。还有一些法律概念是属于法律中专有的，在其他领域看不到的，比如“法律渊源”“成文法”“正当防卫”“两审终审制”等就是法律的创造性产物。

法律概念对于法律的运作与法学研究具有重要意义。具体来讲，法律概念具有三大功能，一是表达功能。概念与概念之间的连接，使法律得以表达，同时，概念也是表达司法判决的重要工具，我们经常看到，在具体的司法实践中，某些法律概念往往成为诉讼双方争议的焦点，对其能否正确地理解和适用也就成了处理该案件的关键环节。二是认识功能。概念使人们得以认识和理解法律，不借助法律概念，人们便无法认识法律的内容，特别是当具有不同文化与地域背景的人们，想要就某一法律问题进行讨论时，法律概念就是进行交流的重要基础。三是改进法律、提高法律科学化程度的功能。丰富的、明确的法律概念，可以提高法律的明确化程度和专业性程度，使法律成为专门的工具，使法律工作得以成为独立的职业。

此外，技术性规定也是法律的要素之一，与法律规则、法律原则、法律概念共同构成完整的法律。它的作用是解决法律的可操作性问题，或对某些具体事项作出安排，从而使法律能够调整社会关系、解决现实问题。技术性规定一般出现在法律的最后部分，或附则、附录中。如《民法典》附则中的第 1259 条的规定，民法所称的“以上”“以下”“以内”“届满”，包括本数；所称的“不满”“超过”“以外”，不包括本数。

第三节 法律的范围

一、法律的类别

法律的类别指依据一定标准将法律分为不同的种类。对法律进行分类可以使人们区分不同性质和特点的法律，正确认识并恰当运用法律。一般来说，我们可以将法律进行如下分类：

（一）成文法和不成文法

根据法律表现形式的不同可分为成文法和不成文法。成文法又称制定法，指国家机关依照一定的程序制定和颁布的，表现为条文形式的规范性法律文件。成文法最完善的形态是法典。不成文法是指不具有法律条文形式，但国家认可其具有法律效力的法。不成文法并非来自立法机关的创制，所以也被称之为非制定法。它包括习惯法和判例法两种形式。习惯法来自习惯，但并不一定所有习惯都具有法律效力。判例法是以司法机关的判决先例为表现形式的法，因国家对其法律效力的认可，而具有法律效力，它是英美法系的主要法律形式。

（二）根本法和普通法

根据法律的重要性和源流关系的不同可分为根本法和普通法。根本法也就是一个国家的宪法，在一国的法律体系中居于最高地位，具有最高的法律效力，它由国家最高立法机关经严格的程序制定和修改，规定了国家、社会和公民生活中最根本的问题。普通法是根据宪法生成的其他法律。普通法虽然有不同的法律形式和效力等级，但都共同地源于根本法，是根本法的基本精神、基本原则和具体规定在各个法律领域的具体体现。普通法不得和根本法相抵触。根本法和普通法的区别体现在立法主体、立法程序、基本内容、效力等级等方面。

（三）实体法和程序法

根据法律的内容和功能的不同可分为实体法和程序法。实体法是规定法律关系主体之间的权利与义务关系、职责与职权关系的法律。程序法是规定保证实体权利与义务、职责与职权得以实现的方式和手段的法律。现代程序法主要包括立法程序法、行政程序法与司法程序法，如《民事诉讼法》《人民调解法》等。需注意的是，这种划分并不是绝对的，在实体法中往往也规定了某些程序性问题，而在程序法中则多有关于诉讼主体权利义务的规定。

（四）国内法和国际法

根据法律生成和适用的主体、法律适用的范围的不同可分为国内法和国际法。国内法是由国内的立法机关或其他有权机关制定和认可，在一国领域内实施的法律规范。规范的主体是自然人、社团法人、财团法人、国家机关，国家在特定的法律关系中也能成为国内法的主体，如在国家赔偿法律关系中。国际法是调整国家与国家之间、国际组织之间以及国际组织与国家之间的关系的法律规范的总和。国家是国际法的主要主体，此外国际组织、个人也有可能成为现代国际法的主体。

（五）一般法和特别法

根据法律适用的效力范围可分为一般法和特别法。一般法指适用于一般的法律关系主体、通常的时间、国家管辖的所有地区的法律。特别法是对于特定的人群和事项，或者在特定的地区和时间内适用的法律。一般法与特别法是相对而言的。如《公司法》相对于《民法典》来说是特别法，但相对于《外资企业法》（已失效）来说又是一般法。

（六）公法与私法

大陆法系有公法与私法的区分。该分类方式始于古罗马法学家乌尔比安，在西方法学中得到广泛的应用，但其划分依据却众说纷纭。一般认为，公法是调整非平等的国家与公民、社会组织之间关系的法律，以权力为中心，以维护公共利益为主要目的，例如宪法、刑法等。私法是调整平等的公民、社会组织之间关系的法律，以权利为中心，以保护私人利益为主要目的，如民法、商法等。

（七）普通法和衡平法

英美法系有普通法和衡平法的区分。这里的普通法不同于前述法的一般分类中的普通法概念，而是指12世纪前后发展起来的，由英国王室法庭实施于全国的普遍适用的习惯法和判例法，所谓普通是相对于特殊而言，具有共同、普遍、通行于全国的意思。衡平法是指在普通法基础上，根据公平正义原则和规则修正和补充而出现的一种判例法，旨在弥补普通法僵化和机械的缺陷，救济那些依照普通法无法得到公正判决的当事人。衡平法的运用并不严格依照规则，而是依靠法官的良心、道德和对公平正义的理解。

二、法律与道德

法律是社会的存在物，它不可避免地与其他社会现象存在关联，道德作为一种社会现象，是由经济关系最终决定、按照善恶标准来评价并依靠社会舆论、内心信念和传统习惯来维持的规范、原则和意识的总称。法与同属上层建筑的道德有着极为密切的联系。它们作为社会规范在功能上相辅相成，共同调整社会关系。尽管有的社会强调“德主刑辅”“礼法结合，以礼为主”，而有的社会则强调法律至上，但在共同使用二者方面概莫能外。即使在强调和实行法治的现代社会，道德的功能也是不能否认的，二者仍然表现出相辅相成的关系。法治确立法律的首选地位，但此法必须依赖道德基础以获得法的善良性质。法治确立外在制度的首要地位，但此制度必须依赖道德规范以获得制度的正义性质。“法律是最低限度的道德”是现代人们通常的说法，当然这个限度会随着社会的发展而不断变化。

《中国法治进程中法律与道德的关系》_刘作翔

法与道德既有联系也有区别，作为两种不同的社会规范，它们的区别主要表现在以下几个方面：①形成方式不同。法是由国家制定或认可的，通过国家机关创制的规范性或非规范性法律文件的形式表现出来。而道德是人们在社会生产和生活过程中逐步形成的关于善与恶、正义与非正义的观念及行为准则和规范，通常存在于人们的内心和社会舆论中，或者以文字形式存在于思想家们的著作中。②表现形式不同。法律一般具有正式的表现形式，如全国人民代表大会通过的法律由国家主席签署主席令予以公布，并在全国人民代表大会常务委员会公报和中国人大网以及在全国范围内发行的报纸上刊载。而道德通常只是人们作为或不作为的一般性原则，往往缺乏正式的表现形式。③内容结构不同。法律规定在一定条件下人们的权利与义务，以及违反这种规定的制裁或补救措施。道德的内容一般来说更侧重于个人对他人、对社会履行的义务，这种义务的履行并不意味着他方享有相应的权利，也不以义务履行者取得某种权利为条件。④调整的范围不同。道德的调整范围比法律的调整范围要广，深度也更深。法律调整人的行为，尽管也涉及行为的主观状态，但这种主观状态依附于行为。道德则不然，它可以单独评价人的行为动机道德与否，而不问行为效果如何。⑤实施的方式不同。法律靠国家强制力保证实施；而道德则靠人们的内心信念和社会舆论等方式加以实施，强制力较弱。

三、法律与其他社会关系

（一）法律与经济

经济指整个社会的物质精神资料的生产和再生产，包括物质精神资料的直接生产过程以及流通、分配、交换和消费过程。经济基础是指由社会一定发展阶段的生产力所决定的生产关系的总和。法律作为上层建筑的一部分，很大程度上由经济基础决定。一定的法律必然要与一定的经济基础相适应。法律的起源、本质和发展变化，都受社会经济基础的制约。经济基础对法律的决定作用通过人们有意识的活动来实现。法律不只是消极地反映经济基础，还能动地反作用于经济基础，如确认经济关系，确立市场经济的基本走向和基本原则；规范经济行为，确认和维护各种市场主体的法律地位，规范市场主体微观经济行为；维护经济秩序，通过法律培育市场体系，维护市场秩序；服务经济活动，运用法律解决社会保障问题，运用法律对市场经济进行宏观调控，矫正市场经济的弊端，引导市场经济良性运行等。

（二）法律与政治

1. 法律与政治的一般关系。政治和法律都是社会上层建筑的组成部分。但政治比法律涉及的范围广泛。在一国中，法律体系是单一的，而政治力量却是多样的。法律直接反映统治阶级的政治要求，为统治阶级政治服务，反对被统治阶级的政治。法律必然以政治为指导，沿着政治的方向来发挥自己的作用。政治对法律的作用体现在一定的政治活动影响法律的产生和运作，政治状况的变化也会影响法律的发展变化。法律对政治的作用体现在以下几方面：①法律确认政治体制。政治体制指政治权力的结构形式和运行方式，在分权型权力结构中，权力的配置和行使皆须以法律为依据。②法律反映政治要求。法律对利益和价值的分配以规范、程序和技术性的形式固定下来，从而使其具有形式上的正统性。③法律规范政治运行。政治运行的规范化、民主化和政治体制的完善，都离不开法律的运作。民主政治必然是法治政治，而法治政治必然要求政治受法律规范。

2. 法律与国家。此处国家主要指国家政权或国家权力。国家权力具有公共性、强制性、组织性、扩张性和腐蚀性等特点。法律与国家权力具有相互依存和支撑的关系。首先，法律确认国家权力，赋予国家权力形式合法性和正当性，从而维护和强化国家权力。其次，法律的存在以国家权力为必要支撑。因为法律的创设和实施需要国家权力，个人权利的保护需要国家权力，社会整合需要国家权力。法律与国家权力也具有紧张和冲突的关系。法律以制度、规范和程序的形式来确认国家权力的形式合法性，但同时也是对权力的约束和制约。近现代法治的精神在于控权，即强调国家权力行使的合法性。国家权力本身具有单方面性和扩张性，故其很容易突破法律的限制而凌驾于法律之上。

3. 法律与政策。政策一般包括国家政策与政党政策，此处指执政党政策。执政党政策指执政党为实现一定政治目标、完成一定政治任务而作出的政治决策。法律与执政党政策的联系表现为：法律与政策相互配合，相互作用，具体表现为政策对法律的指导和影响作用，以及法律对政策的保障和规范作用。政党政治是现代政治的特色，随着政治走向法治与民主，执政党政策越来越受到法律的调控。

（三）法律与宗教

宗教是一种重要的社会意识形态和文化现象，体现了人类对自身“起源”与“未来”的终极关怀。法律、道德和宗教是人类社会控制人的行为的三种基本规范，在早期社会，这三种规范体系往往合为一体。近代以来，这三种规范逐步分离，成为相对独立的规范体系。法律与宗教的主要区别是：①法律的基础在于理性的自觉力量，宗教的基础在于心灵的寄托和信仰；②法律一般只规范人的外部行为，通过国家强制力保障实施，宗教更侧重于规范人的内心活动，主要通过控制人的良心来调节人的行为；③法律规范有权利和义务两种规范形式，宗教规范大多是义务性规范。

宗教对法律的影响体现在以下几方面：①宗教教义影响立法。许多宗教教义实际上体现了人类的一般价值追求，部分教义被法律所吸收，渗透在立法精神里面。②宗教影响司法程序。在一些政教合一的国家，教会直接行使司法权，教会权威人士即法官。③宗教意识能够渗透到法律的精神深处，甚至成为一些民族和地区的法文化特征的决定性因素。比如：基督教对西方法文化的形成具有极为重要的影响。近现代法律对宗教的影响主要体现在法律对本国宗教政策的规定上，核心是宗教信仰自由的法律化。宗教改革和资产阶级革命胜利以后，政教分离原则确立起来，公民的宗教信仰自由开始受法律保障。

（四）法律与科技

当今世界，科技发展日新月异，在人类生活中扮演着举足轻重的角色。法律与科技的关系也越来越紧密和重要。科技进步对法律的影响：其一，科技进步推动立法。一方面科技进步使法律体系的传统领域面临新挑战，同时也出现了新的立法领域，例如科技法日益成为一个独立的法律部门。其二，现代科学技术影响司法过程的各个环节，例如事实认定、法律适用和法律推理等。其三，科技进步影响人们的法律意识，促进法律观念、法律理论的更新。

法律对科技进步的作用：其一，运用法律可以对科技活动进行组织、管理、规范和协调，使科技活动更合理有序地进行。其二，科技成果商品化、科技经济一体化需要相应的法律规则和制度来确认和规范。其三，科技发展所带来的各种社会问题需要法律来防范和救济。

第四节　法律的起源与发展

一、法律起源的论争

（一）关于法律起源的不同学说

法律的起源是人类社会规范文明史上一次质的飞跃，是人类规范调控的一个新的里程碑，是人类法律文明的起点。基于对法的本质的不同认识，法的起源的学说有神创说、社会契约说、精神发展说、暴力说等。

神创说以中世纪的神学家奥古斯丁为代表，该学说认为法是人格化的超人类力量的创造物，各种各样的神为人类创造法。奥古斯丁提出：秩序和安排来源于上帝的永远的正义和永恒的法律，即神法；人法服从神法，是从神法派生出来的。

社会契约说以17、18世纪古典自然法学者卢梭、洛克等为代表，该学说认为人类进入政治社会之前处于自然状态，为更好地生活，人们通过缔结契约，组成政府，让渡部分自然权利，这个契约就是法律。

精神发展说以德国哲学家黑格尔和法学家萨维尼为代表，绝对精神论者认为，绝对精神在自然界产生之前就已存在，当它发展到自然界阶段，才有了人类，人类精神的发展产生法。而民族精神论者认为，法源于民族精神或历史传统。

暴力说以德国的杜林和波兰的贡鲁洛维奇等为代表，该学说认为法是暴力斗争的结果，是暴力统治的产物。我国的韩非子就认为，有斗争有暴力才需要解决冲突的规则。

根据马克思主义法学理论的观点，法是人类社会发展到一定历史阶段的产物，其产生经历了漫长渐进的过程，有独特的发展规律和明确的形成标志。

（二）法律产生的一般规律

1. 法律的产生经历了从个别调整到规范性调整、一般规范性调整到法的调整的发展过程。原始社会初期的社会调整往往是个别调整，即针对具体人、具体行为所进行的只适用一次的调整。当某些社会关系发展为经常性、较稳定的现象时，人们为提高效率、节约成本而为这一类社会关系提供行为模式，于是个别调整便发展为规范性调整，即统一的、反复适用的调整。以后随着社会的发展，社会形成两个利益对立的阶级，统治阶级需要一种特殊的社会规范来维护其利益，迫使社会成员按照统治阶级意志行事，于是法律的调整从一般的规范性调整中分离出来，法律的调整逐渐成为社会关系的主要调整方式。法律的调整的主体是政治社会中最具权威的组织——国家，国家创制法律并保障法律的实施。

2. 法律的产生经历了习惯到习惯法、再由习惯法到制定法的发展过程。原始习惯的存在，为法律的形成提供了最初的规范性基础，早期法律无一不以习惯为唯一法源，之后随着私有制和阶级的形成，国家通过认可的方式，将有利于统治阶级利益和社会生活的维系与发展的习惯转化为受国家强制力保障实施的法律，从而形成最早的习惯法。随着社会关系的复杂化和社会文明的发展，仅仅靠根据既有规范转化而来的习惯法已经不能满足社会对规范的需求，于是国家根据一定的程序把体现统治阶级意志和利益的规范以明确的文字形式表现出来，从而产生了制定法。

3. 法律的产生经历了法律与宗教规范、道德规范的浑然一体到法律与宗教规范、道德规范的分化、法律的相对独立的发展过程。原始社会的习惯融道德、宗教等社会规范于一体，国家产生之初的习惯法与宗教规范、道德规范等没有明显的界线，道德原则常常有强制性，而宗教教条、戒律常常就是法律。随着社会的进化、法律的发展成熟，法律与道德、宗教规范开始分化，法律在调整方式、手段、范围等方面自成一体、相对独立，在社会调整体系中占有独特的地位，发挥特殊的作用。

（三）法律形成的标志

法的产生经历了一个漫长的历史阶段，它的最终形成以以下现象为标志：

1. 国家产生。法律的调整意味着有一个专门机构以全社会代表的名义认可或制定权威性的行为规范、有一批有组织的人员负责具体执行这些规范、违反规范者会受到有组织的暴力施加的制裁。而这些内容正是国家机构所具有的特点，没有此种特殊的公权力的存在，法律既不可能被创制，也不能被有效地实施。

2. 权利与义务的区分。在氏族制度内部，权利与义务还没有形成区分。参加公共事务，实行血亲复仇或为此接受赎罪究竟是权利还是义务对原始社会的人来说是无意义的。而法律要想对行为实现有效调控，首先要能对各种行为加以界定，明确其是可为的、勿为的还是必为的；此外还要在各种法律关系中，把相应的权利和义务分别明确地分配给不同的法律关系主体。因此，为了实现法律对各种行为的调控职能，必须区分权利与义务。

3. 专门的纠纷解决机构。在原始社会中，大多数争端都由全体当事人自己解决，历来的习俗把一切都调整好了。私有财产的出现使人们之间的纠纷的性质和数量都发生了巨大的变化。法律对社会关系和行为的调控，意味着私力救济被限制和公力救济的出现，否则任由当事人对侵犯权利的行为自行处置，难以在利益冲突普遍化的状态下保持必要的秩序。这就需要一个特定的机构来行使审判权，并通过一定的程序来处理纠纷。

二、法律发展的历史进程

（一）法的历史类型

按照中国法学界的通说，所谓法的历史类型，是指将人类历史上存在过的以及现实生活中存在着的法，根据其经济基础和阶级本质作出的基本分类。凡是建立在同一经济基础之上、反映同一阶级意志的法，就属同一个法的历史类型。如 1787 年的《美利坚合众国宪法》（以下简称《美国宪法》）、1804 年的《法国民法典》与 1874 年的《日本交易所法》，虽然各有其特点，但由于它们都建立在相同的资本主义的经济基础之上，反映和维护的都是资产阶级的利益和意志，因而都属于同一种历史类型。

法的历史类型是与国家的历史类型及其社会形态相适应的。人类社会从低级向高级发展，出现过原始社会、奴隶社会、封建社会、资本主义社会、社会主义社会五种形态，其中原始社会不存在国家与法律，无法的历史类型的划分。因此有史以来法的历史类型可分为四种，即奴隶制法、封建制法、资本主义法和社会主义法。它们分别与奴隶制、封建制、资本主义和社会主义四种社会形态相适应。总的来说，人类社会的法是从奴隶制法发展到封建制法，继而发展到资本主义法和社会主义法。但具体到每一个国家、地区的法并不一定都会经历这四个历史类型，也并不一定都是由低向高发展的。如我国的西藏地区的社会形态经历了从封建农奴社会向新民主主义社会的跨越，相应地，其法的历史类型也未经历资本主义法这一阶段。

（二）奴隶社会法律制度

奴隶社会法律制度，又称奴隶制法，是人类历史上出现的第一种历史类型的法。它是随着原始社会的解体，私有制、奴隶制、阶级和国家的出现而产生的。奴隶制法的本质是由奴隶社会的经济基础所决定的。在奴隶社会，奴隶主占有全部的生产资料并完全占有奴隶；奴隶主和奴隶是赤裸裸的剥削和被剥削的关系，奴隶毫无人身自由，完全在奴隶主的强制下劳动；奴隶劳动创造的产品全部归奴隶主占有和支配，奴隶主只给奴隶最低限度的生活资料。由此可见，奴隶社会最基本的阶级关系是奴隶主和奴隶两大阶级的对立和斗争，奴隶制法是奴隶主阶级的意志和利益的体现，其目的在于维护奴隶主阶级的意志和利益，维护有利于奴隶主阶级的社会关系和社会秩序。历史上颇具盛名的《查士丁尼法典》《摩奴法典》《十二铜表法》都属于这一历史类型。奴隶制法主要有以下特征：

1. 严格保护奴隶制生产关系。奴隶社会的生产关系的基本特点，是奴隶主不仅占有生产资料，而且占有奴隶本身。以《汉谟拉比法典》为例：其共有条款 282 条，有关财产保护的条文多达 120 条。奴隶不能成为法律权利主体，而是权利客体，奴隶主有权任意处置奴隶，就像处置自己的所有物一样，可以买卖、赠与、继承，甚至屠杀和充作殉葬品。主人杀伤奴隶，不仅不负任何法律责任，而且是奴隶制法所确认和保障的重要权利。如果他人杀死或伤害奴隶，不认为是犯罪，不负刑事责任，只对其主人负责赔偿财产上的损失（《汉谟拉比法典》第 219、220 条）。如果盗窃或藏匿奴隶，协助奴隶逃跑，或者去掉他人所有的奴隶的标志者，则认为是犯罪，处以重刑，甚至可以处死（《汉谟拉比法典》第 15、16、19、226、227 条）。除奴隶外，奴隶主的其他私有财产，如土地、房屋、牲畜等，奴隶制法也都有极其严格的保护条款。

2. 公开确认自由民内部的不平等。自由民是奴隶社会中奴隶以外居民的总称，基于他们拥有的土地和财产多寡的不同，在政治上所享有的权利也不尽相同，如我国古代《礼记·曲礼》中就记载了“礼不下庶人，刑不上大夫”的规定。贵族奴隶主、工商业奴隶主、高利贷者、宗教祭司等通常被认为是上层自由民；个体农民、个体手工业者、小商人等属于下层自由民，常受到上层自由民的压榨和盘剥，有沦为奴隶的可能。通常不同等级的自由民之间是不允许通婚的，甚至他们在服饰用具上都有严格的区分。

3. 带有原始社会的残余。奴隶制法多由原始社会的习惯转变而来，所以奴隶社会的法律不可避免地带有原始社会的残余，在责任承担方面，常常要求集体承担；在对待侵害问题上，常常鼓励同态复仇，如《汉谟拉比法典》第229、230条规定，房屋倒塌致房主死亡时，承建该屋的建筑师应被处死；但如使房主之子死亡，则处死建筑师之子。

4. 刑罚极端野蛮残酷。奴隶制法往往采取非常残暴的惩罚性措施以维护奴隶主的统治。如中国奴隶制法律中有墨、劓、剕、宫、大辟五种酷刑，以耻辱刑、肉刑为主要惩罚方式，史称奴隶制五刑；五刑之外还有流、赎、鞭、扑等处罚方法。此外，对于奴隶的惩罚更带有极大的随意性。

5. 利用宗教迷信达到统治目的。宗教的起源在时间上早于正式法律的产生，因此奴隶制法与宗教密切相关，法律往往被披上宗教的外衣，借助神灵的力量获得权威。如《汉谟拉比法典》中宣称，国王的权利来自神的授予，即王权神授。

（三）封建社会法律制度

封建社会法律制度，又称封建制法，是继奴隶制法之后又一剥削阶级社会的法。封建制法的本质是由封建社会的经济基础决定的。在封建社会，地主阶级统治其他阶级的根本即为封建土地所有制。地主阶级通过掌握土地这一生产资料，对使用土地的农民通过榨取地租、放高利贷等手段剥削其他阶级。与奴隶社会相比，由于生产力的发展、生产能力的提高，法律也发生了相应的变化。《法经》《萨利克法典》都属于这一历史类型的法。由于不同社会中的封建制法在形成之初的历史背景、发展条件和道路有较大差异，因此，它们所具有的重要特点也不完全相同。但封建制法大致具有以下特征：

1. 维护封建等级制度。在封建社会里，除了阶级外，还存在等级划分。等级是以占有土地多少和权力大小来划分的。国王（皇帝）是一国最大的地主，高踞于封建等级的顶端，将全国土地分封所属诸侯，诸侯再将领地封赐所属家臣，形成一个自上而下的阶梯式封建等级。皇帝是至高无上的权威，享有政治、经济和法律上的最大特权。处于皇帝之下的大、中、小贵族，因其封地的大小和爵位的高低，享有不同等级的特权。在刑罚方面，不同等级的人犯了同样的罪，其所承担的法律后果也完全不同。如中国封建制法中的“八议”制度，使“亲故贤能功贵勤宾”八种特权阶级在犯罪的情况下，能享有酌情减免刑罚的特权。

2. 宗教戒律在法中有重要地位。虽然中西方在宗教信仰上存在较大差异，但在封建社会时期的法律都受到其不同程度的渗透影响。如在西欧某些国家的权力等级中，教会优于国王，同时自然法观念和教会法都会对国王构成制约。英格兰大法官亨利·德·布雷克顿就曾说过：“国王在万人之上，但却在上帝和法律之下。”又如我国“十恶不赦”这个成语，源于《开皇律》规定的十类不可被赦免的重罪，而“十恶”这个词最先是一个佛教用语，指十种人做了会导致下地狱、成饿鬼和畜牲后果的罪恶事。

3. 肯定人身依附关系。封建社会比奴隶社会进步，人身依附关系有所减轻，人们获得了相对的自由，但是人身依附关系仍然存在，即使是自由人在不能偿还债务的前提下，也有可能转变为农奴。就西方来看，中世纪的农奴虽然不像奴隶社会那样可以被领主随意杀害，但是他们依然被束缚在庄园与农地，人身自由受到了领主的限制，也不具备完整独立的人格，他们在相当程度上仍然是领主的私有财产。

4. 刑法依然残酷。虽然封建社会的刑法比奴隶制社会稍有所进步，如我国的奴隶制五刑已被封建制五刑即笞、杖、徒、流、死替代，耻辱刑、肉刑逐渐向自由刑演变，但常刑之外也存在诛族、凌迟、剥皮楦草等酷刑，因此并不能否定封建社会刑法的残酷性。

（四）资本主义法律制度

资本主义法律制度，又称资本主义法，是人类历史上最后一种剥削阶级社会类型的法。资本主义是在封建社会后期随着生产的不断发展、资本的不断积累而产生的一个社会形态。其基本的经济结构是资产阶级占有生产资料，并在此基础上形成了对工人的雇佣关系；工人几乎不占有生产资料，靠出卖劳动力生存。《权利法案》《人权宣言》《明治宪法》就是典型的资本主义法。与奴隶制法与封建制法相比，资本主义法具有明显的优越性与社会进步性，主要体现在其规定并遵循的一系列法制原则，其中主要有：

1. 私有财产神圣不可侵犯原则。这一原则是资本主义法律制度的首要原则，它首次出现在 1789 年法国《人权宣言》的第 17 条规定中：“财产是神圣不可侵犯的权利，除非当合法认定的公共需要所显然必需时，且在公平而预先赔偿的条件下，任何人的财产不得受到剥夺。”该原则为交易安全提供了有力保障，为资本主义市场经济的发展保驾护航，后来被各资本主义国家所继承，不少国家还将其作为重要内容写进宪法之中。

2. 契约自由原则。近代意义上的契约自由原则可以追溯到 1804 年颁布的《法国民法典》。该原则强调契约签订的自主性与平等性，其内容包括：缔约的自由、对象选择的自由、内容的自由与方式的自由。契约自由原则承认了公民作为契约主体的平等性，承认一切人都可以在法律所界定的领域中处分自己的利益与权利，并在交往各方达成合意的条件下建立或改变彼此的权利、义务关系。

3. 法律面前人人平等原则。1789 年法国《人权宣言》在第 1 条和第 6 条分别规定，“人们在自由上而且在权利上，生来是平等的”；“法律对于所有的人，无论保护或处罚都是一律的。在法律面前，所有的公民都是平等的”。这种法律上的平等具体表现为：全体公民都有权亲身或经由其代表去参与法律的制定；法律对于所有的人，无论是施行保护或处罚都是一样的；公民可以按其能力担任一切官职、公共职位和职务，除德行和才能上的差别外不得有其他差别。该原则的确立，是人类社会从古代法律制度进入现代法律制度最主要的标志，是等级社会和专制国家终结的里程碑，因而具有划时代的意义。

4. 权力制衡原则。权力制衡，是指在公共政治权力内部或者外部，存在着与权力主体相抗衡的力量，这些力量表现为一定的社会主体，包括个人、群体、机构和组织等，他们在权力主体行使权力的过程中，对权力施以监督和制约，确保权力在运行中的正常、廉洁、有序、高效等，并且使国家各部分权力在运行中保持总体平衡。三权分立的思想就是建立在权力制衡原则的基础之上的。

除了上述的原则之外，资本主义法还确立了许多方面的原则，如人民主权、法治原则、普遍选举、宪法至上、有限政府等。这些原则对于推动资本主义的发展、维护社会制度、保护私人财产不受侵犯、保障公民基本权利的实现都发挥了积极的作用，产生了深远的影响。

（五）社会主义法律制度

社会主义法律制度，又称社会主义法。社会主义社会是建立在社会主义经济基础之上的社会形态，它是由劳动者作为统治阶级的社会。社会主义法是人类历史上出现的崭新的法的历史类型，它同以往私有制法律的根本区别在于：它建立在生产资料公有制的基础之上，维护劳动者作为统治阶级的利益；追求阶级性与人民性的统一、国家意志性与客观规律性的统一、公民权利和义务的统一、国家强制实施与人民自觉遵守的统一、一国与两制的统一、国情与公理的统一；其根本任务是解放生产力，发展生产力，消灭剥削，消除两极分化，最终达到共同富裕。社会主义法的原则可以归纳为民主原则、法制原则、国际主义原则、社会主义原则等，其中最根本的是民主原则和社会主义原则。

社会主义法的民主原则是同社会主义国家本质相联系的。社会主义民主首先是指社会主义国家制度，即在工人阶级领导下的广大劳动人民当家作主，管理国家的基本政治制度。社会主义法就是以法律的形式把社会主义国家制度的民主内容加以确认并使之具体化，以确保人民当家作主的权利。表现在：①确认以工人阶级为领导的，以工农联盟为基础的，人民民主专政的国家制度。这种制度一方面保证占人口绝大多数的劳动人民当家作主，另一方面保证对极少数破坏社会主义制度的敌对分子实行专政，以保障人民民主权利和自由得到切实的实现。②贯彻和执行民主集中制。社会主义国家各级国家机关都是按民主集中制原则建立和组织起来，并进行活动的。它为正确处理中央和地方关系提供法律保障，既保证加强中央集中统一领导，又使地方的积极性和主动性得到正确的发挥。③保护公民在法律面前一律平等。在社会主义国家，公民的权利和义务是一致的，任何公民都享有宪法和法律规定的权利，同时必须遵守宪法和法律规定的义务，且任何组织或者个人都不得有超越宪法和法律的特权。④在多民族的社会主义国家里，确保各民族的一律平等。

社会主义原则表现为社会主义法确认、巩固和发展社会主义制度。除上述社会主义民主政治制度外，在经济上主要表现为实现和维护生产资料的公有制，消灭剥削，实行“各尽所能、按劳分配”的社会主义分配原则：①社会主义法为消灭生产资料私有制、实现生产资料公有制服务，保障社会主义经济的确立、巩固和发展。②社会主义法促进和保护在生产和交换过程中建立的各种形式的社会主义协作的新型关系。③社会主义法保证消灭人剥削人的制度，实现“各尽所能、按劳分配”原则。④社会主义法促进国家、集体和个人利益的正确结合，在发展生产的基础上，逐步改善人民的物质生活和文化生活。

三、法的发展

（一）法的继承

法的继承是指不同历史类型的法律制度之间的延续和继受，它是法的发展的一种基本形式，一般表现为旧法对新法的影响和新法对旧法的吸收与继受。

法的继承是法律发展的基本形式和途径，历史上，除奴隶制法律制度外，新的法律制度都是以先前的法律制度为起点和阶梯的。法的阶级性并不排斥法的继承性，社会主义法可以而且必然要借鉴资本主义和其他类型的法。这是因为法的继承是有根据和理由的：①社会生活条件的历史延续性，这是法律可以继承的根本原因。人类社会每一个新的历史阶段开始时，都不可避免地要从过去的历史阶段中继承下来许多既定的成分，生活于现实社会的一代人只能在历史留给他们的既定条件所允许的范围内重新塑造社会的形象和书写他们的历史。法律是社会生活的反映，尽管这种反映是通过人类的意识做出的，尽管立法者在表现社会生活条件时有一定范围的选择自由，但是，只要那些延续下来的生活条件在现实的社会中具有普遍意义，那么，反映这些生活条件的既有规则就会或多或少地被继承下来并被纳入新的法律体系之中。②法律的相对独立性。法律作为一种上层建筑，它的产生和发展是受制于经济基础的，但同时，法律也具有相对的独立性，可以对经济基础产生反作用力。法律的相对独立性是社会意识相对独立性的体现。社会意识的相对独立性是指社会意识在反映社会存在的同时，还具有自身的能动性和独特的发展规律，这种独特的发展规律就存在于每一历史时期的社会意识及其形式中，都同它以前的成果有着继承关系。③法律作为人类文明成果的共同性决定了法律继承的必要性。在法律的历史发展过程中，各个不同的法律所形成的法律形式、术语、著作、典籍等就成为人类共同的文化成果，并作为文化遗产代代相传。例如，有关资源配置、生产管理、市场调节、环境保护、社会保障等经济社会性法律规范是人类对自然、经济规律认识的反映；有关代表会议、权力制衡、行政程序、反贪倡廉等政治性法律规范则是对政治关系、政治权力运行规律的科学认识。

法的继承的内容非常广泛，就社会主义法对资本主义法的继承来说，一切与以科学、理性、民主、自由、公平、人权、法治、和平、秩序、效率为内容的时代精神一致的积极因素，都可继承，具体而言，包括：①法律技术、概念。例如，立法程序、法典编撰、法律解释方法、法律机构的设置、法律体系的结构、法律规范的构成等法律技术，以及物权、专利、犯罪构成、行政处罚、选举权等法律概念。②反映市场经济规律的法律原则和规范。例如，合同法、国际经济法、反垄断法等领域的原则和规范，确保有一个自由、公平、效率的市场竞争秩序。③反映民主政治的法律原则和规范。诸如代议制、选举制、行政程序、权力制衡、权力划分、国家赔偿制度等符合政治权力运行规律的原则和规范，都可以批判地加以借鉴和采纳。④有关社会公共事务管理的法律规定。例如，有关交通、环保、资源、水利、城建、人口、卫生等许多反映社会整体利益的规范。

（二）法的移植

法的移植是指在鉴别、认同、调适、整合的基础上，引进、吸收、采纳、摄取、同化外国法，使之成为本国法律体系的有机组成部分，为本国所用。法的继承体现的是时间上的先后关系，而法律移植反映的是一个国家对同时代其他国家法律制度的吸收和借鉴。

法的移植也是有其根据和理由的：①社会发展和法律发展的不平衡性。同一时期不同国家的发展是不平衡的，比较落后的国家为了赶上先进国家，就有必要移植先进国家的某些法律，以保障和促进社会发展。如土耳其凯末尔当政时期大量采用欧洲法律，特别是瑞士民法、意大利刑法和德国诉讼法，使它在阿拉伯国家中率先实现了法的现代化，较早地进入了现代社会。②市场经济的客观规律和根本特征。当今世界，市场机制成为统合世界经济最主要的机制，而市场机制的基本规律和资源配置的基本原则也是相同的。这就决定了一个国家在建构自己的市场经济法律体系和制定市场经济法律的过程中，必须且有可能吸收和采纳市场经济发达国家的立法经验。法律移植有助于减少不同国家之间的法律抵触和法律冲突，降低法律适用上的成本，为长期、稳定、高效的经济技术合作创造良好的法律环境。③法律移植是对外开放的应有之义。在当代，任何一个想要发展的国家都必须对外开放，全方位的对外开放使经济、社会和国家事务越来越国际化，为适应这种趋势，法律在处理涉外问题和跨国问题的过程中，也必须逐步与国际社会通行的法律和惯例接轨，这种接轨的基本方式就是法律移植。④法律移植是法的现代化的必然需要。当今世界，法律制度之间的差异，不只是方法和技术上的差异，也是法的时代精神和价值理念的差异。对于其法律制度仍处于传统型和落后状态的国家来说，要加速法的现代化进程，必须适量移植发达国家的法律，尤其是对于发达国家法律制度中反映市场经济和社会发展共同的客观规律和时代精神的法律概念和法律原则，要大胆吸纳。

目前国际上法的移植的形式主要有以下三种：①经济、文化和政治处于相同或基本相同发展阶段和发展水平的国家相互吸收对方的法律。如 21 世纪以来，以判例法和习惯法为主的英美法系各国大量采纳以成文法为传统的大陆法系各国的立法技术、法律概念，制定成文法典和法规；大陆法系各国则越来越倾向于把判例作为法律的渊源之一或必要的补充，从而引进英美法系的技术，对典型判决进行整理、编纂和规则或原则的抽象。②落后国家或后发展国家直接采纳先进国家或发达国家的法律。例如，封建时代日本对盛唐法律制度的全盘吸收，建立了贯穿于日本封建社会的“法令制度”；第二次世界大战后，许多发展中国家大量引进、接受西方国家的法律，实现了法制跨越式发展。③区域性法律统一运动和世界性法律统一运动。这是法律移植的最高形式，例如，欧洲共同体法律体系就是在比较、采纳和整合欧洲共同体各国法律制度、国际法和国际惯例的基础上形成的。有些学者把这种类型的不同法律制度之间的相互移植和合成称作“法律趋同”。

与生物学意义上的移植一样，法律移植也会存在排异互斥的问题。因此在进行法的移植时必须注意避免不加选择地盲目移植，而应选择优秀的、适合本国国情和需要的法律进行移植；注意国外法与本国法之间的同构性和兼容性；注意法律体系的系统性；同时法律移植要有适当的超前性。根据已有的历史经验，在进行法律移植时，以下因素是需要进行重点考量的：地理、气候、人口等自然条件；经济发展、不同所有制、经济运行机制差异等经济因素；国体、政体、权力配置方式、政治观念意识等政治因素；民族文化背景、法律文化传统等文化因素。

（三）法的现代化

法的现代化是指人类社会以启蒙运动为思想标志，从工业革命以来所经历的一场涉及社会生活诸领域的深刻的变革过程，这一过程以某些既定特征的出现作为完结的标志，表明社会实现了由传统向现代的转变。

法的现代化有内源型和外源型两种途径。内源型的法的现代化模式，是指由社会自身力量产生的内部创新、经历漫长过程的法律变革道路，是因内部条件的成熟而从传统法制走向现代法制的转型发展过程。内源型的特点是，其发展的基本动力是内在的，来自国家和社会内部的需要，并通过人民和政府的长期努力而实现。该模式以欧洲较早的资本主义国家，如英国、法国等为代表，这些国家在中世纪后期，商品经济的发展导致了政治国家与市民社会的二元分离与对立，正是这种政治权力与市民权利的冲突与对抗，导致了现代法治精神与原则的确立。外源型的法的现代化模式，是指由外部环境的影响而引发的法律变革。外来因素是最初的推动力，但并非唯一推动力。外因的刺激在迎合了内部的某些需求后，会随着时间和进程的推移渐渐转化为内部的自觉行动。在此过程中，社会内部的矛盾和斗争会较为尖锐。落后的、后法律现代化的国家基本都属于这一类型。法的外源型现代化有以下特点：①具有被动性，即在法的外源型现代化中，现代化最初是迫于某种外来压力而进行的。②具有依附性，即在外源型现代化国家中，法的现代化本身往往不具有价值，而是国家图强的一种工具，服务于国家政治、经济的变革。③具有反复性，即在法的外源型现代化中，由于外来因素是最初的推动力，与固有的传统习惯之间存在激烈斗争，双方互有进退，因而表现为过程的反复性。

本章小结提升：法律是由享有立法权的立法机关行使国家立法权，依照法定程序制定、修改并颁布，并由国家强制力保证实施的基本法律和普通法律的总称。法与法律在语义、本质、生成发展、功能作用等方面存在明显的区别。

法的要素包含法律规则、法律原则、法律概念和技术性规定。法律规则是由假定条件、行为模式和法律后果三个部分构成的，具体规定人们的法律权利、法律义务以及相应的法律后果的行为规范。法律原则为法律规则提供了基础的、综合性的、指导性的价值准则。法律原则只有在“有空白”或“反正义”的情况下才可以直接适用于具体案件。

根据不同的标准我们可以将法律分为不同的类别。作为一种上层建筑，法律既受制于经济基础，又对经济基础有反作用力。法律与其他的上层建筑如道德、政治、宗教之间，有区别又有联系，它们共同调整着社会关系。

国家的产生、权利与义务的区分及专门的纠纷解决机构的出现，是法最终形成的标志。法的产生经历了以下过程：①从个别调整到规范性调整、一般规范性调整到法的调整；②从习惯到习惯法、再由习惯法到制定法；③与宗教规范、道德规范的浑然一体到法律与宗教规范、道德规范的分化，法律的相对独立的发展过程。有史以来法可分为四种历史类型，即奴隶制法、封建制法、资本主义法和社会主义法。法的发展有继承与移植两种方式。法的现代化有内源型和外源型两种途径。

本章提高研讨题：

1. 黄某彬和蒋某芳是四川省泸州市天伦集团公司404分厂的职工，两人于1963年结婚，婚后一直未能生育。1994年，黄某彬与另外一名女子张某英产生感情，在外面租了房子，开始以夫妻名义共同生活，后生育一子。2001年4月，黄某彬在患肝癌晚期的情况下立下了经过公证的遗嘱，将自己依法所得的住房补贴金、公积金、抚恤金以及与蒋某芳的夫妻共同财产中属于自己的部分遗赠给张某英。黄某彬去世后，张某英请求按遗嘱内容取得财产遭到拒绝，遂将蒋某芳起诉到泸州市纳溪区人民法院。泸州市中级人民法院终审援引《民法通则》第7条规定的民法基本原则“民事活动应当尊重社会公德，不得损害社会公共利益”认定黄某彬的遗赠行为无效。

请你用本章学过的知识分析：该案是否具备适用法律原则代替法律规则的条件？判决是否体现了“个案正义”？

2. 沈某与刘某都是独生子女，两人于2010年10月13日登记结婚。2012年8月，因自然生育困难，沈某与刘某到南京市鼓楼医院，通过人工辅助生殖方式培育了13枚受精胚胎，其中4枚符合移植标准。但就在植入母体前一天，夫妻二人因交通事故死亡。夫妻双方的父母就4枚冷冻胚胎的监管权和处置权产生争议，沈某的父母遂向法院提起了诉讼，主张根据法律规定和风俗习惯，胚胎的监管权和处置权应由其行使。

本案属于新型疑难案件，法律对胚胎的属性并无明确界定，此时法院是否能以存在法律漏洞为由拒绝裁判呢？请体会道德在司法实践中是如何发挥补充或辅助作用的。

本章推荐的阅读文献：

1. ［英］梅因著，沈景一译：《古代法》，商务印书馆1959年版。

2. 郭道晖：“论法与法律的区别——对法的本质的再认识”，载《法学研究》1994年第6期。

3. ［美］富勒著，郑戈译：《法律的道德性》，商务印书馆2005年版。

4. ［英］H. L. A. 哈特著，许家馨、李冠宜译：《法律的概念》，法律出版社2011

年版。

5. ［德］罗伯特·阿列克西著，雷磊编译：《法：作为理性的制度化》，中国法制出版社 2012 年版。

6. 刘作翔：“当代中国的规范体系：理论与制度结构”，载《中国社会科学》2019 年第 7 期。

第三章课后练习题

第四章 法律的核心

本章引例：女模特肖某肖像风波案

1995 年 12 月，中国美术学院的前身浙江美术学院在报纸上公开向社会招聘女模特。21 岁的杭州姑娘肖某在母亲的陪同下满怀希望来到学校应聘。在得知是人体模特后，不肯答应。这时，学校的老师们为了打消她的顾虑，保证会保守秘密，不会有人知道。于是，求职心切的肖某接受了学校的承诺，留了下来。浙江美院为了创作教学示范画，选中肖某和另一个女孩当人体模特。由肖某全裸侧身站立，另一个女孩全裸坐着。由徐某耀教授带着几名研究生共同创作，经过 80 个课时，近两个月的精心雕琢，徐教授的这幅名为《双女人体》的油画终于完成。

此后，徐教授离开了浙江美院，来到上海师范大学任教，而肖某也由于恋爱的关系结束了人体模特生涯，和做蜜饯生意的男友在杭城开了家小店，两人相亲相爱，和和美美，感情十分稳定。2001 年初，两人准备结婚，肖某沉浸在幸福之中。岂料天有不测风云，就在婚礼前夕，男方突然翻了脸，不再理她。原来，肖某的男友在新华书店翻看《徐某耀油画评析》这本画册时，无意间翻到了那幅《双女人体》裸画，画中侧身站立的裸女肖某把他惊得目瞪口呆。肖某的男友觉得自己受骗了，又羞又恼，任凭肖某苦苦哀求，最终还是决然离去。与此同时，肖某在美院当过人体模特的事在左邻右舍间传开，人们议论纷纷，亲友们也纷纷给他们打电话责问。肖某一家承受着巨大的压力，他们不愿意看到这幅让人伤心的裸女画被再次出版。2001 年 5 月，肖某把徐某耀教授和出版画册的浙江美术出版社告上法庭，要求收回画册，停止侵害并赔偿精神损失费 50 万元。最后，在法院的调解下，双方达成和解，徐教授和浙江美术出版社补偿肖某精神损失费 2 万元。经历了这场官司，肖某原以为事情就此平息，内心逐渐恢复了平静。然而，几个月后在一家新华书店，肖某又震惊地看到这幅《双女人体》被收集在辽宁出版社出版的《一代画风》画册中。更令她心焦的是，杭城的很多书店都在热销这本书。肖某的精神彻底崩溃了，时时感觉背后有人在指指点点，为此整天闭门不出，几度割脉自杀。

2001 年 10 月，肖某的母亲以侵害肖像权为由，把徐某耀教授和辽宁出版社告上法庭，要求赔偿精神损失费 10 万元，并收回全部的《一代画风》画册，保证以后不再发表。2002 年 1 月，上海市徐汇区人民法院开庭审理此案。经过审理，上海市徐汇区人民法院作出一审判决，画家徐某耀在协议规定之外使用肖像未征得模特本人同意，构成侵权。另外，辽宁出版社未尽审核义务也应承担责任。法院判决两被告赔偿肖某精神损失费2万元，并停止销售《一代画风》画册。徐教授不服，向上海市第一中级人民法院提起上诉。2003年1月，上海市第一中级人民法院作出终审判决，维持原判。[1]

这个案例让我们知道肖像和隐私都是每个人应有的不可随意侵犯的个人权利。那么什么是权利？权利又是如何获得的呢？在权利的使用过程中又要遵守哪些规则，如何保护自己的合法权益？通过本章的学习你将逐步解开这些疑问。

本章概述：本章主要阐述权利的概念，含义和特征，权利和义务的关系，并进一步阐述权利的边界，揭示出任何权利都不是绝对自由，在行使过程中必须按照规则使用，否则将导致权利的滥用，会受到法律的制裁。

本章的学习目标：通过本章的学习，你所要达成的学习目标如下：

1. 掌握权利的概念，知道什么是权利；
2. 了解什么是义务，为什么要尽义务；
3. 掌握权利和义务是什么样的关系；
4. 了解权利的边界，知道什么是权利的滥用；
5. 牢记权利滥用的后果，并合理合法使用自己的权利。

本章教学内容：

第一节 法律的核心：权利与义务

一、权利与义务的概念

“权利”一词在中国古代汉语里很早就有了表述，如《荀子·劝学》：“君子知夫不全不粹之不足以为美也……是故权利不能倾也，群众不能移也。”但其含义大体上是消极的或贬义的，如所谓“接之于声色、权利、愤怒、患险而观其能无离守也”；“或尚仁义，或务权利”。显然，这种语义上的权利不是一个可以用来构造法律关系的法学概念。法学意义的权利概念是在19世纪中期引入中国的，由美国学者丁韪良先生（W. A. P. Martin）和他的中国助手们把维顿的《万国律例》（Elements of International Law）的权利（Wheaton）翻译成中文的权利，从此以后，“权利”在中国逐渐成了一个褒义的、至少是中性的词，并且被广泛使用。但是，此时的权利含义并非现代意义上的“权利”。而现代意义上权利的含义又是非常难以界定的，其根本原因是权利一词的过度使用。现代意义上的权利一词虽然源于西方，但权利文化现在已经成为一种全球现象，并非西方世界的专利，中国传统文化中的权利意蕴正越来越契合现代社会的要求。在当代中国作为用来诉求和表达正义的方便而精巧的工具，权利语言提供了一

〔1〕 此案例引自高志明主编：《法律与权利》，中国社会出版社2004年版，第83~85页。

种表述实践理性要求的途径。也就是说，只要自己认为是合理、合法的需求，就可以称之为权利。但是，作为其负面的结果，权利语言经常被滥用，关于权利及其含义的讨论也时常发生一些误解。如何界定和解释“权利”一词，又是我们学习法学理论必须要达成的一个很有意义的目标。因为权利是现代政治法律中的一个核心概念，也是全部法律内容的核心要素。无论什么样的学派或学者都不可能绕过权利问题，相反，不同的学派或学者都可以通过界定和解释权利一词来阐发自己的主张，甚至确定其理论体系的原点。正因此，我们可以看到，在思想史上，对于究竟什么是权利，有许多不同的解释。大致说来，对权利的界定有伦理的解释和实证的解释两大类别。

一类是从伦理的角度来界定权利。一般说来，格劳秀斯和19世纪的形而上学法学家们强调的是伦理因素，如格劳秀斯把权利看作“道德资格”；霍布斯、斯宾诺莎等人将自由看作权利的本质，或者认为权利就是自由；康德、黑格尔也用“自由”来解说权利，但偏重“意志”，而且，他们的自由概念与霍布斯的也很不相同。严格说来，康德的权利定义是不限于意志自由的，他很重视人与人的协调共存。黑格尔指出：“一般说，权利的基础是精神，它们的确定地位和出发点是意志。意志是自由的，所以意志既是权利的实质又是权利的目标，而权利体系则是已成现实的自由王国。”这些解释都是将权利看作人基于道德上的理由或超验根据所应该享有之物，虽然也涉及利益，如拥有某物或做某事，但并不以利益本身为基点。

另一类是从实证角度来界定权利。如实证主义把权利置于现实的利益关系来理解，并侧重于从实在法的角度来解释权利。德国法学家耶林使人们注意到权利背后的利益。他说，权利就是受到法律保护的利益。同时，不是所有的利益都是权利，只有为法律承认和保障的利益才是权利。功利主义者认为由社会功利规定全部的权利和义务并派生出所有的道德标准。权利的实质是普遍的功利。这两类界定只是笼统言之。其实，这两类分别里又包含诸多小的分别，同时，这两类之间也有些交叉。所以，一些教科书对关于权利的界定作了许多的分类，主要有“自由说”“意思说”“利益说”“法律上之力说”等。

综上所述，如果仅仅从某个特定的角度给权利下一个定义并不难，但这样界定容易导致权利问题的简单化、庸俗化。因此，为了全面、正确地理解权利概念，较为关键的是把握权利的多重含义，进而全面阐述权利的定义。

权利和义务是包括多种要素、具有多重含义的概念，我们可以从任何一个要素或层面出发来理解权利和义务。

第一个要素是利益（interest）。一项权利之所以成立，是为了保护某种利益，是由于利在其中。在此意义上，也可以说，权利是受到保护的利益，是为道德和法律所确证的利益。利益既可能是个人的，也可能是群体的、社会的；既可能是物质的，也可能是精神的；既可能是权利主体自己的，又可能是与权利主体相关的他人的。而义务则是负担或不利益。

第二个要素是主张（claim）。一种利益若无人提出对它的主张或要求，就不可能成为权利。一种利益之所以要由利益主体通过表达意思或其他行为来主张，是因为它可能受到侵犯或随时处在受侵犯的威胁中。从此种意义上讲义务就是被主张的对象或内容，即侵犯权利的主体停止侵犯或者归还利益。

第三个要素是资格（entitlement）。提出利益主张要有所凭据，即要有资格提出要求。资格有两种，一是道德资格，二是法律资格。专制社会里的民众没有主张言论自由的法律资格，但是具有提出这种要求的道德资格，这种道德资格是近代人权思想的核心，即所谓人之作为人所应有的权利。同时，那个时代的一些思想家又对国王和贵族所具有的特殊的法律资格，给予道德上的否定。所以一个人只有被赋予了某项资格，才具有权利主体的身份，才能向他人提出作为或不作为主张，才能具有法律能力或权利，不受他人干预地从事某种活动。按照这种理解，权利意味着可以，义务意味着不可以。

第四个要素是力量，它包括权威（power）和能力（capacity）。一种利益、主张、资格必须具有力量才能成为权利。力量首先是从不容许侵犯的权威或强力的意义上讲的，其次是从能力的意义上讲的。由法律来赋予权威的利益、主张或资格，称为法律权利。人权在获得法律认可之前是道德权利，由于仅具道德权威，侵害它，并不招致法律处罚。在获得法律确认后，人权就既是道德权利，也是法律权利。因而，侵犯人权会导致法律后果。除了权威的支持外，权利主体还要具备享有和实现其利益、主张或资格的实际能力或可能性。由此我们可以得出，权利是享有或维护特定利益的力量，义务则是对此种力量的服从，或者接受此种力量带来的不利影响。

第五个要素是自由。在许多场合，自由是权利的内容，如出版自由、人身自由。当然这种自由必须是法律允许的自由，否则就不是权利。作为权利本质属性或构成要素的自由，通常指权利主体可以按个人意志去行使或放弃该项权利，不受外来的干预或胁迫。如果某人被强迫去主张或放弃某种利益、要求，那么就不是享有权利，而是履行义务。

第六个要素是可能性。我们可以把权利理解为法律规范规定的有权人做出一定行为的可能性，要求他人做出一定行为的可能性以及请求国家强制力量给予协助的可能性。这种可能性是由国家法律规定并由国家强制力给予保障的，而义务则是必须遵守国家的法律规定，保证不去阻碍这种可能性实现的不作为。

第七个层面我们可以把权利理解为法律所保障或允许的能够做出一定行为的尺度，是权利主体能够做出或不做出一定行为，以及要求他人相应地做出或不做出一定行为的许可与保障。那么，义务相应地被解释为法律为满足权利人的权利需要而要求义务人做出必要行为的尺度，如果不履行则构成法律制裁的理由或根据。

从上述各种要素和层面来解释权利都具有合理性，但也都存在缺点和不足，其中共性的不足之处就在于每个解释都具有片面性，从单方面来看是合理的，从综合方面来看没能全面揭示权利的根本属性。而这种揭示对于我们正确理解权利的含义，准确定义权利概念又是必不可少的。综合上述理解，我们可以把权利解释为，权利是为社会或法律所承认和支持的自主行为和控制他人行为的能力，表现为权利人可以为一定行为或要求他人作为、不作为，其目的是保障一定的物质利益或精神利益。义务则是指法律关系主体承担的不利益（在强力下的被迫行为），表现为必须依法做出某行为或抑制某行为。

二、权利与义务的特征

权利和义务具有多样性，不同的权利和义务具有不同属性和特征。现代意义的权利和义务和以往任何历史阶段的权利和义务具有截然不同的本质特征，从我国公民的权利和义务来看，权利和义务具有的根本特征如下：

1. 公民权利和自由的广泛性。权利的广泛性具有两层含义：一是现代意义的权利属于全体公民，由宪法和普通法律加以规定，法律规定的权利主体是全体公民，任何人在法律之外不享有任何特权。二是权利的范围十分广泛，包括政治权利、经济权利、文化权利、社会权利、救济权利等。

2. 权利和义务的现实性。权利和义务的现实性是指在确定公民权利和义务时，实事求是地以我国现阶段的政治、经济、社会和文化发展的实际水平为基础，确定公民权利和义务的范围、内容。一是在客观上确实需要、又非确认不可的，就坚决写进宪法；二是能够做到的，或者经过努力可以逐步实现的，就根据能够做到的程度，作出实事求是的规定；三是从实际来看，在相当长的时间内不能做到的，就从长计议，法律先不予确认，等条件成熟之后再加以确认。比如胎儿的继承权，就是根据实际情况逐步由法律确定的。为了保证公民权利和义务能够得到实现，必须为法律法规提供充足的物质保障。

3. 权利和义务的平等性。权利和义务的平等性是指任何公民都拥有平等的权利和义务，即我国公民不分民族、种族、性别、职业、家庭出身、宗教信仰、教育程度、财产状况、居住年限，都一律平等地享有宪法和法律规定的权利，也都平等地履行宪法和法律规定的义务。国家机关在适用法律时对公民也一律平等，任何公民的合法权利，都平等地予以保护。国家不允许任何组织和个人有超越宪法和法律之上的特权，人人都必须在宪法和法律的范围内活动。

4. 权利和义务的一致性。权利和义务的一致性是指权利和义务是对等的，主要表现为四个方面：一是公民享受权利，同时必须履行应尽的义务。我国《宪法》第 33 条第 4 款明确规定：“任何公民享有宪法和法律规定的权利，同时必须履行宪法和法律规定的义务。”二是公民的某些宪法权利和义务是相互结合，相互补充的，如公民既有劳动权利，又有受教育的权利，两者互为补充，相生共存。三是权利和义务在整体上是相互促进的。每个公民在履行自己义务的同时也是在保障和促进自己的权利，如果只有权利而没义务，权利就会是空中楼阁，毫无意义，如果只尽义务而没有权利，那就是剥削和压迫。四是权利享有必须附有一定的条件，权利和附有的条件（义务）具有一致性。

三、权利与义务的分类

权利和义务是法律规范的核心要素，也是极其复杂的法律内容，因此为了深入理解权利和义务，更为了在现实社会生活中正确地行使权利，正确而忠实地履行义务，有必要对权利和义务加以分类。按照不同的标准，可以把权利和义务划分如下几类：

1. 应有权利和义务与习惯权利和义务。以权利和义务的存在形态为标准，可以把权利和义务划分为应有权利和义务与习惯权利和义务。应有权利是权利的初始形态，它是特定社会的人们基于一定的物质生活条件和文化传统而产生出来的权利需要和权利要求，是主体认为或被承认应当享有的权利。由于应有权利往往表现为道德上的主张，也被称为道德权利。应有义务是指虽未被法律明文规定，但根据社会关系的本质和法律精神应当由主体承担和履行的义务，通常是以道德义务的形式存在，但不是纯粹的道德义务。习惯权利是人们在长期的社会生活过程中形成的或从先前的社会承传下来的，表现为群体性、重复性自由行动的一种权利。习惯权利一般都是法外权利，比如捡拾收割后散落在地里的麦穗等粮食，采摘山林里的野果等。习惯义务是在社会生活中长期被迫接受的不合理的一种义务，比如在旧社会百姓被迫承担的进贡、差役等。

2. 法定权利和义务与现实权利和义务。根据权利和义务的实现形态，可以把权利和义务划分为法定权利和义务与现实权利和义务。法定权利是通过实在法律明确规定或通过立法纲领、法律原则加以宣布的、以规范与观念形态存在的权利。在法治化国家法定权利是主要的存在形态，当然，法定权利不限于法律明文规定的权利，还有根据社会经济、政治和文化发展水平，依照法律精神和逻辑推定出来的权利。承认推定权利的存在，主要是因为法律存在着滞后性，不可能把所有的权利都规定出来。法定义务是根据国家法律所规定的必须做出一定行为或不得做出一定行为的约束。

现实权利，即主体实际享有与行使的权利，亦称“实有权利”。现实权利是法定权利得以实现的结果，所以法定权利只有转化为现实权利，才能成为或再现生活的事实，才对权利主体有实际的价值，才是真实和完整的。对于国家来讲其统治阶级的意志和法律价值才算得以真正实现。现实义务是由主体实际承担和履行的义务，是法定义务的实现，是检验法律是否具有实效，是否具有法律效力的标准之一。

3. 基本权利义务与普通权利义务。根据权利和义务在社会生活中的重要程度不同，可以把权利义务划分为基本权利义务和普通权利义务。基本权利义务是宪法所规定的人们在国家政治生活、经济生活、文化生活和社会生活中的根本权利和义务，是源于社会关系的本质，与主体的生存、发展、地位直接相关的，是不能随意剥夺、转让、规避的，是社会公认的权利，也是不用证明的权利和义务，比如宪法所规定的公民的基本权利和义务。普通权利义务是宪法以外的普通法律所规定的权利和义务，比如民法中关于缔约人权利和义务的规定。

4. 绝对权利义务与相对权利义务。根据权利和义务相对应的主体范围的不同，可以把权利义务分为绝对权利义务与相对权利义务。绝对权利，又称“对世权利”，其特点是权利主体无特定的义务人与之相对。对于这种权利，所有的法律主体都是可能的义务人。它的内容是排除他人的侵害，通常要求一般人不得作出一定的行为。国家的安全、独立权以及公民的各项自由权、财产权等均属于此类。绝对义务，亦称对世义务。其特点是义务主体无特定的权利人与之相对。绝对义务的内容通常不是积极的作为，而是消极的不作为。例如，任何人都负有不得侵害其他公民生命安全的义务。

相对权利，亦称“对人权利”或“特定权利”，其特点是权利主体有特定的义务人与之相对，权利主体可以要求特定的义务人作出一定行为或抑制一定行为。相对义务亦称“对人义务”或“特定义务”，其特点是义务主体有特定的权利主体与之相对，义务主体应当根据特定权利主体的合法要求作出一定行为，以其给付、协助等行为使特定权利主体的利益得以实现。经济合同关系中的权利和义务，婚姻家庭关系中夫妻之间、父母与子女之间的权利和义务等均属于此类。

5. 个人权利义务、集体权利义务、国家权利义务与人类权利义务。根据权利和义务主体性质的不同，可以把权利义务分为个人权利义务、集体（法人）权利义务、国家权利义务与人类权利义务。个人权利义务是指公民个人（自然人）在法律上所享有的权利和应履行的义务，集体（法人）权利义务是国家机关、社会团体、企事业组织等的权利和义务。国家权利和义务是国家作为法律关系主体在国际法和国内法上所享有的权利和承担的义务。国家权利主要是对国有财产的所有权、审判权、检察权、外交权等。国家义务是指国家依法承担的义务，主要有保护公民的合法权益，为老人、病人或丧失劳动能力的人提供物质帮助，对因遭受国家机关和国家工作人员的侵犯而蒙受损失的公民给予赔偿的义务等。人类权利是指人类作为一个整体或地球上的所有居民共同享有的权利，如环境权、和平权、发展权等。人类义务是指人类每个成员、每个群体、各个国家都应当承担的义务，如尊重人格，不互相伤害，禁止种族歧视和迫害，维护世界和平，维护生态平衡等。这是我国所倡导的构建人类命运共同体的法理基础。

6. 第一性权利和义务与第二性权利和义务。根据权利之间和义务之间的因果关系的不同，可以把权利和义务分为第一性权利和义务与第二性权利和义务。第一性权利，又称“原权利”。第一性权利是直接由法律赋予的权利或由法律授权的主体依法通过其积极活动而创立的权利，如财产所有权，合法契约中双方当事人的权利等。第一性义务与第一性权利相对，是法律直接规定的义务或由法律关系主体依法通过积极活动而设定的义务，其内容是不许侵害他人的权利，或应权利主体的要求而作出一定行为的义务。义务主体以自己的作为或不作为满足权利主体的合法主张。如宪法中规定的公民的纳税义务、服兵役义务等。第二性权利，亦称“补救权利”，补救权利是在原权利受到侵害时产生的权利。如诉权、恢复合法权益的请求权等。第二性义务与第二性权利相对，其内容是违法行为发生后所应负的责任，如违约责任、侵权责任、行政赔偿责任等。

第二节　权利与义务的关系

权利和义务是所有法律规范的核心内容，权利的实现是要靠国家权力的保障，而权利和义务的关系则是权利义务理论的基本内容，因此，在学习权利和义务知识时就必须首先学好学懂权力与权利和义务的相互关系。

一、权力与权利

以权力主体为标准，可以把权力分为私权利和公权力两类，即公民权利和国家权力。私权利通常是以满足个人需要为目的的个人权利。公权力则是指以维护公益为目的的公共团体及其责任人在职务上的权力。权力展现的是力量与控制的能力，是统治阶级欲望的转化物，有着非常明显的主观意愿的表达。权利与权力之间是既对立又统一的关系。两者区别与对立主要表现为：

1. 享有主体不同。权力的拥有者只能是表现出强制力和支配力的专门机关、执行职务的公职人员或对内的社会集团的代表，公民不能成为权力主体。而权利主体却是公民个人，国家或集团在成为权利主体的时候，已是与公民平等的在法律上被人格化了的“拟制人”。

2. 内容趋向与社会功能不同。权力的内容重在“力”上，表现为某种形态的强制或管理。权利的内容则侧重于“利”，表现为权利人要求实现的价值。权利一般体现私人利益，权力一般体现公共利益。

3. 指向对象的确定程度不同。权力的指向对象是特定的，管理活动与支配行为一定要有具体的承担人，而且权力拥有者与权力对象的地位不平等。权利指向的对象，在一部分法律关系中是特定的，而在另一部分法律关系中又是不特定的，权利关系中的权利人与义务人地位是平等的，不像权力关系那样，存在着服从与被服从的关系。

4. 法律对权力与权利的要求不同。权力与职责相对应，职务上的责任是公权力的义务，法律要求权力变为职责，职责是不能放弃和转让的，放弃权力将构成渎职。权利与义务相对应，法律准予权利的能动性，使权利人对权利获得了随意性，放弃权利被认为是行使权利的表现。权力和公民权利在运行的时候经常发生冲突。在解决相互冲突时，所适用的法律规范是不同的，按照不同法律规范，谁超越了法定界限谁就将成为被否定的对象，就要承担相应的法律责任。

权力与权利的统一主要表现为：其一，权利是权力的本源，即无权利便无权力。国家的产生是阶级矛盾不可调和的产物，而法律也是同国家相伴而生的。无论是国家的产生，还是法律的出现，都是在斗争中取得胜利的阶级为了巩固和捍卫自己的利益（即权利）而设立国家机器、制定并颁布法律，把阶级的意志上升为国家的意志，以国家的强制力保障其本阶级的既得利益（即本阶级所享有的权力）。其二，权力是权利的后盾，即无权力的保障便无从享受权利。权利主体对权利享有最实际的表现，就是依照法律规定对某一项具体权利的行使。那么，权利的行使，必须是权利主体与义务主体之间的一个协调的互动过程，而该过程实质上是权利主体某一特定利益的取得，和义务主体某一特定利益的抑制或让渡。由于利益得失上的这种本质区别，必然要求这种权利主体与义务主体之间的协调互动过程，必须依赖于另外一种力量——国家公权力的作用力。其三，权力与权利共寓于法律之中，即权力与权利是法律的主要内容。法律从其产生的那一刻起，就要以确认权利、保障权利为目的，公然申明每一法律主体所依法应当享有的种种权利。没有了法律对权利的规定、确认和保障，权利就会变得毫无意义。同样，法律从其产生的那一刻起，就以授予权力、规范权力和限制权力为己任。

二、权利与义务

权利和义务的关系是相辅相成的，享受权利的同时也要履行义务，反之亦然。在现实社会里没有无权利的义务，也没有无义务的权利。我们可以放弃享受权利，却不能放弃履行义务。权利与义务的关系，从法学理论的角度来看，二者关系可以概括为对立统一的关系，主要表现为以下五点：

第一，权利和义务处于相互对应、相互依存、相互转化的辩证过程中。两者的相互对应，是指任何一项权利都必然伴随着一个或几个保证其实现的义务，而不管这个义务是权利人自己的还是他人的，有权利，就必须尽义务，没有权利，义务便失去了存在的意义。两者的相互依存，是指权利以义务的存在为存在条件，义务以权利的存在为存在条件，缺少任何一方，他方便不复存在。就像婚姻关系中的男女，缺少任何一方，其夫妻关系便无法结成一样，夫为妻而存，妻为夫而存。两者的相互转化，是指权利人在一定条件下要承担义务，义务人在一定条件下要享受权利，法律关系中的同一人既是权利主体又是义务主体。从一个角度看该主体是权利人，从另一角度看，该主体又是义务人，也可能他既是权利人又是义务人。权利和义务就是在对应、依存、转化的过程中在一组关系内由对立走向统一。

第二，社会生活中的权利总量与义务总量是对等的。如果把权利作为数轴的正侧，把义务作为数轴的负侧，则权利每延展一个刻度，义务必向另一方向延展相同的刻度，权利的绝对值总是等同于义务的绝对值。该关系式的原理可适用于每一社会主体。一个为社会履行义务量多的人，社会必然应赋予其更多量的权利，这种量的对等关系是社会公正与正义的基本标准。如果允许没有贡献的权威存在，如果允许没有劳动的财富存在，那么必定是做了贡献的人反而受制于人，付出劳动的人反而成为愈加贫穷的人，这种社会便是容忍罪恶存在。虽然社会权利的总量与义务的总量不因罪恶而失衡，但总量平衡关系在具体主体身上的不公却能证明社会实体的不正义。

第三，权利和义务的关系体现了价值的一致性和功能的互补性。价值的一致性是指无论是权利还是义务，其设立的目的都必须符合立法目的，由立法目的所决定。权利和义务都是主体所需要的，它们是主体所执左右两柄，共同构成了主体支配客体的手段。功能的互补性是指权利与义务对同一主体同时贡献着启动与抑制、激励与约束、主动与被动、受益与付出两种机制。就社会需要而言，当社会主要价值追求趋向于活力与创造、革新与改革时，权利的功能就会被人们格外重视，就会赋予人们更多的权利。而当稳定、秩序与安全为社会所珍视时，义务的功能更能满足社会管理的要求，此时义务的设定就会增加。因此，只有通过权利与义务的良好配合，人类社会才能够达到自由与秩序和谐共存的美好状态。

第四，权利和义务关系中权利和义务的变更总体上遵守守恒定律。这主要表现在权利义务的总量是大体相等的。如果权利的总量大于义务的总量，有的权利就是虚设的；如果义务总量大于权利总量，就有特权。在具体的法律关系中，二者的总量也是相等的，如债权与债务是对等、等量的。具体表现在如下三个方面：一是在权利义务总量不变的前提下，私权利义务与公权力义务间成反比例关系，也就是说，个人义务偏多，公权力就是过于膨胀，而个人权利增加，就意味着公权力受到更多的限制；二是私权利主体间的权利义务成等比例关系，即有什么样的权利，就应该尽相应的义务；三是权利义务相对于一国经济、社会文化及民主的状况呈正比例关系。当一个国家经济、社会文化以及民主制度完善时，公民享有的私有权利就会相应增加，反之亦然。用权利义务守恒定律来分析公民与国家间的关系，可以发现两种不同本位的对立。以国家权利（权力）为标准，强制公民只有服从的义务，该类型的法律便是义务本位的法，资本主义以前的法皆具这一特征。反之，则是以公民权利为标准，用以判断国家是否以服从于公民权利为根本义务，这种类型的法律便是权利本位的法。民主制的法必定是权利本位的法。

第五，权利义务关系体现了价值意义上的主次关系。在价值意义上权利和义务具有主次之分，主要表现在如下四个方面：一是权利本位还是义务本位。由于各个历史时期的社会、经济、文化、政治的性质和结构不同，法律的价值取向也就不同，因此，权利与义务何者为本位，在历史发展的不同阶段是不断演化的。古代法律总体上是以义务为本位；现代法律是或应当是以权利为本位，权利本位意味着法律面前人人平等。二是权利和义务谁是第一性，谁是第二性。在权利与义务的关系范围内，权利是目的，所以权利为第一性，义务是第二性的因素。权利是义务存在的依据和意义。三是法律权利与自然权利谁为第一性。在法律没有明确禁止或强制的情况下，可以作出权利推定，即推定为公民有自由去作为或不作为，“法不禁止便自由”。四是权利主体在行使其权利的过程中，只受法律所规定的限制，而确定这种限制的目的就在于保证给予其他主体权利同样应有的承认、尊重和保护，以创造一个尽可能使所有主体权利都得以实现的自由、公平而且安全的法律秩序。

第三节 权利的界限与滥用

一、权利界限的解析

1. 确定权利界限的因素。权利和义务都有明确的界限。权利和义务的界限不是人们主观因素所决定的，而是由社会政治、经济、文化等客观因素决定。其中最重要的因素毫无疑问是经济因素，这是因为：

第一，权利和义务所体现的利益，以及为追求这种利益而采取的行动，是被限制在统治阶级的根本利益和社会普遍利益之中的；是受社会的经济结构以及社会的文化发展水平所制约的，即以社会承受能力为限度的。正像君主们无论什么时候都不可能向经济基础发号施令一样，权利在任何情况下都不会超越社会经济结构以及由它决定的其他制度所产生的制约。例如，在财产实行公有制和生产有计划进行的制度下，人们的迁徙自由和职业选择自由就难以纳入权利体系之中。再如，南非奇拉萨格尔王国男子有多妻的权利，这与现代文明是格格不入的，但并没有人去说三道四，因为特殊的地理环境导致的男女两性比例失调，成了被人们理解的该国男子享有特殊权利的根据。在温饱问题还没有解决的国家，无法划出“贫困线”就具有现实合理性。因此，权利界限的决定因素毫无疑问是经济因素。

第二，除了经济因素的影响之外，其他如政治的、历史的、宗教的因素只是权利范围大小的影响因素，并不起决定性的作用，但也绝对不能忽视。因为权利义务界限确定得适当，符合社会物质生活条件所提供的可能，可以带来社会的稳定和发展；反之，就会引发政治上的动荡、迟滞甚至破坏社会的发展。因此，立法者的基本任务就在于根据政治优选法的原理，正确地划分权利和义务的界限，合理地分配权利和义务。

2. 权利和义务的界限。权利和义务的界限主要是指权利和义务的有无、范围的大小以及运行的边界。因此，权利和义务的界限，可以从两个方面来进行界定。第一方面是立法时的界限，确定权利有无的问题，即哪些权利应当有，哪些权利不应有，哪些权利能够有，哪些权利不能有。这是一个历代思想家和法学家都在不断探索，又争论不休的问题。在中国，这一问题经常是在利与义的关系范畴内加以论述的。利和义从来都是一对矛盾。中国所形成的重义轻利的传统比世界任何其他国家都要悠久。伟大的思想家孔子为我们定下的基调就是“罕言利”，成为中国法律2000年来不规定平民权利的根本依据。然而，我们细读孔子的《论语》，就会发现孔子并不是完全不“言利”，而是主张在礼治规制下来“言利”。他在《论语》中就曾指出：“富与贵是人之所欲也，不以其道得之，不处也。贫与贱是人之所恶也，不以其道得之，不去也。”原来他也想脱贫贱以致富贵。只不过他坚持求富贵时不可离经叛道，必须在礼治的规制下来分配利益。孔子的思想对后世影响极深，每一朝代都会有人出来按照这一思想为权利划线。汉代的董仲舒以其“度制”对前人的思想作了概括。他在《春秋繁露》讲道，“使富者足以示贵而不至于骄，贫者足以养生而不至于忧，以此为度而均调之，是以财不匮而上下相安，故易治也”。至此，中国古代法律上的权利界限就清晰可见了。在西方，古代思想家们如柏拉图和亚里士多德也是在正义与利益的关系中论述权利的界限，他们所探讨的重点在于在相互冲突的利益要求和主张之间，什么是正当或正义的，以及在特定场合可以使用的正义标准或正当行为。近代以来的思想家则是非常明确地提出了权利的界限，并对此进行了系统的论述。

马克思主义经典作家在谈及权利的范围时，并没有去指责权利自身如何不安分守己，而是站在裁判员的立场上来裁判起跳者是否把脚踏在起跑线上。马克思最早使用了法定权利与习惯权利的概念，并认为当权者在不满足法定权利而呼吁习惯权利时，则他们要求的不是法的人类内容而是法的动物形式。可见，法科出身的马克思早就为我们界定权利的界限指出了具体的标准。

根据上述的立法界限的原理，我们确定权利界限的要求变得实际起来。只有那些具备了相应社会条件的权利，才能规定到法律中来，不具备条件的权利，即使规定在法律中，也只是画出来的饼，看着好看却不能充饥。正如马克思所言：“当自由这个名字还备受尊重，而只是对它的真正实现设下了——当然是根据合理的理由——种种障碍时，不管这种自由在日常的现实中的存在怎样被彻底消灭，它在宪法上的存在依然是完整无损的，不可侵犯的。”

第二个方面则是指权利被法概括出来之后在现实生活中运行的界限，主要是指权利的大小范围以及运行的边界，即权利在什么时间、在什么范围内、对什么人能够实现的界限，亦即法律上的保护力在多大程度上与人的价值相统一的界限，其实质就是公权力与私权利、权利与权利之间的边界。权利运行的界限主要表现在如下三个方面：

第一，权利具有时间性。人们的权利有些可以终身享用，如姓名权，即使被判处死刑，姓名权仍不被剥夺。而有些权利则具有时效性。法定行使的时间内，权利属于自己，法定时间一过，权利就失去法定的效力。选举权不可能天天行使，必须在特定的时间内行使才有效。专利权在经过一段时间后其自身利益性也将转化为社会公共价值。民法上的时效制度和诉讼法上的期间规定，都表明了权利的时间界限。所谓一时权和永久权，就是对权利时间范围的划分。

第二，权利具有空间性。权利的空间性是指权利的行使必须在一定的空间内才具有法律效力。相邻权只对发生相邻关系的对方才具有约束力，诉权只有服从管辖权才能有效行使，集会游行的请求权总是有着行政区的制约。空间的划定，有些权利是固定的或绝对的，而有些权利的空间是不固定或相对的。例如，不动产的所有权空间是不动产所在地，它属于绝对空间。而人身自由的空间，则随人所在位置的变化而变化，在不同的空间人们的自由权利是不同的，这就是权利空间的相对性。由相对空间承担的权利一旦被置于绝对空间中，权利预示着被强制和限制。每个人被拘禁时，失去的不是人身，而是人身自由选择的空间。权利行使的空间性实质上是为人们的权利划定了一个具体的空间范围。

第三，权利具有对人性。权利的对人性主要是指权利对哪些人具有效力。权利对人的范围一般应分为普通对人范围和特殊对人范围两种界限。普通范围又称一般范围，它是指向所有人的范围，即权利的效力表现在所有人都承担着义务上。这个范围是无限的，具有对世性，也可以称为对世权或绝对权，如所有权。特殊范围是指向特定人的范围，即权利的效力表现在只有特定的人才承担义务上，这个范围是极其有限的，也可以称之为对人权或相对权，如债权、监护权等。

二、权利滥用的概念

1. 权利滥用的含义与构成要件。所谓的权利滥用是指权利人在权利行使过程中，故意超越权利界限损害他人的行为。这个定义说明，权利滥用的构成有四方面要素：

第一，权利滥用的主体是正在行使权利的权利人。对主体作出如此限定，可以把单纯的违法行为和权利滥用区分开来。说到底，权利滥用是一种违法行为，但它与一般违法行为有着阶段性区别。权利滥用的第一阶段是权利行使阶段，属于合法阶段，只是行使行为超过了界限才进入违法阶段。所以，权利滥用的主体具有双重性。他首先是以合法的面目出现的，其次才成为违法行为人。

《对“西丰公安进京抓记者案”的司法思考》_赵旭光

第二，权利滥用的客体是国家的、社会的、集体的利益和其他公民的合法的自由与权利。权利关系是统治阶级所处的物质生活条件决定的利益关系的法律表现，损害任何法定权利都将打破符合立法者要求的法的平衡。权利滥用的违法性，正是从客体上去认定的。

第三，权利滥用的主观方面是权利人损人利己的故意。在权利滥用中不存在过失问题。权利的界限既然是已知的，就无法辩解为过失行使权利。无论从哪个角度来看，滥用权利都是一种主观故意的行为，因此，有人把权利滥用定义为主观上追求一种损害的发生而行使权利的行为，也有人认为权利滥用是为了自我利益而以不正当方式行使权利的行为。

第四，权利滥用的客观方面是有危害他人权利和利益后果发生的行为，危害后果一定是客观存在，而不是主观臆想的，危害后果要达到一定的程度，显著轻微不能构成权利滥用。常见的滥用行为，以权利人故意的不同可分为四类：一是追求权利超过法定量的行为，比如在政府拆迁补偿时，不按市场价而过高要求补偿款，其典型案例湖南的曹再发案即是如此；二是以不正当方式维护自己利益的行为，目前存在的闹访、缠访就是如此；三是行使权利时牺牲他人权利的行为，比如在公共场合大声喧哗，就是行使自己的言论自由权，但却影响（牺牲）了他人的休息权；四是把行使权利作为损害他人的手段的行为，表面上是在行使自己的权利，其实质却是损害他人的权利，比如，截断上游的河水浇灌自家田地，却损害了下游人们浇灌田地的权利。

综上所述，权利滥用的四个构成要件，是我们判断权利行使当与不当的法律上的标准。这对于我们判断权利是否滥用还稍显不足，所以应该根据权利利己的属性，增设道德上的评判标准来认定权利行使的意义。任何权利行使都不允许歪曲它的目的、使命和社会职能，法律上能够支持的只是基于社会公德的权利利用，权利人对人对己都不能推卸所应当承担的法律上和道德上的双重义务，任何以不道德为目的利用法的形式损害他人的行为，都是对权利的亵渎。因此，在合法性要求的评判标准中辅之以道德评判标准，权利滥用可从两个方面得到透视，才能从合法与合理两个角度全面判断权利是否被滥用。

2. 权利滥用的成因与法律基础。权利的滥用原因是多方面的，既有客观的因素，又有主观的因素。从客观因素来看，主要是法律法规不完善，给滥用提供有机可乘的空间和土壤。从主观因素来看，人们所享有的权利，由于人的主观意志尚未发挥作用，因而总是循规蹈矩。但是人们在行使权利的过程中出现的情况则是有所不同的，加之权利人的意志有着对权利的识别和能动作用，所以，在行使过程中有着突破权利界限的可能性，这是产生权利滥用的主观因素。能够被滥用的权利，一定是那些为权利人意识到并处于主动行使状态中的权利，具有主观因素的色彩。

权利滥用的规定最早始于古代罗马法，制定于法国的《人权宣言》，后来随着《法国民法典》吸收了这个制度，从而成为举世公认的权利行使原则。我国 1982 年《宪法》也采用了这一原则，规定“中华人民共和国公民在行使自由和权利的时候，不得损害国家的、社会的、集体的利益和其他公民的合法的自由和权利”。这条规定既为我国公民明确了所享有权利的边界，也向我们提供了判断权利滥用的法律根据。

三、权利滥用的后果与启示

权利滥用是违反权利规范和破坏法律秩序的行为，对社会秩序的破坏是不言而喻的，因此，权利滥用一定要承担法律责任，接受法律的制裁。权利滥用被权威机关认定后，必然要承担两种法律后果，首先是被滥用的权利归于消灭。当把物作为犯罪工具使用时，对物的所有权因犯罪工具被没收而归于消灭便是例证。其次由于权利滥用而给社会和他人所造成的损害，将依性质和程度而引起刑事、民事等法律责任，比如闹访给公共财产造成损害，不仅要承担赔偿的民事责任，严重的还要受到刑事制裁。

通过学习权利界限和权利滥用的理论，作为行使权利的行为人从中可以获得三点启示：一是不受限制的权利是不存在的，这个结论应验了英国人洛克的预言：哪里没有法律，哪里就没有自由。二是权利人在行使权利时，不能过度使用，在权利的限度内行使被认可为权利，一旦超出限度，就不再是权利，而是违法侵权的手段。三是要谨慎行使权利，认真对待权利。权利人在行使权利之前必须设想三方面的利益：自己的利益，与自己对应的义务人的利益，权利人义务人之外第三者的、即社会的利益。不能只考虑自己的利益，每个人的个人利益都或多或少地关联着他人的利益、集体的利益和国家的利益，只有这三种利益互不冲突，和谐一致，权利才能真正得到实现，否则就将走上滥用的歧途。

本章小结提升：要想维护好权利，首先就必须了解什么是权利，通过学习我们知道权利是为社会或法律所承认和支持的自主行为和控制他人行为的能力，表现为权利人可以为一定行为或要求他人作为、不作为，其目的是保障一定的物质利益或精神利益。在懂得了什么是权利之后，我们还要进一步知道什么是义务。义务则是指法律关系主体承担的不利益（在强力下的被迫行为），表现为必须依法做出某行为或抑制某行为。权利和义务相伴而生，没有无义务的权利，更没有无权利的义务。就我国而言权利和义务具有广泛性、现实性、平等性和一致性四个主要的特征。权利和义务的内容是复杂多样的，因此，权利和义务的形式也具有多样性，按照不同的标准，我们把权利和义务划分为六大种类。

权利和义务是法律的核心内容，在一个法律体系中或者在整个权利的运行中，权利和义务的关系表现为既对立又统一，处于相互对应、相互依存、相互转化的辩证过程中，在相互转换中权利总量与义务总量是对等的，遵守能量守恒定律，体现出价值的一致性和互补性，同时，也进一步体现了价值意义上的主次关系。

任何权利都不是无限的，必须有自己的边界，权利的边界主要是指权利的有无、范围的大小、对谁使用。影响权利界限的主要因素毫无疑问是经济因素，除此之外也会受到政治和文化的影响。权利的界限在历史发展的不同时期是有所不同的，权利的运行界限主要有三个方面：权利的时间性、空间性和对人性。每个人都有权行使自己的权利，但是必须在权利的界限内行使，一旦超出了权利的界限就属于权利滥用。权利滥用是指权利人在权利行使过程中，故意超越权利界限损害他人的行为，在法律上其有四个构成要件作为评判是否滥用的标准，不仅要从法律上判断权利是否被滥用，还应该确立道德标准加以评判。权利滥用一经被确认将产生两个法律后果，要承担相应的法律责任，学习权利界限和权利滥用的理论我们将会获得三个方面的启示。

本章提高研讨题：

1. 就餐时财物被盗，顾客如何维权？

案情：陈某某某日与家人前往某饭店就餐，将上衣脱下，放在座位旁的椅子上。用完餐之后，陈某某突然发现上衣兜内的3200元现金等物品被人盗走，所以要求饭店赔偿。店方则认为，餐厅醒目位置张贴有“请妥善保管好自己的财物，谨防小偷”字样的大幅标语告示，店方已尽到提醒、警示义务。陈某某的财物被盗，是其自己保管不善造成，店方不应予以赔偿。陈某某则认为，店内虽然已张贴告示，但未提供存包服务及保管等有效措施，致使财物被盗理应赔偿，双方协商未果，遂形成纠纷。陈某某依据双方达成的仲裁协议，向某仲裁委员会申请仲裁，要求饭店赔偿其各项损失共计4800元。此案争议的焦点为，店内张贴告示标语，是否可以对顾客丢失财物免责？

问题：

（1）本案中陈某某财物被盗，被侵害的是什么权利？

（2）饭店对陈某某财物丢失应该给予赔偿吗？如果饭店要给予赔偿，请根据本章学习到的权利和义务相关知识来分析饭店赔偿的法理依据。

提示：主要应从权利和义务的一致性来进行分析。

2. 巨型浴缸入室，房屋不堪其重。

案情：顾某是某小区的业主，购买了一只占地面积约 8.9 平方米，可放水约 4.2 吨的巨型浴缸，准备安装在其居住的第 29 层的房屋内，遭到了周围业主的强烈反对。物业管理公司向有关专家进行了咨询，以房屋楼板无法承受浴缸使用时的重量为由，制止顾某安装巨型浴缸。顾某不服遂到法院提起诉讼，要求法院维护在自己物业内安装浴缸的权利。

问题：顾某购置的浴缸是否可以安置在自己的房屋内？如果不可以，请根据所学的权利界限和权利滥用的理论论述不予支持的法理依据。

本章推荐的阅读文献：

1. 王莉君：《权力与权利的思辨》，中国法制出版社 2005 年版。
2. 舒国滢："权利的法哲学思考"，载《政法论坛》1995 年第 3 期。
3. 高志明主编：《法律与权利》，中国社会出版社 2004 年版。
4. ［德］鲁道夫·冯·耶林著，郑永流译：《为权利而斗争》，法律出版社 2007 年版。

第四章课后练习题

第五章　法律的渊源与效力

本章引例：湄公河惨案

2011年10月5日，中国籍船只“华平号”和缅甸籍船只“玉兴8号”在泰国湄公河金三角水域被两艘不明身份的武装快艇劫持，12名中国船员遇害。证据表明，有泰国军人参与其间。2011年11月3日，公安部、云南省公安厅、西双版纳州公安局以及中国国内相关执法部门组成了“10·5”案件联合专案组，抽调200余名精兵强将全力破案。2012年4月25日，“10·5”案件联合专案组在老挝波桥省抓获案件主犯、贩毒集团首脑糯康。2012年8月12日，昆明市人民检察院对“10·5”湄公河案件的糯康（缅甸籍）、桑康（泰国籍）、依莱（国籍不明）、扎西卡（国籍不明）等6名被告人分别以故意杀人罪、运输毒品罪、绑架罪、劫持船只罪依法向昆明市中级人民法院提起公诉。2012年11月6日昆明市中级人民法院一审宣判，以故意杀人罪、运输毒品罪、绑架罪、劫持船只罪数罪并罚，判处糯康、桑康、依莱死刑；以故意杀人罪、绑架罪、劫持船只罪数罪并罚，判处扎西卡死刑，判处扎波死刑，缓期二年执行；以劫持船只罪判处扎拖波有期徒刑八年。法院当庭判决，糯康等6名被告人连带赔偿各附带民事诉讼原告人共计人民币600万元。2012年12月26日，云南省高级人民法院对湄公河中国船员遇害案进行二审宣判，即对糯康等6名上诉人故意杀人、运输毒品、绑架、劫持船只案的上诉作出裁定，驳回上诉，维持对糯康、桑康、依莱、扎西卡的死刑判决。2013年3月1日，案件主犯糯康、桑康、依莱、扎西卡在云南昆明被执行死刑。

湄公河惨案发生后，其管辖权问题一直备受各方争议，缅甸、泰国、老挝纷纷提出了对本案行使刑事管辖权。最终，糯康集团犯罪分子被带回中国审判。湄公河惨案的管辖权争议，促使你们进一步思考：法律的效力范围是怎样的呢？一国可以根据怎样的原则对某案主张管辖权呢？

本章概述：不同的法律在对人效力、对事效力、时间效力、空间效力及效力位阶方面是存在差别的。本章将对法的渊源的概念、种类作简要的介绍，并在此基础上阐释法的效力范围，以及效力冲突解决规范。

本章的学习目标：通过本章的学习，你所要达成的学习目标如下：

1. 了解法律渊源的含义；
2. 了解法律渊源的种类；
3. 掌握法的效力原则；

4. 掌握法律效力的冲突解决规范。

本章教学内容：

第一节　法律渊源

一、法律渊源的含义

法律渊源，简称法源，演化于罗马法的 fontesjuris，原意是指法的“来源”“源泉”“根源”，在不同语境中，主要有以下不同的含义：

1. 法的历史渊源，通常指引起特定法律原则或规则产生的历史背景和历史事件或行为。例如《十二铜表法》是罗马法的历史渊源，《法经》是中华法系的成文法历史渊源。不同的历史渊源对不同国家和民族的法律思维方式、法律传统及法律观念都会有深远影响。

《重新研究法的渊源》_周旺生

2. 法的理论渊源，是指以某种哲学、政治学或社会学等思想、理论作为法的渊源。这些思想理论为某种行为或法律原则提供合理性的论证，是特定法律制度的理论基础，如 18～19 世纪的分析主义法学的倡导者边沁关于立法和司法的改革的思想等。

3. 法的本质渊源，是指法的意志来源，即法来源于统治者的意志，或来源于人类的理性和正义，或来源于神的意志。马克思主义法哲学在法的本质渊源中又侧重强调了物质渊源，即除统治阶级的意志之外，统治阶级赖以生存的物质生活条件，是法的最终来源，是法的内容和力量的最深刻的根源。

4. 法的文献渊源，是指把权威性著作、重要的法律汇编、法典等作为法的渊源。

5. 法的效力渊源，认为法的效力是指具有不同效力等级的各种法的表现形式。

本章中所说的法的渊源，是指那些来源不同因而具有法的不同效力意义和作用的法的外在表现形式。这一概念的意义在于说明法律出现在哪里，说明一个行为规则通过什么方式产生、具有何种外部表现形式才被认为是法律规范，才能成为国家机关审理案件和处理问题的规范性依据。

二、法律渊源的种类

由于社会制度、国家管理形式和结构的不同，以及受政治思想、道德状况、经济发展水平、法律文化传统的影响，在不同国家或不同历史时期，法律渊源有一定的差异，且其本身也在不断发展变化中。例如，大陆法系的法律渊源以制定法为主，辅以习惯、法理、法学家的学说等；而英美法系的主要渊源不仅包含制定法、习惯法，也包含普通法、衡平法等；而伊斯兰法系的法律渊源主要是宗教教义，以《古兰经》《圣训》为主。

根据不同标准，我们可以将法律渊源分为不同的类别：如根据法律渊源的载体形式不同，可以分为成文法渊源与不成文法渊源；根据法律渊源与法律规则关系的不同，可以分为直接渊源与间接渊源；根据法律渊源的相对地位不同，可以分为主要渊源与次要渊源等。本章将法的渊源，根据其存在形式上的明确程度，区分为正式渊源与非正式渊源，这是法律实践中最主要的一种分类方式。

（一）法的正式渊源

正式渊源是指在法律上有拘束力的法律渊源，一般是由国家以一定方式正式确定的法律规范。如制定法、判例法、习惯法、国际条约与国际惯例等。

1. 制定法。制定法又称成文法，指国家机关依照一定的职权与程序制定和颁布的，表现为条文形式的规范性法律文件。从广义上说，制定法既包括国家立法机关制定的法律，也包括国家中央行政机关与地方国家权力和行政机关在职权范围内制定、颁布的规范性法律文件。制定法的出现是反对法律神秘主义的产物，防止了特权阶级对法律知识的垄断，因此一般具有明确性、公开性、客观性等属性。无论是在大陆法系国家还是在英美法系国家，制定法都是重要的法律渊源，尤其在大陆法系国家，其重要地位更为突出。制定法的主要表现形式是法典，如我国的《民法典》即是典型的制定法。制定法采用的名称繁多，如法律、法规、规章、条例等。

2. 判例法。判例法是指可作为先例据以决案的法院判决。根据判例法制度，某一判决中的法律规则不仅适用于该案，而且往往作为一种先例而适用于以后该法院或下级法院所管辖的案件。只要案件的基本事实相同或相似，就必须以判例所定规则处理，这就是所谓的“遵循先例”原则。因此，判例法往往被称为“法官造法”，具有浓厚的经验色彩，也具有灵活性、开放性等特点。判例法是英美法系国家的重要法源，大陆法系传统上否定判例法的法源地位，但是自20世纪以来，随着两大法系的相互借鉴与融合，判例逐渐受到大陆法系国家的重视，如典型的大陆法系国家法国，它们的行政法就是通过行政法院的判例发展起来的。

3. 习惯法。习惯法是指产生于人们长期反复的行为并经国家承认具有法律效力的社会习惯，是由习惯发展而来的一种法律渊源。人类最早出现的法就是习惯法，在法律发展早期具有重要地位，部落时代的法无一例外地表现为习惯法。随着法律的进化，尤其是自19世纪大规模的法典编纂运动以来，习惯法的地位从总体上逐渐减弱，成为制定法的补充法源。

4. 国际条约与国际惯例。国际条约是国际法的最主要法源，它是两个以上国际法主体在原则上按照国际法产生、改变或废止相互间权利与义务的意思表示的一致。条约对于缔约国和参加国是有约束力的，但国际条约的规定在各国国内能否得到执行，是以国内法的接受为条件的，即要经过法定程序为一国最高权力机关认可，才能成为一国的法律渊源。国际惯例，是一种国际行为规范。它是在国际交往中逐渐形成的某一特定领域内的习惯性做法或通例，最初被某些国家反复使用，后来为各国接受并承认其法律效力，一般包括国际外交惯例和国际商业惯例。由于国家与国家之间的交往不断增加以及全球化进程加快，这一类的法律渊源数量有逐渐增多的趋势。

（二）法的非正式渊源

非正式渊源是指虽然不具有明确的法律拘束力，但对法律人来说有很大说服力与影响力的渊源。虽然法的非正式渊源处于次要的地位，但由于“不能拒绝裁判原则”的存在，在正式渊源缺位的情况下，非正式渊源发挥着重大的作用。法的非正式渊源具有对法律漏洞进行补充的导向功能、自由裁量的参照系功能、新法律规范的孕育功能。其通常包括政策、习惯、法理、宗教、公平正义的观念等内容。

1. 政策。政策固然不如法律那样具有确定性、权威性和稳定性，但其灵活性恰好可以弥补法律的滞后性，因而政策不仅对立法具有指导意义，在法律适用中也具有一定的参考价值。在改革开放以前，政策曾长期被视为我国重要的法律渊源，尽管人民不把它叫作法，但政策事实上却是重要的行为规范和审判依据。

2. 习惯。习惯是指在社会生活中自发、逐渐形成的行为规范，符合人们关于正义的观念，且长期被人们遵循。习惯具有补充制定法不足的功能。社会生活的复杂性和变动性，决定了制定法不可能完全反映社会现实的需要。当制定法有疏漏时，法官的选择之一就是寻找习惯，因此习惯就成为事实上的法源，其功能具有不可替代性。例如我国《民法典》第 10 条规定，处理民事纠纷，应当依照法律；法律没有规定的，可以适用习惯，但是不得违背公序良俗。

3. 法理。法理是对法的理性认识，是人们从法律现象中总结出关于法的一般规律。虽然法理不是法律规范的组成部分，但法律规范却符合法理。通过了解和学习法理，人们可以对法律现象有更准确和更深刻的认识，所以掌握法理也是正确运用法律的前提。在司法适用中的法理一般包括社会上公认的价值、正义的标准以及法律的解释、法律的推理等。法律作为法律渊源一方面体现在法官适用制定法，总是在符合法理的层面上适用；另一方面法理同习惯一样可以填补制定法的缺漏。如 1907 年《瑞士民法典》要求法官在无法律可用时“接受公认的学说和司法传统的指引”。

4. 宗教。从历史上看，宗教往往直接地成为法律渊源。一国的人基于对某种宗教普遍而强烈的信仰，宗教教条便会成为法律准则的基本内容。如犹太教的《摩西十诫》《律法书》被认为是神启的记录，旧约《圣经》被认为是犹太法律的指南和条款。而政教合一体制的国家一般都会将宗教作为本国的基本法律渊源。

5. 公平正义的观念。有关公平与正义的考量在特定情况下可以起到权衡作用。其作为一种非正式的法律渊源，尤其体现在英美法系中。例如，衡平法就是英国的一个重要法律渊源，衡平法以“衡平”的形式填补其他法源的不足或纠正其不当，其本身就有追求平等、公正的内涵。现代许多国家的制定法都作出明确规定或在司法实践中形成了各种吸纳公平与正义观念的制度，如《德意志联邦共和国基本法》（以下简称《德国基本法》）规定，行政权和司法权受法律和正义的约束。

（三）两种法律渊源在司法实践中的适用

在司法实践中，正式的法律渊源起着主要作用，非正式法律渊源起着辅助作用。

在处理案件或法律问题时，正式的和非正式的法律渊源都发挥一定的作用，在大多数情况下，需要综合考虑两种法律渊源，经过法律人的理解权衡，形成解决案件的最终办法。具体来说，两种法律渊源的适用如下：

当正式的法律渊源为解决案件或法律问题提供了明确的答案时，就不应当再考虑非正式的法律渊源。除非出现了极端情况，依据正式的法律渊源作出判决的结果极其荒谬，导致社会无法接受，可用非正式的法律渊源代替正式的法律渊源。

当正式的法律渊源之间出现了模糊不清、互相矛盾的情况，非正式的法律渊源可以用来帮助和确定一种更加合理、公正的解决办法。

当正式的法律渊源没有明确处理案件或法律问题的规定，而社会又迫切需要解决这些法律问题时，就应当依据非正式法律渊源处理案件或解决问题。

第二节 法律的效力

一、法律效力的概念

法的效力，亦称法的约束力，指法对主体所具有的普遍约束作用。法的效力在不同语境下可能存在不同含义：一是效力范围，即规范性法律文件的效力，指法的生效范围或适用范围，即法对什么人、什么事项、在什么地方和什么时候有约束力。二是效力位阶，指规范性法律文件的效力级别，即各种规范性法律文件的地位及相互关系。三是非规范性法律文件的效力，指判决书、调解书、许可证、逮捕证、合同等对特定的人和事具有的法律约束力。四是法律行为的合法性和有效性，指由法律行为产生的约束力。本章中所提到的法的效力，主要指规范性法律文件对主体所具有的普遍约束力，即效力范围和效力位阶问题。

二、法律效力的范围

（一）对人的效力

法律对人的效力范围，是指一国法律规范可以适用的主体范围，即对哪些主体有效。

《法的总则中的“法的效力”条款设置论析》

—汪全胜、张鹏

1. 法对人的效力范围的主要原则。不同国家以及一国的不同部门法在确定其适用的对象范围时可以遵循不同的原则，通常包括以下几种：

属人主义原则，也称为国籍原则，即根据公民的国籍确定法的效力范围。按此原则，一国公民无论其是在国内还是在国外，都要受国籍国法律的约束。

属地主义原则，也称为领土原则，即一国法对于处于其管辖领土（包括领陆、领水、领空、底土，也包括我国驻外使领馆、我国船舶或航空器等拟制领土）范围内的一切人都有约束力，不论他是本国人、外国人还是无国籍人。

保护主义原则，即任何人如侵害了本国或本国公民的利益，不论实施侵害行为者的国籍和侵害行为是否发生在本国境内，都要受到本国法律的追究。保护主义原则通常只限于对规定法律责任的规范的适用，实施侵权行为的外国人即使并不享受其他国家国内法赋予本国公民的权利，也必须承担不侵犯其他国家及其公民利益的义务。

结合主义原则，也称为折中主义原则，即在确定法的效力时，以属地主义为基础，同时结合属人主义和保护主义。一是本国法对本国领域内的人有效。这是维护本国利益、主权不受别国侵犯原则的体现。二是对生活在外国的本国人，本国法有条件地有效。这一方面尊重居住国主权，另一方面最大限度保护本国在外国的侨民。三是根据国际法精神、国际条约和国际惯例，本国法可以有条件地适用于在本国领域外侵害本国利益的外国人。目前，该原则是大多数国家采纳的原则，我国也不例外。

2. 我国现行法对人的效力范围。依受调整主体国籍的不同，我国现行法律的对人效力具体表现如下：

（1）对中国公民的法律效力。根据我国《宪法》的规定，中国公民在中国领域内一律适用中国法律，并且法律面前人人平等。当中国公民在国外时，原则上仍然受到中国法律的保护，并应当履行中国法律所规定的义务。但当本国法与居住国法相冲突，则应根据有关国际条约、国际惯例或本国法律的规定，本着既维护本国主权，又尊重他国主权的精神，确定在具体情况下应当适用的法律。如我国《刑法》第 7 条规定，中华人民共和国公民在中华人民共和国领域外犯本法规定之罪的，适用本法，但是按本法规定的最高刑为三年以下有期徒刑的，可以不予追究。

（2）对外国人的法律效力。中国法律对外国人的效力包括两种情况：一是外国人处在中国领域以内的，除法律另有规定者外，一律适用中国法律。我国《宪法》规定，中华人民共和国保护在中国境内的外国人的合法权利和利益，在中国境内的外国人必须遵守中华人民共和国的法律。我国《刑法》第 11 条规定，享有外交特权和豁免权的外国人的刑事责任，通过外交途径解决。二是外国人处在中国领域之外的，如果侵害了我国国家或公民的利益，或者与我国公民发生法律交往，也可适用我国法律。如我国《刑法》第 8 条规定，外国人在中华人民共和国领域外对中华人民共和国国家或者公民犯罪，而按本法规定的最低刑为三年以上有期徒刑的，可以适用本法，但是按照犯罪地的法律不受处罚的除外。

需注意的是，法律对人的效力方面存在一些例外，如特殊身份、行为能力限制等，如我国《宪法》第 74 条规定，全国人民代表大会代表，非经全国人民代表大会会议主席团许可，在全国人民代表大会闭会期间非经全国人民代表大会常务委员会许可，不受逮捕或者刑事审判。

（二）对事的效力

法律对事的效力范围，是指法的效力所针对的具体社会关系和行为的范围，要求法的事项必须符合法律规定的内容与程序。一般来说，法律对事的效力范围主要有以下几个原则：

事项法定原则：法的效力的事项范围，应当以法律预先明文规定为前提或界限。例如，我国《刑法》第3条规定，法律明文规定为犯罪行为的，依照法律定罪处刑；法律没有明文规定为犯罪行为的，不得定罪处刑。但该原则并不是绝对的，在允许类推的法律中，对某一行为即使没有明文的法律规定，根据类推原则，也可能推定适用于该行为，而使该法律对该行为具有效力。而在将判例法作为正式法律渊源的国家，法官通过创设判例，也可能对没有法律明文进行保护或约束的行为进行调整。

一事不再理原则：同一机关对于同一法律关系已作出了决定或裁判，如果没有出现新的事实，不再受理同一当事人所作的同一请求。该原则主要针对维护司法权威、节省司法资源和稳定社会秩序等价值而设定。

一事不二罚原则：对当事人的同一行为，如果没有新的违法行为，不得给予两次及两次以上性质相同或同一罪名的处罚。当然，对同一行为处罚两次或以上是常见的，也是可以的。例如对犯罪者处以开除的行政处分和有期徒刑的刑事处罚。

（三）时间效力

法律的时间效力范围，是指法律规范的有效期间，包括何时开始生效、何时终止生效和有无溯及力的问题。

1. 法律的生效时间。法律规范开始生效的时间通常有以下两种情况：

《关于法的溯及力问题和法律不溯既往原则的若干新思考》_朱力宇

（1）自法律公布之日起生效。这是较常用的方法，在实践中具体表现为三种情况：①由法律自身明文加以规定，如2015年7月1日，第十二届全国人民代表大会常务委员会第十五次会议通过的《国家安全法》第84条规定，本法自公布之日起施行。②法律本身并没有对其开始生效的时间明文加以规定，而是由其他法律文件来宣告其开始生效，如我国1982年12月4日通过的《宪法》本身没有规定开始生效时间，而是由同日通过的全国人大公告“公布施行”。③在没有明文规定生效时间的情况下，按照惯例自法律公布之日起生效。需注意的是，随着法律调整日益严格与确定，法律制定后无论是否立即开始生效，都应由其制定机关以法定的文字形式公告周知。

（2）法律规定具体生效时间。如2017年9月1日第十二届全国人民代表大会常务委员会第二十九次会议通过的《国歌法》第16条规定，本法自2017年10月1日起施行。

2. 法律的终止生效时间。法律的终止生效时间是指法律效力的消灭时间，即法律被废止的时间。引起法律规范效力终止的实质原因主要有：法律规定的有效期届满；原有法律的规定与现行法律规定之间发生冲突；法律已经完成其历史使命，被调整的社会关系已经不复存在。发生上述情况时，原有法律规范应当终止其效力。在实践中，法律终止生效的形式可以分为明示的废止和默示的废止两种。

（1）明示的废止，是在新法或其他法规中明文规定对旧法加以废止。这种方式直接用语言文字明确表示，被称为“积极的表示方式”，是当今各国普遍采用的方式，也是我国废止有关旧法的通常做法。其具体形式包括：①法律中规定了有效期间，当有效期届满，立法机关又未作出延长其法律效力的决定时，该法律自动失效。②若规范性文件中规定某法律仅适用于特定情况，那么当这种情况不复存在时，该法律自动失效。③新法律明确规定当本法开始生效时，旧有的同类法律即行失效。④有关立法机关发布专门文件宣布某一规范性法律文件终止生效。例如《民法典》第1260条规定，本法自2021年1月1日起施行。《中华人民共和国婚姻法》《中华人民共和国继承法》《中华人民共和国民法通则》《中华人民共和国收养法》《中华人民共和国担保法》《中华人民共和国合同法》《中华人民共和国物权法》《中华人民共和国侵权责任法》《中华人民共和国民法总则》同时废止。

（2）默示的废止，主要指已生效的新法律与原有法律的规定在某些方面有冲突时，尽管新法律或立法机关并未明确废止旧法律，但按照“新法优于旧法”的原则，旧法律中与新法律相冲突的部分自然废止。例如，我国1982年《宪法》公布施行后，1978年《宪法》就失去了效力。

3. 法律的溯及力问题。法律的溯及力，指法律溯及既往的效力，即新法颁布以后对其生效以前发生的事件和行为是否适用的问题。如果适用，就是有溯及力；如果不适用，就是没有溯及力。由于法律的规范功能，对当事人的行为应当有指示、引导、预测的作用，因此近代以来各国的立法一般采用法不溯及既往的原则。如1787年《美国宪法》规定，溯及既往的法律不得通过。但这也并不是绝对的，法不溯及既往存在以下两种例外情形：①授益性法律，即当法律溯及既往有利于行为人时，法律可以有条件地适用于既往行为，这就叫“有利溯及”原则，如我国的《立法法》第93条规定，法律、行政法规、地方性法规、自治条例和单行条例、规章不溯及既往，但为了更好地保护公民、法人和其他组织的权利和利益而作的特别规定除外。②程序性法律，由于程序性法律只是实现行为人权利义务的程序，并不规定行为人独立的权利义务，因此它溯及既往并不会影响行为人的利益。

总的来说，在法律的溯及力问题上，一般有以下五种原则：①从旧原则，即法律只能适用于生效后发生的事件和行为，不适用于生效前的事件和行为。②从新原则，即法律不仅适用于生效后发生的事件和行为，而且适用于生效前发生的、未处理的事件和行为。③从轻原则，即通过新法与旧法比较，如新法处理轻，按新法处理；如旧法处理轻，按旧法处理。④从旧兼从轻原则，即新法原则上无溯及力，但如果新法处理轻则适用新法。⑤从新兼从轻原则，即新法原则上有溯及力，但如果旧法处理轻，则按旧法处理。

（四）空间效力

法律的空间效力范围，是指法律在什么范围内生效的问题。法律的空间效力直接体现国家主权，即它适用于该国主权的一切领域，以国家作为一个法域为参照，有域内效力、域外效力和域间效力三种情形。

1. 域内效力。是指一国法律在其主权范围内发生效力。只要在其法律适用地域内，无论其国籍情况、停留目的、时间长短，均得适用。需注意的是，按照国际惯例，外交官对所在国法律享有一定的豁免权。域内效力又分为两种情形：①域内全部地区有效。在我国，由全国人大及其常委会和国务院制定的规范性法律文件，如宪法、法律、行政法规在全国有效。②域内部分地区有效。具体说来又可分为以下两种情形：一是中央国家机关制定的，只限定在特定地区内生效的法，如《澳门特别行政区基本法》《民族区域自治法》等。二是我国地方国家机关在法定范围内制定的法，在其管辖范围有效，民族自治机关制定的自治条例和单行条例在该自治地方有效。

2. 域外效力。是指一国法律不仅在国内而且在本国主权管辖领域之外发生效力。现代社会，国际经济贸易文化交流日益频繁，从保护本国利益出发，对持有本国护照但生活、工作或旅游在其他国家的居民或者虽不持本国护照但其行为损害本国的，本国法律也可以适用。法律的域外效力，从对人效力的角度来讲，也可称为属人原则，即凡是法律所指向的人，无论其处于何地，均得适用。根据对等原则，有些外国法也会在本国发生效力，如根据国际条约或互惠原则，一国应另一国请求而履行的司法协助行为，就涉及对他国法律效力的承认问题。从本国来理解，就是外国法的域内效力；而从对方来理解，就是其法律的域外效力。

3. 域间效力。主要指国际法的效力，因国际法主要适用于国家与国家之间的事务，体现的是承诺与信守诺言的义务。它的产生有两种情形：一是本国作为国际条约的缔结国，二是本国作为国际条约的加入国。无论是以缔约国的身份还是以加入国的身份，均得以本国自愿接受国际法为前提。当然，域间效力的“域间”，并不能狭义地理解为国际法的效力在国家与国家“之间”生效，基于法的性质，一些国际法在本国内也会产生效力。

三、法律效力的位阶

法律效力的位阶，亦称法的效力等级，指一国法律体系中不同法的渊源在效力方面的差别。将效力较高的法律视作位于台阶之上，称为上位法，效力低的法律则称之为下位法。明确法的效力位阶，有助于在法的渊源发生冲突以后，确定不同法的渊源之间的相互地位和效力，解决适用法律中的冲突和矛盾。

大陆地区的法律位阶是我国主体法律秩序的法律位阶，依据我国《宪法》和《立法法》的规定，可以大致将我国的主体法律位阶划分为：宪法、法律、行政法规、地方性法规（含自治条例、单行条例、经济特区法规）和规章（含部门规章和地方政府规章）四个等级。

（一）宪法

我国《宪法》序言中规定，本宪法以法律的形式确认了中国各族人民奋斗的成果，规定了国家的根本制度和根本任务，是国家的根本法，具有最高的法律效力。由此可见，宪法处于法律位阶的最高层级。

《宪法》第 5 条第 3 款规定，一切法律、行政法规和地方性法规都不得同宪法相抵触。第 64 条第 1 款规定，宪法的修改，由全国人民代表大会常务委员会或者 1/5 以上的全国人民代表大会代表提议，并由全国人民代表大会以全体代表的 2/3 以上的多数通过。该两条规定分别从实体上与形式上保证了宪法的最高地位。

（二）法律

广义上的法律泛指一切有权创制法律规范的国家机关制定和认可的法律、规范，而作为法的渊源之一的法律是使用了其狭义的概念，专指由全国人大及其常委会制定、颁布的规范性法律文件，其法律效力仅次于宪法。

法律又可细分为基本法律和基本法律以外的法律。基本法律是指比较全面地规定和调整国家及社会生活某一方面的基本社会关系的法律，如《民法典》《民事诉讼法》《香港特别行政区基本法》等，由全国人大制定和修改。在全国人大闭会期间，其常委会有权对基本法律作部分的修改，但不能同该法律的基本原则相抵触。基本法律以外的法律由全国人大常委会制定和修改，如《商标法》《治安管理处罚法》《反家庭暴力法》就是该类型的法律。

此外，由全国人大及其常委会发布的具有规范性内容的决定和决议，也属于法的渊源，其与法律具有同等效力，如《全国人民代表大会常务委员会关于惩治骗购外汇、逃汇和非法买卖外汇犯罪的决定》。

（三）行政法规

行政法规是指国务院根据宪法和法律，按照法定程序制定的有关行使行政权力，履行行政职责的规范性文件的总称。行政法规的制定主体是国务院，一般以条例、办法、实施细则、规定等形式组成。发布行政法规需要国务院总理签署国务院令。行政法规的效力仅次于宪法和法律，高于地方性法规和规章。如《地下水管理条例》《快递暂行条例》《关键信息基础设施安全保护条例》就是此类渊源。

（四）地方性法规和规章

在该层级下包含地方性法规、自治条例和单行条例、经济特区法规、部门规章、地方政府规章等法的渊源。

1. 地方性法规。地方性法规是指具有立法权的地方人大及其常委会根据执行法律或者行政法规的需要，以及针对自身权限范围之内的地方性事务，制定的规范性法律文件。依据制定机关等级的不同，地方性法规可以分为两个层次：一是省、自治区、直辖市人大及其常委会制定的地方性法规；二是设区的市和自治州人大及其常委会制定的地方性法规。地方性法规效力低于行政法规，而市一级的地方性法规的效力又低于省一级的地方性法规的效力。

2. 自治条例和单行条例。民族自治地方的人大有权制定自治条例与单行条例，在通常情况下，它的效力低于法律与行政法规，但是变通性规定除外。需注意的是，变通条款不得违背法律和行政法规的原则，也不得对宪法和民族区域自治法以及其他法律、行政法规专门就民族自治地方所作的规定进行变通规定。

3. 经济特区法规。经济特区法规是经济特区所在地的省、市的人大及其常委会根据全国人大的授权决定制定的，在经济特区范围内实施的法规。经济特区法规是我国地方立法的一种特殊形式，是改革开放的产物。如广东省、海南省、深圳市、喀什市等地方已获全国人大及其常委会的授权，可制定所属经济特区的各项单行经济法规。

4. 部门规章。国务院所属各部、各委员会，有权根据法律和国务院的行政法规、决定、命令，在本部门的权限内，制定规章。

5. 地方政府规章。地方政府规章是省、自治区、直辖市、设区的市、自治州的人民政府和广东省东莞市和中山市、甘肃省嘉峪关市、海南省三沙市四个不设区的市人民政府，可以根据法律、行政法规和本省、自治区、直辖市的地方性法规，制定规章。

四、法律效力的冲突及其解决

（一）法律渊源效力冲突解决的原则

一个国家中有权创制法律的国家机关很多，但不同的国家机关创制出来的法律效力有可能是不同的。那么如果不同的法律之间发生效力冲突该如何解决呢？一般来说，我们将遵循以下的冲突解决原则：

1. 上位法优先原则。法律规范的效力等级首先取决于其制定机关在国家机关体系中的地位，由不同机关制定的法律规范，效力等级也不相同。除特别授权的场合以外，一般来说，制定机关的地位越高，法律规范的效力等级也越高。

2. 后法优先原则。当同一制定机关按照相同的程序先后就同一领域的问题制定了两个以上的法律规范时，后来制定的法律规范在效力上要高于先前制定的法律规范。

3. 特别法优先原则。当同一主体在某一领域既有一般性立法，又有不同于一般性立法的特殊立法时，特殊立法的效力通常优于一般性立法的效力。但必须注意的是，特别法优于一般法的原则只限于同一主体制定的法律规范，对于不同主体制定的法律规范，仍然适用制定机关等级决定法的效力的一般原则。

4. 授权法优先原则。当某一国家机关授权下级国家机关制定属于自己立法职能范围内的法律、法规时，被授权的机关在授权范围内制定的该项法律、法规在效力上通常等同于授权机关自己制定的法律或法规，但仅授权制定实施细则者除外。

5. 国际法优先原则。主权国家缔结或参加的国际条约、所认可的国际惯例，对主权国家具有约束力，当国内法的有关规定与这些国际条约或国际惯例发生冲突时，后者具有优先适用的效力。需注意的是，主权国家声明保留的国际条约的有关条款和拒绝承认的国际惯例不适用这一原则。

（二）法律渊源效力冲突的解决

法律渊源之间特别是不同等级法律渊源之间存在相互冲突的现象是在所难免的，不同法律渊源之间一旦发生冲突除了遵循法律等级效力确认原则外，我国《立法法》

规定了采用如下方法解决：

1. 裁决。所谓裁决是指法律渊源出现冲突时由有权的国家机关按照法定的程序予以判断谁具有法律效力的行为。主要有如下几种情形：

第一，同一机关制定的法律、行政法规、地方性法规、自治条例和单行条例、规章，特别规定与一般规定不一致的，适用特别规定；新的规定与旧的规定不一致的，适用新的规定。

法律、行政法规、地方性法规、自治条例和单行条例、规章不溯及既往，但为了更好地保护公民、法人和其他组织的权利和利益而作的特别规定除外。

第二，法律之间对同一事项的新的一般规定与旧的特别规定不一致，不能确定如何适用时，由全国人民代表大会常务委员会裁决；行政法规之间对同一事项的新的一般规定与旧的特别规定不一致，不能确定如何适用时，由国务院裁决。

第三，地方性法规、规章之间不一致时，由有关机关依照下列规定的权限作出裁决：①同一机关制定的新的一般规定与旧的特别规定不一致时，由制定机关裁决。②地方性法规与部门规章之间对同一事项的规定不一致，不能确定如何适用时，由国务院提出意见，国务院认为应当适用地方性法规的，应当决定在该地方适用地方性法规的规定；认为应当适用部门规章的，应当提请全国人民代表大会常务委员会裁决。③部门规章之间、部门规章与地方政府规章之间对同一事项的规定不一致时，由国务院裁决。

第四，根据授权制定的法规与法律规定不一致，不能确定如何适用时，由全国人民代表大会常务委员会裁决。

2. 改变或撤销。所谓改变或撤销是指不同等级的法律渊源有违背宪法和上位法的内容或与上位法以及同位法冲突必须予以改变或撤销的行为。主要有如下几种情形：

第一，法律、行政法规、地方性法规、自治条例和单行条例、规章有下列情形之一的，由有关机关依照《立法法》第 97 条规定的权限予以改变或者撤销：①超越权限的；②下位法违反上位法规定的；③规章之间对同一事项的规定不一致，经裁决应当改变或者撤销一方的规定的；④规章的规定被认为不适当，应当予以改变或者撤销的；⑤违背法定程序的。

第二，改变或者撤销法律、行政法规、地方性法规、自治条例和单行条例、规章的权限是：

（1）全国人民代表大会有权改变或者撤销它的常务委员会制定的不适当的法律，有权撤销全国人民代表大会常务委员会批准的违背《宪法》和《立法法》第 75 条第 2 款规定的自治条例和单行条例。

（2）全国人民代表大会常务委员会有权撤销同宪法和法律相抵触的行政法规，有权撤销同宪法、法律和行政法规相抵触的地方性法规，有权撤销省、自治区、直辖市的人民代表大会常务委员会批准的违背《宪法》和《立法法》第 75 条第 2 款规定的自治条例和单行条例。

（3）国务院有权改变或者撤销不适当的部门规章和地方政府规章。

（4）省、自治区、直辖市的人民代表大会有权改变或者撤销它的常务委员会制定的和批准的不适当的地方性法规。

（5）地方人民代表大会常务委员会有权撤销本级人民政府制定的不适当的规章。

（6）省、自治区的人民政府有权改变或者撤销下一级人民政府制定的不适当的规章。

（7）授权机关有权撤销被授权机关制定的超越授权范围或者违背授权目的的法规，必要时可以撤销授权。

本章小结提升：法的渊源，是指那些来源不同因而具有法的不同效力意义和作用的法的外在表现形式。在不同国家或不同历史时期，法律渊源存在一定的差异。根据是否有强制适用的义务可将其分为正式渊源与非正式渊源两类。一般而言，当正式的法律渊源为解决案件或法律问题提供了明确的答案时，就不应当再考虑非正式的法律渊源，除非极端情况出现时，非正式的法律渊源方可作为补充。

法律对人的效力范围有属人主义、属地主义、保护主义、结合主义四种原则，其中结合主义是以属地主义为基础，同时结合属人主义和保护主义的一种大多数国家采纳的原则。法律对事的效力，有事项法定原则、一事不再理原则、一事不二罚原则。法律的时间效力范围是指法律何时开始生效、何时终止生效和有无溯及力的问题。法律的空间效力有域内效力、域外效力和域间效力三种情形。法律效力的位阶是指一国法律体系中不同法的渊源在效力方面的差别，当不同的法律之间发生效力冲突时应遵循以下的冲突解决原则：上位法优先原则、后法优先原则、特别法优先原则、授权法优先原则、国际法优先原则。

本章提高研讨题：

1. 香港公民张某强号称“香港第一悍匪”，犯案累累。1997 年底，他与同伙从内地非法购买 800 公斤烈性炸药，2000 多枚雷管，打算偷运到香港，图谋制造更大的恐怖事件，在广州被捕。1998 年 11 月 12 日，案件在广州市中级人民法院开审，对张某强犯罪集团 43 名罪犯进行宣判，根据我国 1997 年《刑法》第 151 条的规定，走私军火“情节特别严重的，处无期徒刑或者死刑，并处没收财产”，判处张某强与 4 名同党死刑。张某强等 26 名被告不服提出上诉，1998 年 12 月 5 日，广东省高级人民法院终审维持原判，张某强于 1998 年 12 月被处决。

请判断广东法院是否对张某强案拥有管辖权？为什么？

2. 2001 年 5 月，河南省洛阳市汝阳县种子公司与伊川县种子公司签订合同，约定由伊川县种子公司代为培育玉米种子。2003 年年初，汝阳县种子公司以伊川县种子公司没有履约为由诉至洛阳市中级人民法院，请求赔偿。伊川县种子公司同意赔偿，但在赔多少钱的问题上，双方争执不下。该案承办法官发现，原被告双方争议的一个焦点是：种子价格是适用市场价还是政府指导价——根据河南省人大常委会 1989 年出台的《河南省农作物种子管理条例》，应该适用政府指导价；但根据我国 1998 年的《价格法》和2000年的《种子法》，应该适用市场价。2003年5月27日，洛阳市中级人民法院作出一审判决，判决书认为："《河南省农作物种子管理条例》作为法律位阶较低的地方性法规，其与《种子法》相冲突的条款自然无效。"法官判令伊川县种子公司按市场价进行赔偿。伊川县种子公司不服判决，遂向河南省高级人民法院提起上诉。

通过本章的学习可知，不是一切规范性法律文件都必然要求法官无条件适用。那么你认为在该案中，哪个规范性文件应当优先适用呢？

本章推荐的阅读文献：

1. ［奥］凯尔森著，沈宗灵译：《法与国家的一般理论》，中国大百科全书出版社1996年版。

2. 姚建宗："法律效力论纲"，载《法商研究（中南政法学院学报）》1996年第4期。

3. 董茂云：《比较法律文化：法典法与判例法》，中国人民公安大学出版社2000年版。

4. ［英］约瑟夫·拉兹著，吴玉章译：《法律体系的概念》，中国法制出版社2003年版。

5. ［德］罗伯特·阿列克西著，朱光、雷磊译：《法·理性·商谈：法哲学研究》，中国法制出版社2011年版。

6. 焦宝乾："理论与实践的难题——以中国法律体系形成为背景的反思"，载《政治与法律》2012年第7期。

7. 钱大军："当代中国法律体系构建模式之探究"，载《法商研究》2015年第2期。

第五章课后练习题

第六章 法律行为

本章引例：辱母杀人案

【涉案人物】

苏某霞：企业家，债务人。

吴某占：地产公司老板，债权人。

杜某浩：11 名催债人的领头者，被于某刺死者。

于某：苏某霞儿子，因母亲被催债人羞辱而刺死催债人杜某浩。

【债务纠纷】

全国法院失信被执行人名单显示，苏某霞已被三次列入这一“黑名单”。其中的两次系不能履行与仲利国际的合同的案件判决引发，立案时间为 2016 年 10 月。另一起的立案时间为 2017 年 2 月 27 日，所涉及的案件为，苏某霞及其源大工贸拖欠河北唐山借款人王某君 100 万元的借贷案件，苏某霞亦败诉，判决已生效。

根据最高法出台的《关于公布失信被执行人名单信息的若干规定》要求，进入失信被执行人名单的当事人，银行不得向其发放贷款。苏某霞被列入了这个名单，无法获得银行贷款。失信“黑名单”向全社会公开，一般性质的民间借贷向外借款时，也会参考该名单，一旦进入这个名单，向一般性的民间借贷去借款，也很难获得成功。因此，苏某霞陷入了既不能向银行贷款来偿还其他债务，一般性的民间借贷也几乎对她关闭了大门的困境，为了偿还债务，她只能转向吴某占的高利贷。

【案件经过】

2016 年 4 月 13 日，吴某占在苏某霞已抵押的房子里，将苏某霞按进马桶里，要求其还钱。当日下午，苏某霞四次拨打 110 和市长热线，但并没有得到帮助。2016 年 4 月 14 日，由社会闲散人员组成的 10 多人的催债队伍多次骚扰苏某霞的工厂，辱骂、殴打苏某霞。

催债的手段升级，苏某霞和儿子于某，连同一名职工，被带到公司接待室限制人身自由，11 名催债人员围堵并控制了他们三人。其间，催债人员用不堪入耳的羞辱性话语辱骂苏某霞，并脱下于某的鞋子捂在他母亲嘴上，甚至故意将烟灰弹到苏某霞的胸口。催债人员杜某浩甚至脱下裤子，露出下体，侮辱苏某霞，令于某濒临崩溃。外面路过的工人看到这一幕，让于某的姑妈于某荣报警。

警察接警后到接待室，说了一句“要账可以，但是不能动手打人”，随即离开。看到警察要离开，报警的于某荣拉住一名女警，并试图拦住警车。“警察这时候走了，他娘俩只有死路一条”，于某荣在后来接受记者采访时说。被催债人员控制的于某看到警察要走，情绪崩溃，站起来试图冲到屋外唤回警察，被催债人员拦住。混乱中，于某从接待室的桌子上摸到一把水果刀乱捅，致使杜某浩等四名催债人员被捅伤。其中，杜某浩因未及时就医导致失血性休克死亡，另两人重伤，一人轻伤。

2017年2月17日，山东省聊城市中级人民法院一审以故意伤害罪判处于某无期徒刑。刑事附带民事诉讼原告人杜某章、许某灵、李某新等人和被告人于某不服一审判决，分别提出上诉，山东省高级人民法院于2017年3月24日立案受理。

2017年6月23日，山东省高级人民法院认定于某属防卫过当，构成故意伤害罪，判处于某有期徒刑5年。

2018年1月6日，于某故意伤害案入选2017年度人民法院十大刑事案件。

辱母杀人案促使我们思考，本案中杜某浩等人的暴力、侮辱性质的催债行为是否违法？是否也应承担相应的法律责任？一般社会行为和法律行为的区别是什么？本案当事人于某被判五年有期徒刑，其构成犯罪的主客观要件有哪些？

本章概述：本章主要阐述法律行为的含义、特征以及种类，明确构成法律行为的必备要件，进而区分法律行为与非法律行为。

本章的学习目标：通过本章的学习，你所要达成的学习目标如下：

1. 掌握法律行为的含义；
2. 了解法律行为的特征，以及法律行为与非法律行为的区别；
3. 熟悉法律行为的分类；
4. 掌握法律行为的结构。

本章教学内容：

第一节 法律行为的概念

一、法律行为的含义

法是设定法律关系主体权利和义务的社会行为规范，而权利、义务必须通过现实的法律行为才能落到实处。正如行为主义法学派的著名代表人物、美国哈佛大学教授D. 布莱克指出的那样：“法存在于可以观察到的行为中，而非存在于规则中……”[1]那么，什么是法律行为呢？法律行为一词最早由18世纪德国法学家提出，其后胡果用它来解释罗马法中的“适法行为”，即具有法律意义的一切合法行为。《中国大百科全书·法学》主张，法律行为“是指发生法律上效力的人们的意志行为，即根据当事人的个人意愿形成的一种有意识的活动，它是在社会生活中引起法律关系产生、变更和

[1] 吕世伦、公丕祥主编：《现代理论法学原理》，黑龙江美术出版社2018年版，第331页。

消灭最经常的事实”。[1]

一般认为，法律行为是具有法律意义，以主体的意志为转移，能够引起法律关系产生、变更、消灭的行为。这里的“具有法律意义”是指纳入法律调整范畴的，受到现行法律评价的那些行为，包括合法行为，也包括不合法行为，甚至违法行为、犯罪行为也在其列。法律行为具有如下三层含义：

第一，必须是出于人们自觉的作为和不作为。无意识能力的幼年人、精神病人，以及一般人在暴力胁迫下的作为和不作为，都不能被视为法律行为。

第二，必须是基于当事人的意思而具有外部表现的行为，单纯心理上的活动不产生法律上的后果，如虽有犯罪意思而无犯罪行为的，不能视为犯罪，也不能视为法律行为。

第三，必须为法律规范所确认、而发生法律上效力的行为。不由法律调整、不发生法律效力的，如通常的社交、恋爱等不是法律行为。

二、法律行为的特征

从法律行为的含义出发，可以分析出法律行为应当具备以下特征：

1. 法律性。法律行为是具有法律意义、能够为法律所调整和评价的行为，这是法律行为与一般社会行为的根本区别。通过前面的学习我们知道，法律行为首先是一种社会行为，能够对本人以外的其他人、集体或者国家产生一定影响，具有人际交互性。但并不是所有的社会行为都能成为法律行为，只有那些纳入法律视野，能够从法律角度进行评价的行为才是法律行为，如果某些行为对他人和社会产生了作用，但他人和社会对该行为的评价不是从法律角度而是从道德、宗教、政治、文化、经济等角度作出的，那它可能只是道德行为、宗教行为、政治行为、文化行为、经济行为等，而不是法律行为。

【案例分析】前女友答应嫁给马特，但未进行婚姻登记，在马特迎亲那天突然悔婚，马特无权请求前女友履行承诺，因为此种口头允诺行为仅属于道德调整范畴，并未纳入法律评价，不发生法律效力，不产生法律效果。

马特悔婚记

2. 意志性。法律行为是人们在意识和意志支配之下作出的行为，是人们为了达到某种目标而进行的有意识、有目的的活动。例如：为了进行商品买卖而订立买卖合同的行为；为了使遗嘱具备更强的法律效力而进行公证的行为；为了实现不劳而获等非法目的进行诈骗等犯罪行为等。意志性是人的行为区别于动物行为或纯粹的机械反射最为重要的一点。理论上来说，任何法律行为都是有意识和意志的行为，没有人的意识和意志体现的行为不能称为法律行为，例如梦游

[1] 中国大百科全书总编辑委员会《法学》编辑委员会、中国大百科全书出版社编辑部编：《中国大百科全书·法学》，中国大百科全书出版社 1984 年版，第 102 页。

作出的行为、完全丧失辨认和控制能力的精神病人的行为、婴幼儿的行为等都不是法律行为。

3. 价值性。法律规范通过“假定条件—行为模式—法律后果”的模式使行为主体能对自己行为的法律后果进行准确的预测和判断，进而对行为主体进行引导和调控。主流社会价值通过法律规范进行传递，主体在选择实施一定的法律行为时反映了对主流社会价值的认可与否，法律行为本身蕴含着人们对善恶、好坏、利害、是非的基本评价。

三、法律行为的界分

法律行为的界分主要是指把法律行为和非法律行为进行界定和划分。所谓非法律行为，是指那些不具有法律意义的行为，即不受法律调整、不发生法律效力、不产生法律效果的行为。界分法律行为与非法律行为，无论在立法上还是在司法实践上，都具有非常重要的意义。研究法律行为，就是要在立法和司法实践中为法律行为和非法律行为确定明晰的界限，分清哪些属于法律行为，哪些不属于法律行为。

确定法律行为通常由立法来决定，但是人的行为范围是非常广泛的，在不同的社会关系和社会生活中，人可能会做出各种各样的不同的行为，按照人的活动领域可以划分为经济行为、政治行为、道德行为、宗教行为等。法律不是万能的，其作用是有限的，这就决定了法律不可能也没有必要把人的一切行为都纳入调整范围之内。因此，要想分清法律行为与非法律行为，就是要将法律行为与纯粹的经济行为、政治行为、道德行为和宗教行为等区别开来，从而确定哪些应受法律调整，哪些不应受法律调整。原则上，经济、政治行为等大多受到或应当受到法律的调整，但由于立法的滞后或出于立法政策的考虑，法律对此没有予以调整，这样在法律行为之外，还存在着大量的非法律行为。在有法律明文规定的情况下，法律行为与非法律行为的界定大抵不会存在什么问题。但有时候一个行为的发生，很难根据立法清晰判断它的法律性质，因此，除了由立法来界定法律行为外，还必须通过法律解释和论证过程来确定它是不是法律行为，是哪一类法律行为。

确定法律行为的标准主要是法律行为的概念、法律行为的构成要件，但是单靠概念和构成要件不能解决问题。因为在现实生活中，法律行为绝不是某一种样式，它们所表现出的形态是多种多样、纷繁复杂的。有时候法律行为表现为单个的、一次性的动作，有时候它表现为连续性的动作或一个活动的过程。有些法律行为的成立需要一定的程序和手续，比如需要意思表示、公证、法院判决等；有些法律行为在实施的同时即宣告成立，不需要特别的程序条件。个别法律行为的存在，以另一个法律行为存在作为前提，也有个别法律行为以一个独立的法律事实产生法律效果。有些法律行为的时效是短暂的，有些法律行为的效力则要经历一个相当长的时间。所以，判断一个法律行为的性质和类别，除了要看有没有法律规定和有什么样的部门法规定以外，还应当参考以下标准：一是行为的主体。即是什么人实施的行为？行为人有无作出该行为的法律资格？二是行为的程序。行为的实施是否按照法律规定的程序进行，行为是否符合法律的形式要件和实质要件？三是行为的时效。行为是在法律生效之前、还是在其生效之后实施？该行为的有效期限已经消失抑或依然存在？当然，上述三个标准在具体适用中必须结合法律行为的概念及其构成要件加以认识和分析，不能单独适用。

四、法律行为的种类

因社会生活纷繁多样，法律行为表现出丰富多彩的表现形式，为正确处理不同利益主体的关系，对法律行为进行分类实属必要。根据不同的分类标准，我们可以对法律行为作出不同分类。

（一）合法行为与不合法行为

根据行为是否合乎法律的评价意义上，可以将法律行为分为合法行为与不合法行为。

所谓的合法行为，是指行为人所实施的具有一定法律意义、与法律规范的内容要求相符合的行为。合法行为受到法律的保护，具体表现为行为人不会因实施该行为而受到法律追究或制裁；行为人在实施过程中若受到阻碍，能请求相应的法律保护。

不合法行为是指不完全合乎法律规定的行为，包括形式不符合法律规定、内容不符合法律规定或者导致了法律不认可的后果等。值得注意的是，不合法行为不能等同于违法行为，更不能等同于犯罪行为，不合法行为的外延大于违法行为，而违法行为的外延又大于犯罪行为，不合法行为中只有违法行为、犯罪行为才会受到法律的制裁。

（二）个人行为、集体行为与国家行为

根据行为主体的性质不同，可以将法律行为分为个人行为、集体行为与国家行为。

个人行为是法律行为中最常见、最普遍的，是自然人在一定意志支配之下作出的具有法律意义的行为。集体行为是由集体、包括集体的代表根据集体的授权而作出的法律行为。集体行为具有人数众多，又有趋向一致的共同意志和利益相联系的特征，例如某化工企业违规排污，造成地下水严重污染，周边居民集体起诉该化工企业的行为。国家行为是国家机关及其工作人员根据国家的意志，以国家的名义，代表国家所进行的活动，其后果由国家承担。例如交通运输管理部门对违法违规进行危化品运输的企业进行行政处罚的行为。

（三）作为的法律行为与不作为的法律行为

根据行为的方式不同，可以将法律行为分为作为的法律行为和不作为的法律行为。

作为的法律行为是行为人积极地作出合乎法律或者违反法律的行为，表现为身体的动。例如：行为人为明确权利归属而主动进行的不动产登记；行为人为报复他人而实施的故意杀人行为等。不作为的法律行为是指行为人消极地不实施法律所许可或者要求的行为，表现为身体的静。例如：消极不履行依法纳税的义务；行为人放弃行使选举权等。违法的不作为，必须具备严格的条件，才应承担法律责任。在刑法中，作为与不作为往往成为区分罪与非罪、此罪与彼罪的重要划分标准。

（四）抽象法律行为与具体法律行为

根据行为内容针对的对象不同，可以把法律行为分为抽象法律行为和具体法律行为。

抽象法律行为是指针对不特定人作出的、具有普遍法律效力、可以反复适用的行为。如国家立法机关制定法律规范的立法行为，法律规范一般总是针对不特定多数人，具有普遍约束力，并能够被反复适用。具体法律行为是指针对特定对象作出的、仅对特定人或特定事具有法律效力、只能适用一次的行为。如针对违反道路交通安全的行为进行行政处罚；法官对具体案件的判决；工商部门对特定商户颁发经营许可证等。

（五）主行为与从行为

根据行为的主从关系，可以把法律行为分为主行为与从行为。

主行为是指那些具有独立意义，不依附于其他行为而能够单独产生法律效果的行为。如完全行为能力人的赠与行为、继承行为、收养行为等。从行为是与主行为相对的概念，是指依附于主行为，不能独立产生法律效果的行为，从行为以主行为的存在为前提。如行为人用房屋做抵押向银行贷款，行为人与银行的贷款合同是主合同，房屋抵押合同为从合同。

（六）自主行为与代理行为

根据行为主体意思表示的形式，可以把法律行为分为自主行为和代理行为。

自主行为是指主体在没有他人的参与下，以自己的名义，根据自己的意识和意志做出的行为。例如：男女双方进行结婚登记的行为；被继承人生前立遗嘱的行为。代理行为是指主体根据法律的授权或者其他主体的委托，以被代理人的名义所从事的行为，在代理范围内，相应的法律后果由被代理人承担。例如：诉讼代理人的代理行为、监护人管理被监护人财产的行为等。

法律行为的分类还有很多，例如要式行为与非要式行为、单方行为与多方行为、有效行为与无效行为、权利行为与义务行为、诺成行为与实践行为、有偿行为与无偿行为等。

第二节 法律行为的结构

一个行为要具有法律意义，成为法律行为，需要一些法定条件，这些条件即法律行为的构成要件。法律行为是主体与客体、主观因素与客观因素相互影响的复杂过程，在结构上表现为行为主体、行为的主观要件和行为的客观要件。

一、法律行为的主体

法律行为的主体是指法律行为的实施者，包括自然人与法人，如民事关系中签订加工承揽合同的当事人，遗嘱继承人，房屋租赁的双方，刑事关系中的犯罪人，诉讼关系中的诉讼代理人、原告、被告等。

法律行为的主体与法律关系的主体有一定区别，法律关系的主体是指法律关系的参加者，基于权利能力而产生；法律行为的主体主要指实施法律行为的自然人和法人，强调行为能力。有些法律关系的主体能够成为法律行为的主体，而有些法律关系的主体不能成为法律行为的主体，即主体的权利能力和行为能力出现了剥离。如工商部门依据法定职权和程序对违规经营的个体户进行行政处罚，在这个行政法律关系中，实施处罚行为的主体是工商部门，而该个体户只是法律关系的参加者，不能成为行政行为的主体。再比如婴儿能够成为继承法律关系的参加者，但不能单独实施遗嘱行为。在理解法律行为主体的概念时，需要注意以下几个问题：

第一，法律行为的主体只能是人，不包括动物等自然界的其他生命体，且原则上是达到法定年龄、精神正常的自然人或者法人（法人不存在年龄及精神状况的问题，法人的权利能力与行为能力同时产生、同时消灭，始于成立、终于撤销）。

【案例分析】本案中，香奈儿的设计师将自己的宠物猫作为遗产继承对象能否实现？在这个法律关系中，设计师作为完全行为能力人，能够成为“立遗嘱”这一法律行为的主体，但宠物猫能否成为继承法律关系的参加者呢？根据我国法律规定，法律关系的参加者只能是人，不包括动物，因此，如果我国发生类似的案例，动物无法获得饲主的遗产。

动画案例：香奈儿设计师去世，巨额遗产竟由猫继承？

第二，法律行为主体的确定受社会生活物质条件的制约。不同历史时期，法律行为的主体可能不同，如奴隶制社会时期，奴隶虽然符合生物学意义上的人，但在法律上不承认其主体地位，无法以自己名义独立作出法律行为。在社会主义社会时期，公民在法律面前一律平等，法律地位不因性别、民族、宗教、社会地位等不同而不同，凡是具备行为能力的自然人和法人都可以成为法律行为的主体。

二、法律行为构成的主观要件

恩格斯说过：“使人们行动起来的一切，都必然要经过他们的头脑。”〔1〕也就是说，法律主体的行为必然受到主观的、内在的因素制约，这个内在因素主要包括两方面：行为认知（意识）、行为意思（意志）。

（一）行为认知（意识）

行为认知主要是指主体对自己行为的性质、意义及其后果的认知能力，即意识。意识是意志的前提和基础，没有认知能力的行为不能成为法律行为。在法律上，根据行为人认知能力的强弱，将自然人分为完全行为能力人、限制行为能力人和无行为能力人。

〔1〕 转引自高铭暄：《刑法肄言》，法律出版社 2004 年版，第 256 页。

影响人认知能力的因素主要包括年龄、精神状况，未达法定责任年龄的自然人以及精神病人作出的行为，一般没有法律效果。如 6 岁小孩与他人订立买卖房屋的合同属于无效合同；精神病人在发病期间的伤人、杀人行为不承担刑事责任等。当然，在实际司法实践中，达到法定责任年龄、精神正常的自然人在特定情形下，也会欠缺行为认知，如一方通过欺诈等方式，使行为人的认知与客观事实之间产生重大认识错误，进而作出的合同行为，受欺诈方有权请求人民法院或者仲裁机构予以撤销。

（二）行为意思（意志）

行为意志是基于对自己行为认知的基础上，能够控制和自由选择行为的能力。主体对自己行为负责的前提是在是否实施相应的行动上具有自主性和选择性，主体在决定是否采取相应行动之前总是经过主观的判断和考量，因此，没有选择权和控制能力的行为也不具有法律效果。从社会学和心理学角度分析，人的行为是由需求引起的，需求引起动机，动机产生行为，行为趋向目的，目的得到满足，满足导致新的需求，人的行为正是内在要素循环系统驱动下的外在表现。行为意思主要包括三个层次：需要、动机、目的。在这三个因素中，动机和目的居于核心地位。因此，认识行为意思（意志）主要应当理解动机、目的的含义及其相互关系。

1. 动机。所谓动机，是指直接推动主体行为的内在动力或动因，是人行为的原动力。在法律上，行为动机具有重要意义，如在刑事案件侦查中，犯罪动机是公安机关或检察机关在侦破案件时必须考虑的因素。动机是主体的需要所激发的，需要一旦达到较强的程度，被主体所意识到，就会转化为动机，促使主体进行外在活动。值得注意的是，动机的性质往往会影响人们行为的性质，如出于报复寻仇的动机而做出故意伤害的行为，出于不劳而获的想法而做出盗窃、抢劫的行为等。但有时动机的好坏善恶并不是行为的唯一评价标准，某些情况下，动机本身并不违反法律或者道德的底线，但采取的行为方式却损害了公序良俗或者违背了法律规定。如出于对财富的追求，这个动机本身没有好坏之分，但有些人通过正当经营取得了财富，而有些人做出了贪污受贿、非法集资等行为。所以，动机只是影响主体行为选择的一个方面的内容，但却是非常重要的一个行为意思的表现。因此，有必要对动机的机能、动机的结构和动机的形成条件予以深入的理解。

第一，动机的机能。行为动机的机能主要包括激活机能和指向机能两种。激活机能是指动机可以激励个体产生某些行为。具有一定动机的生物体对某些刺激特别敏感，特别是与动机有关的刺激，以刺激生物体参与某些反应或活动。例如，饥饿的人对食物特别敏感，口渴的人对水特别敏感，因此他们也容易引发相应的搜索活动。指向机能使个人的行为指向某个目标。由于动机的类型不同，人们的行为方向和追求的目标也不同。例如，在学习动机的控制下，学生的活动指向与学习相关的目标，如书籍、教室等；而在娱乐动机的控制下，学生的活动指向娱乐设施。

第二，动机的结构。所谓动机结构是指行为者多种动机同时并存、相互作用、相互制约构成了一个人的动机结构。在整个动机结构中，有始源于人的自然性的生理动

机和始源于人的社会性的习得动机；出于满足物质需要的物质性动机和出于满足精神需要的精神性动机；持久而反复起作用的持续动机和暂时地或一次性起作用的临时动机；在广泛的活动领域起作用的普遍动机和在单一的活动领域起作用的特殊动机；对他人、社会有益的积极动机和对他人、社会无益而有害的消极动机；起决定作用的主要动机和起辅助作用的次要动机。这些动机在特定环境中形成不同的合力，从而产生了复杂的动机结构或动机类型。其中区分主要动机和次要动机对于判断人的行为性质具有重要作用。

第三，动机形成的条件。行为动机的产生需要一定的条件，行为动机是由行为者的需要所激发的，所以需要是动机形成的主要因素或条件。需要是指行为者由于在生理上或心理上的某种缺乏而失去平衡，产生不适或紧张状态，从而要求自动追求新的平衡，以消除不适或紧张状态的倾向。需要一旦达到较强的程度而被行为者所意识到，就会转化为动机，推动行为者朝着满足需要的方向活动。人的需要是多层次的，所以人的动机也是多种多样的。人的需要是无止境的，旧的需要得到满足，新的需要就会随之而生，如此周而复始，循环不息，使得人处于不断的行动之中。人的动机的形成除了受需要激励外，还受情境和人格的制约和决定。在行为者存在一定需要的情况下，动机的形成取决于情境和人格。情境是行为者身外的对行为者产生直接作用的客观条件，即直接环境。人格亦称个性，是一个人稳定的、深层次的心理特征的总和，是人适应环境并作用于环境的心理机制。人格因素包括信仰、态度、兴趣、情绪、利益观、价值观等，人格基于情境和行为（动机）之间，对于动机的产生起着至关重要的作用。

2. 目的。目的，是行为人采取一定行为所要达到的主观上的目标和结果。如果说，动机是行为的原动力的话，那目的就是行为的指向。在法律上，目的和动机既有联系也有区别，目的基于动机而产生，都是行为的主观方面，在某些情况下，行为的目的和动机无法明显区分，具有高度重合性。如以牟利为目的，进行淫秽物品传播，行为人的动机和目的都是为了牟取利益，主要是经济利益。在更多情况下，目的和动机具有明显的区别，在刑法中，目的是构成犯罪的选择性要件，而动机不是犯罪构成要件。同一目的可能动机不同，如都是剥夺他人生命的目的，可能出于泄愤的动机，可能出于敛财的动机，甚至可能出于履行法定职责的动机。

《论我国刑法中的犯罪动机与犯罪目的》– 陈建清

行为目的与动机的联系表现在如下三点：其一，目的和动机都是人们进行活动的精神力量，并且是行为过程中紧密相连的两个环节。其二，目的与动机通常作为内容与形式的共存，正是因为这种关系，人们往往用目的来定义动机，如成就动机、交往动机、权力动机、财富动机等。其三，目的和动机是相互转化、相互促成的。一方面，目的要想实现，就必须转化为行为动机；另一方面，达到目的是一种强有力的激励，人们只有在明确了目标并预期其行为有助于达到该目标的情况下，才会被充分激励起来，采取行动以达到这一预期的目标。

行为目的和动机的区别主要表现为如下两点：其一，目的侧重于活动的结果，而动机则侧重于活动的起因。例如，犯罪目的是指犯罪人希望通过实施犯罪行为达到的结果，而犯罪动机则是犯罪人实施犯罪行为的内心起因。其二，虽然目的和动机的形成都依靠需要因素的激励，但是目的的形成离不开行为者的认识、态度、价值观念等自觉认识，往往是有意识选择的结果。而动机的形成则可以是观念、兴趣、情绪、倾向等任何一种心理因素起作用的结果，有意识并非必要的条件。也就是说，目的肯定是自觉的，而动机则可能是自发的，不确定的。

在法律行为的结构中，目的构成行为的灵魂，并给予行为以规定性。目的规定着行为的方向和路线。由于目的对行为的这种定性和导向作用，研究行为的目的性就具有十分重要的意义。在刑法中，正是根据行为有无犯罪目的而区分为罪与非罪、故意与过失、此罪与彼罪。在民法中，目的与民事行为的内容是等值概念，是构成民法行为的基本要素。民事行为的内容（目的）与法律的禁止性规定、社会共同利益和社会公德一致与否，直接影响或决定着民事行为的法律效力及其范围和程度。

三、法律行为构成的客观要件

法律行为的客观要件是法律行为的外在表现，人的行为只有通过外在的行动才能具有法律上的意义，纯粹的思想行为并不纳入法律考量。正如西方谚语所说："无行为即无犯罪亦无刑罚。"因此，客观要件是法律行为成立的必备要件，主要包括：外在行动、行为方式、行为结果。

（一）外在行动

行动，是指主体通过身体的动静和言辞对客观世界施以影响的活动。行动是行为的核心，是连接主观内在和客观外在的桥梁。行动的表现方式可以多种多样，身体、五官、动静等可以传递信息、被人感知的举动都能成为行动。如身体的动作、眼神的交流、语言的表达、文字的书写等，大致可分为两类：第一类是身体的动静。其主要是通过人的身体的任何部位作出的外部举动，是法律行为最常见、最直接的形式，当然包括积极的作为（身体的动）和消极的不作为（身体的静），前者是指积极地做出法律允许或者禁止的行为，后者是指消极地不履行法律规定的义务。前者如按照法定程序收养孤儿的行为，后者如不履行纳税义务等。第二类是言辞。即通过语言表达使法律关系产生、变更或消灭的行为，主要包括口头形式和书面形式。概括来说，言语行为主要分为三类：一是以言表意行为，即使用语句表达某种思想的行为，如民事活动中的要约和承诺，刑事犯罪中的侮辱、诽谤、伪证等活动；二是以言行事行为，即说出语句表达某种意图的行为，如许诺、命令、陈述、描述、警告等；三是以言取效行为，即说出语句产生一定效果、成功地使某人做某事的行为。上述诸种言语行为作为人的特殊行为，均能产生法律上的效果，从而具有法律意义。在主观方面，所谓意思表示都是通过言语行为来完成的。

（二）行为方式

行为方式，也称手段，是主体在实施行为时所采取的具体方式和方法。手段与行为有着密切的联系，手段选择的正确与否影响着行为的实现程度，包括行动的计划、方案、措施、技术、工具、器械等。同时，手段与目的息息相关，一般而言，行为人要达到合法的目的，一般会采取合法的手段；如果要达成非法的目的，往往就会选择违法的方式方法。从这个意义上讲，手段是判断行为目的以及行为的法律性质的重要依据，甚至会影响行为人是否应承担责任、承担何种责任以及承担责任大小。在民法中，一方以欺诈、胁迫、趁人之危等方式订立的合同，属于可撤销合同，一旦受欺诈、胁迫或趁人之危方请求法院或仲裁机构撤销合同，其就无需承担合同责任。在刑法中，犯罪手段是影响定罪量刑的重要考察因素。在一定条件下，“手段的性质也可反作用于目的的性质，从而改变整个行为的进程或方向”。[1] 如正当防卫与防卫过当的界限，正是手段影响行为性质的典型代表。

（三）行为结果

结果是行为的完成或结束状态，是行为对客观世界所产生的影响。这种影响是不以人的意志为转移的客观存在，可以表现为对他人、社会或国家的有益结果，也可以表现为对他人、社会或国家的损害结果；可以是物质层面的、有形的，也可以是精神层面的、无形的；可以是直接的，也可以是间接的。需注意的是，行为结果不等同于法律后果，更不能等同于法律责任，行为结果是行为改变社会关系所达到的状态，而法律后果是法律对行为的评价，行为结果只是行为人承担法律后果的依据之一，不是法律后果本身。而有法律后果也并不一定需要行为人承担法律责任，如紧急避险中，避险人造成了他人的财物损失的结果，但无需承担赔偿责任。另外，一般而言，法律行为必须要有行为结果，但在特殊情形下，行为结果也并非所有行为成为法律行为的要件，如刑法中的行为犯、民法中的违约行为等，不要求出现特定结果，依然构成法律行为，产生法律效果，行为人需要承担相应的刑事责任或违约责任。

四、法律行为的确认

法律行为的概念和法律行为的构成要件，都是从理论层次来确认法律行为，其目的是在理论上确认哪些是法律行为，哪些是非法律行为。但是，仅从理论上对法律行为进行确认，有时还不能够完全认定该行为就是法律行为，因为有些行为必须通过专门的机关认定它才能是法律行为。例如，我们不能把未经法院判决的行为称为犯罪行为，尽管事实上它可能是违反刑法的具有社会危害性，而应受惩罚的行为。因此，我们有必要从实践的层面上对法律行为进行确认。这就需要我们进一步地认识什么是法律行为的确认，法律行为确认由哪些机关来认定，其认定又具有什么样的意义。

所谓法律行为的确认，就是指由法律规定的机关或个人，审查在形式上符合构成要件的行为是否具有法律意义和效力，并给予法律上的认定。法律行为的认定主体，一是司法机关，如法院；二是某些行政机关，如公证机关、婚姻登记机关；三是经当

〔1〕 姚新中：《道德活动论》，中国人民大学出版社 1990 年版，第 228~229 页。

事人同意的某些组织和个人，如仲裁委员会也有一定的确认权限。法律行为确认的内容主要有：法律行为的成立要件是否具备，这些要件之间是否具有必然的联系，行为的成立是否符合法律规定的实质要件（或有效要件），违法行为是否经过追溯等。法律行为的确认不属于法律行为自身的结构，故不以法律行为之构成要件来看待。但它对于法律行为，尤其是像要式行为、违法行为一类的法律行为的有效性而言，同样是不可或缺的。所以，法律行为的确认具有其现实意义，其意义就在于通过对行为的确认我们可以分清该行为是法律行为还是非法律行为，是此种法律行为还是彼种法律行为，应该承担什么样的法律责任等。

本章小结提升：法是设定法律关系主体权利和义务的社会行为规范，而权利、义务必须通过现实的法律行为才能落到实处。所谓法律行为是指具有法律意义，以主体的意志为转移，能够引起法律关系产生、变更、消灭的行为。法律行为具有法律性、意志性和价值性三大特征。法律行为和非法律行为的区分，对法学研究本身以及司法实践活动等都具有重要意义，因此应当予以特别注意。由于法律行为的多样性，有必要对法律行为进行分类。为此，根据不同的分类标准，我们将法律行为分为合法行为与不合法行为；个人行为、集体行为与国家行为；作为的法律行为与不作为的法律行为；抽象法律行为与具体法律行为；主行为与从行为；自主行为与代理行为。

一个行为要具有法律意义，成为法律行为，需要一些法定条件，这些条件即法律行为的构成要件，即行为主体要件及其主观要件和行为的客观要件。法律行为的主体是指法律行为的实施者，包括自然人与法人，而且只能是具有行为能力的人，不包括动物等自然界的其他生命体。由于受社会生活物质条件的制约，在不同的历史时期法律行为主体有所不同。法律行为的主观要件包括两方面：行为认知（意识）和行为意思（意志）。行为认知主要是指主体对自己行为的性质、意义及其后果的认知能力，即意识。行为意志是基于对自己行为认知的基础上，能够控制和自由选择行为的能力，主要包括三个层次：需要、动机、目的。法律行为的客观要件是法律行为的外在表现，人的行为只有通过外在的行动才能具有法律上的意义，纯粹的思想行为并不纳入法律考量。因此，客观要件是法律行为成立的必备要件，主要包括：外在行动、行为方式、行为结果。行动，是指主体通过身体的动静和言辞对客观世界施以影响的活动。行动是行为的核心，是连接主观内在和客观外在的桥梁。行为方式，也称手段，是主体在实施行为时所采取的具体方式和方法。结果，是行为的完成或结束状态，是行为对客观世界所产生的影响，这种影响本身是不以人的意志为转移的客观存在。

法律行为的确认不属于法律行为自身的结构，故不以法律行为之构成要件来看待。但它对法律行为，尤其是像要式行为、违法行为一类的法律行为的有效性而言，同样是不可或缺的。所谓法律行为的确认，就是指由法律规定的机关或个人，审查在形式上符合构成要件的行为是否具有法律意义和效力，并给予法律上的认定。

本章提高研讨题：

1. 李某，16周岁。一天，她到工艺美术公司以1680元的价格购买了项链。父母认为她尚未成年，没有征得家长同意，不能进行大数额的买卖行为，要求公司退货，而李某提出她是靠做临时工、自食其力的社会青年，表示不愿意退货。

请你分析一下李某的买卖行为是否有效？其父母要求公司退款是否符合法律规定？

2. 甲自幼深得其外祖母乙的疼爱。2008年冬天，甲（8岁）在乙家里居住，乙对甲说，你好好学习，我给你1万元，将来上大学用。其后乙以甲的名义在银行为甲存了1万元，并告知甲，甲听后非常高兴，回家后将此事告知其母亲丙。2015年6月乙去世，丙兄妹三人在分遗产时，丙提出其母乙为甲存入银行的1万元存款应归甲所有，不能作为遗产；而丙的哥哥和妹妹都主张，该存款也为遗产，应当由兄妹三人共同继承。

请你分析一下本案，该存款是否应为甲所有？

本章推荐的阅读文献：

1. ［德］维尔纳·弗卢梅著，迟颖译：《法律行为论》，法律出版社2013年版。

2. 沈达明、梁仁洁编著：《德意志法上的法律行为》，对外贸易教育出版社2015年版。

3. 王文胜："《民法典》第133条（民事法律行为的定义）评注"，载《法治研究》2022年第1期。

4. 陆家豪："论法律行为的部分无效与全部无效"，载《东方法学》2022年第1期。

5. 崔拴林："论法律行为在法律事实中的归类"，载《东南大学学报（哲学社会科学版）》2021年第5期。

第六章课后练习题

第七章 法律关系

本章引例：存入银行500万元不翼而飞

朱先生是河南省郑州市百通公司的副总经理。一天，公司会计忽然告诉他，公司存在银行里的500万元巨款不见了。原来，百通公司在一个星期之前存了500万元在郑州市行政区农业银行里，存期为1年。存钱的进账单还在公司会计手里，为什么钱会没有了呢？银行工作人员告诉朱先生说，500万元已经被自称是百通公司的人员转走了。银行向百通公司出示了几张转账支票，198万转入了一个叫王某林的人名下；200万元转入了一个叫张某芬的人名下；50万元转给了河南某大学招待所；还有50万元转给了一个叫孙某的人，剩下2万元被人用现金方式取走了。这些转款手续都是一个叫王某林的人来办理的。王某林是河南省郑州市人，他通过一个朋友介绍，认识了百通公司的老总。他对百通公司的老总说，他在郑州市行政区农业银行里有朋友，只要百通公司存500万元存款到这家银行，他不但可以从银行贷出500万元的现金给百通公司，而且还可以付给百通公司比银行高出好几倍的利息。按照当年的银行利率，500万元人民币存上一年定期利息应该是26万元左右，而王某林承诺给百通公司的利息却是98万元，比银行利息整整高出了72万元。百通公司的老总们一想，500万元放在银行里很放心，还能贷出500万元资金，不影响公司做生意又能拿到几十万元的巨额高息，何乐而不为呢？在钱存进银行之后，王某林陆续分六次将98万元高息付给了百通公司。

但令百通公司的老总们想不明白的是，王某林根本不可能持有百通公司的印章，又怎么能轻轻松松地将500万元转走呢？原来王某林取钱时所用的印章，猛一看与百通公司的真印章极为相似，经河南省公安厅刑事技术鉴定中心鉴定，王某林转款时使用的印章，是自己私刻伪造的。王某林很快被郑州警方以涉嫌票据诈骗罪予以刑事拘留，后被判处了十三年有期徒刑。但是，那500万元巨款的流失责任，究竟在谁呢？银行有责任赔偿吗？客户把钱存入银行，银行出具了存单，这说明存款关系是真实存在的。那么银行和客户之间形成的关系是什么关系，是法律关系还是其他社会关系？郑州市警方逮捕王某林形成的又是什么关系？这些关系都是如何产生的，又是如何构成的呢？通过本章的学习我们将逐一为你解开这些疑问。

本章概述：本章主要阐述法律关系的概念和特征，通过解析基本概念，详细地分析了法律关系的三要素，即法律关系的主体、客体和内容，以及明确法律关系形成、变更与消灭所需要具备的条件。

本章的学习目标：通过本章的学习，你所要达成的学习目标如下：

1. 掌握法律关系的概念、特征；
2. 了解法律关系的构成要素；
3. 熟悉法律关系产生、变更和消灭的条件。

本章教学内容：

第一节 法律关系的解析

一、法律关系的概念

法律关系的观念源自罗马私法中的法锁（法律的锁链，是对 jurisvinculum 的中文翻译），即“债”的概念，最初仅指双方的债权债务关系。“债”是要求有关主体根据法律为一定给付的法锁，它表现为依据法律所结成的对双方都具有约束力与强制性的债权债务关系。将法律关系作为一个法学基本范畴，第一次是由历史法学派的主要代表萨维尼在其经典文献《当代罗马法体系》〔1〕中作出明确阐述的。法律关系理论最初主要运用于私法领域，随着法律与法学的发展，并伴随着分析法学派法学家对它的深入探讨，其运用范围逐渐扩大，渐渐成为法理学知识体系中的一个基本范畴，在此过程中，有关法律关系的基本理论逐步体系化并渐趋成熟。

在我们的现实生活中，人们通过一定的行为和交往从而结成具有不同内容与表现形式的各种社会关系，这些关系的总和构成庞大的社会关系系统，法律关系便是其中重要的一种社会关系。对于从事社会实践的人而言，法律规范是一般的、抽象的规定，只有通过法律关系，法律规范的规定才能转化成对相关主体权利义务的具体规定，由此可见，法律规范是作用于人们行为形成法律关系的中介。因此，我们认为所谓法律关系，是指在法律规范调整社会关系的过程中所形成的权利与义务关系。从定义不难看出，法律关系属于社会关系的范畴，是法律调整的那部分社会关系内容的法律形式，法律关系表现为主体之间根据法律规范所结成的一种权利义务关系，它是法律规范作用于社会生活的过程和结果，是法律从静态到动态的转化，是法在社会生活中实现的形式。在一定意义上，法律秩序就是各种社会关系的总和。

二、法律关系的特征

（一）法律关系是以法律规范为基础形成的社会关系

法律规范的存在是法律关系形成的前提，如果不存在相应的法律规范，就不会出现相应的法律关系。法律关系是法律对被纳入其调整范围的社会关系加以调整所产生

〔1〕［德］萨维尼著，朱虎译：《当代罗马法体系》，中国法制出版社 2010 年版。

的，因此法律关系的产生必须以相应的法律规范的存在为前提。在社会生活中，并不是所有的社会关系都适合由法律来调整，例如友谊关系、恋爱关系，由于不存在相应的法律规范对应调整，因此它们并非法律关系。还有一些社会关系，尽管适合由法律调整，但由于国家还未经过法定程序制定出相应的法律规范，因而也不是法律关系。

此外，法律关系能否形成及其实现形态，还会受到法律规范内容的直接影响，如果法律规范的内容本身不具有合理性或者操作性，就难以发挥法律调整社会关系的作用，继而也就难以形成事实上的法律关系。反之，如果法律规范的内容合理清晰，人们根据法律规范行为模式的要求清楚地明了什么可以做、什么禁止做、什么必须做，就能推动法律关系的形成，引导法律关系有序运转，从而防范法律纠纷的产生。

因此，法律规范是法律关系产生的前提，这意味着各种法律关系的建立必须有严格的法律根据，从而保障法的制定与实施的有机统一。例如，张某与王某是再婚夫妻，2000 年 6 月，夫妻俩经过友好协商，签署了一份“忠诚协议书”。协议约定：双方应互敬互爱，对家庭、配偶、子女要有道德感和责任感；若一方在婚姻期间由于道德品质的问题，出现了背叛另一方的不道德行为（婚外情），要赔偿对方名誉损失及精神损失费 30 万元。婚后不久，王某便发现丈夫与其他女性往来密切，于是便起诉离婚并请求赔偿。我国《民法典》第 1043 条第 2 款规定：“夫妻应当互相忠实，互相尊重，互相关爱……”这一规定是非常明确的，它指引夫妻之间应当相互忠诚、相互尊重、相互关爱。据此而自愿签订的“忠诚协议书”是合法有效的。

（二）法律关系是体现意志性的特种社会关系

人们在生活中建立某种社会关系，都是有意识和目的的活动。法律关系是一种通过人的意识和意志形成的社会关系。

这是由于：①法律关系是根据法律规范建立的，而法律规范是国家意志的体现。②法律关系参加者的意志对于法律关系的建立和实现也发挥着重要作用，例如合同法律关系，要根据法律关系参加者各方的意志才能建立；如行政法律关系，只需法律关系参加者一方的意志即可成立。事实上无论几方，法律关系的产生或者实现最终都得通过人的意志，因而法律关系是体现意志性的特种社会关系，这里的意志首先指国家意志，其次是指法律关系参加者的意志。

需要注意的是，在法律关系产生或实现的过程中，国家意志和法律关系参加者的意志是相互作用的，法律关系参加者的意志必须符合国家意志，否则，法律关系得不到国家的确认和保护，也就无法建立起来。由此可见，国家意志对于法律关系的产生和实现起着主导作用。另一方面国家意志只有通过法律关系参加者的意志才能最终得以实现，否则法律规范所规定的权利与义务就只能是一种抽象的可能性，不能转化为现实，在这种意义上，法律关系参加者的意志则是法所体现的国家意志实现的必要手段。

（三）法律关系是法律主体之间的权利义务关系

法律关系以主体间法律上的权利和义务为内容，法律通过规定权利和义务的方式调整人们的行为。在各种社会关系中，只有法律关系是一种肯定的、明确的权利义务关系，这是法律关系与其他依据习惯、道德而形成的社会关系的重要区别。例如习惯，它是人们在长期共同生产生活过程中逐渐形成的行为定式，在习惯中不区分权利和义务，因此这种社会关系自然不是权利义务关系。道德则是人们关于善与恶、正义与非正义、公正与偏私、光荣与耻辱等问题的观念以及同这些观念相适应的由社会舆论、传统习惯和内心信念来保证实施的行为准则，显然基于道德所形成的社会关系也是以义务为纽带的。在上述社会规范中，只有法律关系相关主体是按照法律的安排分别享有一定的权利，承担一定的义务，即通过权利和义务的具体配置而联系在一起的，因此权利和义务是法律关系的实质内容。正如拉伦茨所说："法律关系，一般来说，从一个人看是他的'权利'，从另一个人看就是一种义务，或者说是一种法律上的约束。"〔1〕当然也应该看到，权利和义务的实现与国家强制力这一特征密切相关，法律关系从建立到实现始终离不开国家强制力的保障。

三、法律关系的分类

法律关系具有不同的表现形式与丰富的内容，为进一步加深对法律关系的理解，有必要进一步学习和了解法律关系的主要分类：

1. 公法法律关系和私法法律关系。根据形成法律关系的法律规则所属法律部门的性质不同，法律关系可划分为公法法律关系和私法法律关系。公法法律关系有：宪法法律关系、刑事法律关系、行政法律关系、刑事诉讼法律关系和行政诉讼法律关系；私法法律关系主要是指民事法律关系及其相关的法律关系、民事诉讼法律关系等。这种分类的主要意义是提示人们在分析和处理法律问题时，必须首先明确当事人之间具体法律关系的性质和内容，从而才能通过法律寻找解决问题的方式和途径。

2. 绝对法律关系和相对法律关系。根据构成法律关系的主体是否具体化，法律关系可划分为绝对法律关系和相对法律关系。在绝对法律关系中，权利一方是特定的，具体的，而义务一方是除了权利一方之外的所有人，是不特定的，通过"一个人对其他一切人"的形式表现出来，典型的绝对法律关系是物权、人格权、知识产权等，需要注意的是，主体的具体化不等于单一化，如对某项财产可以是几人共同所有。在相对法律关系中，不仅权利主体是特定的，义务主体也是特定的，它以"某个人对某个人"的形式表现出来，较为典型的相对法律关系是债权、身份权、继承权等关系。绝对法律关系和相对法律关系这种分类的意义在于确定双方权利和义务的具体内容，以及双方是否按照法律及约定方式行使权利和履行义务，只有在进行了符合各自特点的正确分析后，才便于进行相应的法律处理。

3. 平权型法律关系和隶属型法律关系。根据法律关系主体法律地位的不同，法律关系可划分为平权型法律关系和隶属型法律关系。平权型法律关系，又称为横向法律关系或对等的法律关系，表现为法律关系主体之间的法律地位是平等的，相互之间没

---

〔1〕［德］卡尔·拉伦茨著，王晓晔等译：《德国民法通论》（上册），法律出版社2003年版，第255~256页。

有隶属关系。在各个部门的法律关系中，民事法律关系是最典型的平权型法律关系。隶属型法律关系，又称为纵向法律关系或不对等的法律关系，表现为法律关系主体间的法律地位存在服从和隶属关系，一方需服从于另一方，这种关系存在于具有职务上的上下级之间，也存在于依法享有管理职权的国家机关和在其管辖范围内的各种被管理的主体之间。在各个部门的法律关系中，行政法律关系是最典型的隶属型法律关系。这种分类的意义在于提示人们，现实生活中具体的法律关系状况比较复杂，主体之间存在着法律地位不对等不一致的情况，在认识和处理相关问题时，要根据法律关系的性质和特质进行具体而全面的分析。

4. 第一性法律关系和第二性法律关系。根据法律关系之间的因果联系和相互地位的不同，法律关系可以划分为第一性法律关系和第二性法律关系。第一性法律关系，又称主法律关系，是主体间合法建立的不依赖其他法律关系而独立存在的法律关系。第二性法律关系，又称为从法律关系，产生于第一性法律关系，其地位与作用具有从属性，是在第一性法律关系受到干扰破坏的情况下对第一性法律关系起到补救、保护作用的法律关系。从两者的因果联系不难看出，第一性法律关系和第二性法律关系是一种历时性关系，在时间上第一性法律关系在先，第二性法律关系在后，这种分类的意义在于提示人们在社会生活中遇到问题时，通过法律途径正确地处理矛盾和纠纷。

第二节 法律关系的要素

法律关系的要素，是指构成法律关系必须具备的内容和因素，任何一个法律关系的构成，都需要具备三个要素，即主体、客体和内容。

一、法律关系的主体

（一）法律关系主体的概念和种类

法律关系的主体是法律关系的参加者，是指在法律关系中权利的享有者和义务的承担者，它是构成法律关系的根本性要素，没有一定主体的意志与行为，法律关系便无从建立。在现实的法律关系中，尽管主体的多少各不相同，但都能归属于相互对应的双方，即权利的享有者，称之为权利人；义务的承担者，称之为义务人。

在我国，根据各种法律的规定，能够参与法律关系的主体包括以下几类：

1. 自然人（公民）。自然人是指具有生命的，个体意义上的人，自然人是所有法律关系主体中最基础的主体。在我国，凡是取得中华人民共和国国籍的人都是公民基本权利和义务的享有者和承担者，可以和其他公民、社会组织、国家机关以及国家之间发生多种形式的法律关系；居住在我国境内的外国人和无国籍人，也可以成为我国某些法律关系的参加者，他们所能够参加的法律关系以及权利能力范围的大小，则由我国法律及我国同其他国家签订的国际条约来规定。

2. 机构和组织（法人）。这里的组织包括三类：一是各种国家机关，包括国家的权力机关、行政机关、审判机关、检察机关、监察机关等；二是各种企事业组织，包括在中国境内设立的中外合资经营企业、中外合作经营企业和外资企业；三是各政党和社会团体。这些机构和组织主体，在法学上笼统地称为“法人”。它们包括公法人（参与宪法法律关系、行政法法律关系、诉讼法法律关系的各机关、组织），也包括私法人（参与民事或商事法律关系的机关、组织）。上述国家机关和组织，可以是公法人，也可以是私法人，依其所参与的法律关系的性质而定。

3. 国家。国家作为一个整体，可以成为法律关系的主体。例如在国际法上，国家是国际法法律关系的基本主体。在国内法上，国家可以直接以自己的名义作为国家所有权法律关系、刑事法律关系、国家赔偿法律关系等法律关系的主体，在某些情况下，国家的构成单位也可成为某些法律关系的主体，例如根据民族区域自治法、香港特别行政区基本法、澳门特别行政区基本法等所形成的法律关系，我国这些地方构成单位都可以成为相应法律关系的主体。

（二）法律关系主体的构成资格

自然人和法人能够成为法律关系的主体，享有权利，承担义务，就必须具有法律关系主体构成的资格，即权利能力和行为能力。

1. 权利能力。权利能力，是指能够参与一定的法律关系，依法享有一定权利和承担一定义务的法律资格。它是法律关系主体实际取得权利、承担义务的前提条件，各种具体权利的产生必须以主体的权利能力为前提。事实上，权利能力也是一种权利，它是能够引起各种具体权利产生的最一般的、最基本的权利，是法律对一定主体的资格最为核心的确认，产生这种基本权利的法律事实往往与国籍因素相联系，某一国家的公民都是这种“基本”权利和义务的承担者，只是在不同的法律关系中，由于对其参加者的要求不同，法律对不同主体权利能力的规定有差异。

自然人的权利能力在不同的国度有所不同，而且在不同的历史时期也是不同的。在前资本主义法里，有一部分人是无权利能力的，这就是奴隶；另一部分人则权利能力受到贬损，只具有部分的权利能力，例如中国古代的部曲、贱民，古罗马的外来民，中世纪的农奴，古代社会的妇女等。自然人权利能力的平等是近代以来的事。自然人权利能力的范围也是在不断扩展中，早期自然人的权利能力主要限于民事方面（古希腊、罗马的公民具有政治权利能力是例外），现代公民的权利能力已经扩展到政治领域。自然人的权利能力，通常始于出生，终于死亡。在特殊情况下，自然人死亡后的人格权利应受法律保护，如肖像权、名誉权等。

自然人的权利能力有一般权利能力与特殊权利能力之分，一般权利能力是指所有公民从事一般的法律活动所普遍具有的法律资格，通常不再附加其他要求，更不能随意剥夺或者解除。如我国《民法典》第 13 条规定：“自然人从出生时起到死亡时止，具有民事权利能力，依法享有民事权利，承担民事义务。”特殊权利能力则是指只有具备法律所特别要求的条件与情况时才具有的权利能力，如国家机关及其工作人员行使法定职权的资格。

法人的权利能力与公民的权利能力不同。一般而言，法人的权利能力始于法人依法成立时，至法人解体时消灭。法人权利能力的大小及其范围取决于法人成立的目的、任务。法人的权利能力主要包括财产、名称、荣誉、商标、诉讼等方面。

在国际法上，主权国家享有权利能力，附属国、国家的组成部分不具备权利能力，国家组织和非国家组织也具有权利能力，自然人及自然人的联合体在极其有限的范围内也具备国际法的权利能力。例如欧洲人权公约设立人权委员会和人权法院，人权委员会可以受理个人的控诉，包括个人诉个人、个人诉政府。自该委员会成立至1972年，其登记的个人或个人联名提出的诉国家的案件计5700件，近年来平均每年受理约400件。

2. 行为能力。行为能力是指法律关系主体能够通过自己的行为实际取得权利和履行义务的能力。这一概念强调在已具备权利能力的前提下，法律关系主体通过自身的行为实际地享有权利和承担义务的能力。因为公民的行为能力是公民的意识能力在法律上的反映，它意味着主体不仅能够理解自己的行为，而且能够通过自己有意识的行为独立地实现法律权利和法律义务的能力。

权利能力与行为能力是两个具有密切联系但又显著区别的概念。首先，权利能力制度着眼于能否成为权利主体和义务主体，解决主体资格问题，而行为能力制度主要解决权利和义务能否通过自己的行为来具体实现的问题，因此自然人具备行为能力首先必须具有权利能力，但具备权利能力并不意味着一定具备行为能力。例如，奴隶无财产权利能力，表明奴隶无财产权；而一个5岁幼童无财产行为能力，则不是说他无财产权，而是说他无能力自己去实现财产权利，他应当通过他的监护人或代理人实现他的财产权利。其次，权利能力是行为能力的基础，没有权利能力则无行为能力。例如，在奴隶社会中，奴隶无权利能力，自然也无行为能力。最后，目的不同。权利能力制度是为了限制或赋予主体以权利，而行为能力的设置却是为了保障弱者的权利。例如，积极行为能力的限制是为了使弱者免受欺诈或以其他对主体不利的方式转移财产之害，消极行为能力的限制则为了使主体免除不合理的义务与责任。

一般来说，影响自然人行为能力的因素有两个：一是能否认识自己行为的性质 、意义和后果；二是能否控制自己的行为。世界各国的法律一般根据年龄和精神智力因素的差异，把自然人划分为完全行为能力人、限制行为能力人和无行为能力人三种。按照我国《民法典》的规定，对自然人行为能力的年龄方面的限制包括：“十八周岁以上的自然人为成年人。不满十八周岁的自然人为未成年人。”“成年人为完全民事行为能力人，可以独立实施民事法律行为。十六周岁以上的未成年人，以自己的劳动收入为主要生活来源的，视为完全民事行为能力人。”“八周岁以上的未成年人为限制民事行为能力人，实施民事法律行为由其法定代理人代理或者经其法定代理人同意、追认；但是，可以独立实施纯获利益的民事法律行为或者与其年龄、智力相适应的民事法律行为。”“不满八周岁的未成年人为无民事行为能力人，由其法定代理人代理实施民事法律行为。"《民法典》对自然人行为能力在健康方面的限制包括：不能辨认自己行为的成年人，以及不能辨认自己行为的8周岁以上的未成年人，为无民事行为能力人；不能完全辨认自己行为的成年人为限制民事行为能力人。

法人作为拟制人同样具有行为能力，但不同于自然人，法人的行为能力和权利能力是一致的，它们同时产生、同时消灭。法人一经依法成立，就同时具有权利能力和行为能力；法人一经依法撤销，其权利能力和行为能力就同时消灭，其大小受法人成立时的宗旨和业务范围所决定。

二、法律关系的客体

（一）法律关系客体的概念

法律关系客体是法律主体之间建立一定法律关系所指向的具体目标，是人们通过自己的意志和行为意欲影响和改变的对象，是连接法律权利与义务等法律概念并使其具有实际内容的现实载体。可见，法律关系客体是具体将主体之间的权利与义务等内容联系在一起的客观基础与中介，法律关系的客体是构成法律关系的又一必备要素，没有它便不能构成具体的法律关系。

（二）法律关系客体的特征

1. 客观性。在哲学上，客体是相对主体而言的，是指处于主体之外，不以主体的意志为转移的客观现象。在法学上，法律关系的客体也具有客观性，是独立于人的意识之外并能为人的意识所感知和为人的行为所支配的客观世界中各种各样的现象。它不仅包括客观物质世界的各种现象，如土地、森林、矿藏、房屋等，而且包括客观精神世界的各种现象，如所有制、平等、休息、名誉、人格等。

2. 有用性。法律关系的客体能够满足主体的物质和精神需要，它得到法律规范的确认和保护，因此不是一切独立于主体而存在的客观现象都能成为法律关系的客体，只有那些能够满足主体需要并得到国家法律确认和保护的客观现象才能成为法律关系的客体，成为主体的权利与义务所指向的对象。

3. 可控性。法律关系客体应当是人类可以认识、控制和利用之物，只有人类能够认识和控制之物才适合由法律调整，才有可能成为法律关系主体权利和义务指向的对象。例如月球上的矿产资源目前还不能成为法律关系的客体。随着科学技术的不断发展，到了人类能够开发利用月球资源的时代，它们就能够成为法律关系的客体。

（三）法律关系客体的种类

1. 物。能成为法律关系客体的物是指能够满足人们需要，具有一定的稀缺性，并能够为人们所现实支配和控制的各种物质资源。它既可以有固定形态，也可以没有固定形态，如天然气、电力等；既可以是人们通过劳动创造的财富，也可以是天然存在的物质，还可以是财产的一般表现形式——货币以及其他各种有价证券，如支票、汇票、股票、债券等。

2. 非物质财富。非物质财富又称为精神产品或精神财富，主要包括两类：一是人们运用脑力劳动创造的智力成果，例如科学著作、文学艺术作品、科学发明、发现、合理化建议、商标等，由于这些智力成果可以为其他人所享用，因而它不同于生产这些复制品的行为，必须对其加以尊重和保护；二是与人身、人格相联系的公民和组织的姓名或名称，公民的肖像、名誉、尊严，公民的人身、人格和身份等，由于其与特定的身份直接相连，所以不能像一般的财产关系那样，依据权利主体的意志自由地变更或消灭，而是有着特殊的法律要求，例如著作权中的署名权就是不能变更和转让的，只能由主体自身享有。

3. 行为和行为结果。行为是过程与结果的统一。法律主体的行为，包括作为和不作为，在很多情况下是法律关系的客体。例如在运输合同中承运人运送乘客与货物的行为，就是运输法律关系的客体。在家庭关系中子女享有的受抚养教育权和父母享有的受赡养辅助权，都需要通过具体的抚养教育和赡养辅助行为来得以实现。此外，法律行为的结果，由于可以满足权利人的利益和需要，也可以成为法律关系的客体。有学者将行为结果区分为物化结果和非物化结果，例如根据合同建造一栋房屋，这是一种物化结果；根据演出合同某演员表演了一段歌舞，这是一种非物化结果。

4. 信息。作为法律关系客体的信息，是指有价值的情报或者资讯，例如商业秘密、产业情报等。伴随着大数据时代的来临，信息在法律关系客体中的地位愈发凸显。我国《网络安全法》第 44 条规定："任何个人和组织不得窃取或者以其他非法方式获取个人信息，不得非法出售或者非法向他人提供个人信息。"可见我国已经把信息作为法律关系的客体予以保护。

三、法律关系的内容

（一）法律关系主体的权利和义务

法律关系的内容就是法律关系主体之间的法律权利和法律义务，它是法律规范所规定的权利义务在实际生活中的具体落实。

（二）法律权利和法律义务的关系

权利和义务是紧密关联，相互对应的，法律权利与法律义务具有一致性，正如马克思所说："没有无义务的权利，也没有无权利的义务。"[1] 法律权利和法律义务的关联对应关系，可以从以下几个方面理解：

1. 权利对义务有依赖性。在任何一种法律关系中，权利人享受权利依赖于义务人承担义务，当权利和义务指向同一行为，对一方当事人来讲是权利，对另一方来讲则是义务。例如买卖法律关系中，买方购买货物时付款，对卖方是权利，对买方则是义务，义务人如果不承担义务，权利人的权利便无从行使。

2. 权利和义务具有不可分割性。任何权利都意味着权利人在法律所允许的范围内能做一定的行为，那么使自己的行为不超出法律允许的范围是权利人的义务；而任何

---

〔1〕 中共中央马克思恩格斯列宁斯大林著作编译局编译：《马克思恩格斯文集》第 3 卷，人民出版社 2009 年版，第 227 页。

义务也都意味着义务人在法律要求范围必须做一定的行为，超过这个范围则属于义务人的权利。因此，权利人在行使自己权利的时候必须承担一定的义务，而义务人在履行自己义务的时候也同时享有一定的权利，即使在隶属性法律关系中，权利人和义务人主体地位并不平等，但权利和义务也都是有界限，但又不可分割的。无论在哪一种法律关系中都不存在一方只享有权利不承担义务，另一方只承担义务而不享受权利的情况。

3. 权利的行使和义务的履行都有各自的限度和范围，超出了这个限度，就不为法律所保护，招致法律的禁止甚至制裁。例如我国《宪法》第 51 条规定："中华人民共和国公民在行使自由和权利的时候，不得损害国家的、社会的、集体的利益和其他公民的合法的自由和权利。"我国《民法典》第 132 条规定："民事主体不得滥用民事权利损害国家利益、社会公共利益或者他人合法权益。"这就要求公民在行使权利和自由的同时，必须履行自己应尽的义务，不得滥用这些权利和自由。

第三节 法律关系的产生、变更与消灭

一、法律关系产生、变更与消灭的含义与条件

（一）法律关系产生、变更与消灭的含义

我们所处的社会在不断地发展变化，人们之间结成的各种社会关系也在发生着改变，这就决定了法律关系会处在一个不断变化和革新的过程中。具体而言，法律关系的产生是指法律关系主体之间依据法律规范而结成一定的权利义务关系；法律关系的变更是指由于符合法律规定的法律事实的出现而引起的法律关系三要素所发生的变化；法律关系的消灭则是指法律关系主体之间权利义务关系的终结。

（二）法律关系产生、变更与消灭的条件

法律关系的产生、变更与消灭需要具备一定的条件，其中最主要的条件有两个：一是法律规范；二是法律事实。由于法律关系是法律关系主体之间依据一定的法律规范而建立的，没有相应的法律规范则无法在相关主体之间建立法律上的关系，因此法律规范是法律关系具体产生、变更、消灭的前提，但是法律规范只是法律主体权利和义务关系的一般模式，并不是现实的法律关系本身。法律关系的产生、变更和消灭还需要相关的条件来推动其实现，这就是法律事实，它是推动法律关系产生、变更和消灭的直接条件，是联系法律规范与法律关系的中介。

二、法律事实

所谓法律事实，是指法律规范所规定的，能够引起法律关系产生、变更和消灭的客观情况或现象。法律事实首先是一种客观存在的外在现象，而不是人们的心理现象

或心理活动；其次法律事实必须是法律所规定的，因为只有那些具有法律意义的事实才能引起法律后果。

（一）法律行为与法律事件

法律事实的内容和表现形式非常丰富，根据是否以人们的意志为转移，法律事实可以分为法律事件和法律行为两类。

1. 法律事件。法律事件是指法律规范所规定的，不以人的主观意志为转移，并且能够引起法律关系产生、变更和消灭的客观事实。法律事件又可以分为两类：第一类是自然事件，例如人的生老病死，自然灾害等；第二类是社会事件，例如社会革命、战争等。这两种事件对于特定的法律关系主体都是不可避免的，不以其意志为转移，但又能引起法律关系主体之间权利义务的产生、变更和消灭。

2. 法律行为。法律行为是指以权利主体的意志为转移，能够引起法律关系产生、变更或消灭的法律事实。因为人们的意志有善意与恶意，合法与违法之分，因而法律行为也可以分为善意行为、合法行为，恶意行为、违法行为。合法行为能够引起法律关系的产生、变更与消灭，例如依法订立合同，引起合同关系成立。同样，恶意行为、违法行为也能引起法律关系的产生、变更和消灭，例如犯罪行为产生刑事法律关系，也可能引起某些民事法律关系的产生或变更。

（二）肯定的法律事实和否定的法律事实

以法律事实的存在形态为标准，可以把法律事实分为肯定的法律事实和否定的法律事实，也可称为确定式法律事实和排除式法律事实。肯定的法律事实指取得现实存在形态的法律事实，大量的法律事实是肯定的法律事实。例如，人的出生与死亡、签订合同、作出行政决定等。否定的法律事实指未获得现实存在形态的事实，即法律规定的对法律关系的存在过程有作用的“不存在的事实”。肯定的法律事实对法律关系存在过程的正面影响力取决于它的存在；而否定的法律事实对法律关系存在过程的正面影响力取决于它的“不存在”。例如，婚姻登记的当事人不能存在某种影响结婚的疾病、影响结婚的血亲等，就是否定的法律事实。

应当注意的是，在研究法律事实问题时，需要注意下面两种复杂的现象。其一，同一个法律事实可以引起多种法律关系的产生、变更和消灭。例如工伤致死事件，不仅导致劳动关系、婚姻关系的消灭，而且导致劳动保险合同、继承法律关系的产生。其二，两个或两个以上的法律事实引起同一个法律关系的产生、变更或消灭。例如房屋买卖法律关系，除了双方签订买卖协议外，还必须向房管部门办理过户登记手续才可以发生法律效力。在法学上，人们常常把两个或两个以上的法律事实所构成的一个相关的整体称为“事实构成”。

本章小结提升：法律关系是指在法律规范调整社会关系的过程中所形成的权利和义务关系。法律关系有如下分类：宪法法律关系、民事法律关系、刑事法律关系、行政法律关系和诉讼法律关系等；纵向（隶属）的法律关系和横向（平权）的法律关系；绝对法律关系和相对法律关系；第一性法律关系（主法律关系）和第二性法律关系（从法律关系）。

法律关系由法律关系主体、法律关系内容（法律关系主体的法律权利和法律义务）及法律关系客体构成。法律关系主体必须具有权利能力和行为能力。权利能力是指能够参与一定的法律关系，依法享有一定权利和承担一定义务的法律资格。行为能力是指法律关系主体能够通过自己的行为实际取得权利和履行义务的能力。世界各国的法律一般都把本国公民划分为完全行为能力人、限制行为能力人和无行为能力人。法律关系客体是指法律关系主体之间权利和义务所指向的对象，它包括物、非物质产品、行为和行为结果以及信息。具有法律关联性的、能够引起法律关系产生、变更和消灭的客观情况或现象，在法学上被称为法律事实，它包括法律事件和法律行为。

本章提高研讨题：王先生某日持京剧票去北京某剧院观看新新京剧团排演的现代京剧《智取威虎山》，但因剧团在外地演出，因为路途遥远未能及时返京，致使在北京的演出不能如期举行。该剧院被迫安排了一场交响乐，王先生以剧院违约为由向法院提起诉讼。法院认为剧院违约事实成立，判令剧院赔偿王先生票款及路费等人民币500元。之后，剧院又向法院提起诉讼，告新新京剧团违约，要求赔偿损失。根据上述案情，分析以下问题：

（1）上述哪些人、单位或机构之间的关系构成法律关系？

（2）这些法律关系的客体是什么？

（3）这个案例中，引起法律关系产生、变更的法律事实有哪些？

（4）在上述法律关系中，哪些是第一性法律关系（主法律关系）？哪些是第二性法律关系（从法律关系）？

本章推荐的阅读文献：

1. 黄建武："法律关系：法律调整的一个分析框架"，载《哈尔滨工业大学学报（社会科学版）》2019年第1期。

2. 常鹏翱："法律事实的意义辨析"，载《法学研究》2013年第5期。

3. 谢鸿飞："论创设法律关系的意图：法律介入社会生活的限度"，载《环球法律评论》2012年第3期。

4. 陈锐："法律关系理论溯源与内容重塑"，载《政法论丛》2020年第6期。

5. ［美］霍菲尔德著，张书友编译：《基本法律概念》，中国法制出版社2009年版。

第七章课后练习题

第八章　法律的作用

本章引例：美国的“禁酒令”与中国的“禁放令”

20 世纪初，随着美国道德转型和社会改良运动及妇女运动的兴起，禁止酒类产品的制造和消费也成为一个重要的社会运动。1919 年，美国第 18 条宪法修正案通过，其规定：“本条批准一年后，禁止在合众国及其管辖下的一切领土内酿造、出售和运送作为饮料的致醉酒类；禁止此类酒类输入或输出合众国及其管辖下的一切领土。”然而该“禁酒令”颁布后，实施状况非常糟糕，全美国出现了大量的违反禁酒令的活动，导致 20 世纪 20 年代私酒泛滥，最后演变成公开的地下经济。政府当局对此现象也无能为力。1933 年，美国专门通过第 21 条宪法修正案，废止了第 18 条宪法修正案。

20 世纪 80 年代末，中国很多城市基于人身安全和环保等理由，陆续出台地方性法规禁止燃放烟花爆竹。1993 年通过的《北京市关于禁止燃放烟花爆竹的规定》明确规定，本市东城区、西城区、（原）崇文区、（原）宣武区、朝阳区、海淀区、丰台区、石景山区为禁止燃放烟花爆竹地区。之后十多年，我国共有上海、广州、武汉、西安、深圳等近三百个禁放烟花爆竹的城市。最初，禁放令的执行效果还可以，可是后来，燃放行为又多了起来，各地的禁放令逐渐处于尴尬境地。尽管管理部门在节假日疲于奔命，在实际生活中，禁放成为一种虚设，禁放日渐成为限时、限地燃放。2005 年《北京市烟花爆竹安全管理规定》开始实施，将该市划分为禁放点、限放区、准放区实施分类控制，并允许在春节期间有限制地燃放烟花爆竹，1993 年的“禁放令”也同时被废止。2006 年国务院颁布《烟花爆竹安全管理条例》，规定县级以上地方人民政府可根据实际情况，确定限制或禁止燃放烟花爆竹的时间、地点和种类。

从以上两个禁令的遭遇来看，法律作用的发挥不尽如人意，甚至严重背离了社会生活秩序，成为不起作用的好看“花瓶”。这两个“禁令”的遭遇促使我们深思，法律作用究竟是什么，制约法律发挥作用的因素有哪些，如何发挥好法律的正作用，如何控制法律的负作用，通过本章的学习我们将带领你们搞清弄懂这些问题。

本章概述：本章主要介绍法律的作用，通过阐述法律的规范作用和法律的社会作用，了解法律作用的双重性，理解法律在社会运作中的功能，同时应认清法律作用的局限性。

本章的学习目标：通过本章的学习，你所要达成的学习目标如下：

1. 掌握法律的作用的概念与分类；
2. 理解法律的规范作用的内容；

3. 了解法律的社会作用；

4. 正确认识法律的作用的局限性。

本章教学内容：

第一节 法律作用的概述

一、法律作用的概念

在法学史上，古今中外的思想家、法学家都论述过法律的作用。例如，我国春秋时期的管仲认为法律的作用是“兴功惧暴”“定分止争”“令人知事”等。美国法学家庞德认为法律的作用是一种关系的调整或行为的安排，是满足人类对享有某些东西和做某些事情的各种要求的手段，能在最少阻碍和浪费的条件下尽可能多地给予满足。[1]

作用一词在现代汉语中是指对事物产生的影响或效果。法律作为一种社会规范，它的作用在于规范人们的行为。由于法律规范具有普遍性，所以法律的作用是指法对人们的行为和社会生活产生的普遍影响与结果。根据这一定义：一方面，法律作用的对象是人们的行为，法正是通过对人们行为的调整进而作用于社会生活或社会关系；另一方面，法的作用表现在对人的外部活动产生普遍影响和结果，并对人的情感、信仰、思想等可能产生间接影响。例如，通过法律的实施，人们增强了法治观念，甚至形成了对法律的信仰，等等。

法作为重要的社会规范，对其作用的理解、把握是不可或缺的。随着法治观念的深入人心，人们对法律作用的期待也会有所提升。在历史上，曾经有观点认为法可以解决一切社会问题，或者脱离法与国家、社会的有机联系，孤立地看待法律的作用。对此，我们应当正确认识法律的作用。以历史唯物主义为认识论和方法论的马克思主义法学观可以揭示法律作用的实质。法律作用的实质是国家意志和国家权力运行的表现。法是国家制定或认可的并由国家强制力保证实施的一种社会规范。可以说，法是国家意志的规范化和国家权力运行的体系化。同时，我们必须深刻认识到，法律的作用在实质上是一定社会的物质生产方式的反映。马克思主义把社会系统分为经济基础和上层建筑。生产方式属于社会的经济基础（广义）。作为上层建筑的法律，其作用能够显示一定社会的经济基础状况，并受到经济基础的制约。总之，法律能否发挥立法者预期的作用，从根本上看，取决于法所反映的生产方式自身有无生命力，而非立法者的主观愿望。

---

〔1〕（美）罗·庞德著，沈宗灵、董世忠译：《通过法律的社会控制　法律的任务》，商务印书馆 1984 年版，第 35 页。

二、法律作用的分类

为了更加具体、深入地了解和认识法律的作用，有必要按照不同的标准对法律的作用进行分类。

（一）一般作用与具体作用

这是根据一般与特殊的逻辑关系所作的分类。法律的一般作用是对法律各种具体作用所作的最抽象的概括，法律的具体作用分享了一般作用的属性。例如，我们说法律是通过确定一定的权利义务并保障其实现，来维护和促进有利于统治阶级的社会关系和社会秩序，这是对阶级社会的法律作用的抽象概括，是法律的一般作用。但在不同的阶级社会，法律的具体作用又有所不同，封建社会的法是维护和实现地主阶级的土地所有制，而资本主义则宣布废除等级特权，宣扬法律面前人人平等观念。

（二）整体作用和局部作用

这是根据法的系统与子系统所作的分类。法律的整体作用是指法律作为统一的法律体系对社会生活和社会关系所产生的作用。法律的局部作用是指法律体系中某一子系统（法律部门或法律规范）对社会生活和关系所产生的作用。虽然法律的局部作用从属于法律的整体作用，但每个法律部门或法律规范在社会生活中的特殊作用是不同的，比如刑法的惩治作用就与民法的保护作用不同。

（三）直接作用和间接作用

这是根据法作用于社会生活和社会关系的途径所作的分类。每个法律规范都有其特定的调整对象，即特定的社会关系，这种对特定社会关系定向调整产生的作用就是直接作用。但是，社会关系往往是相互关联的，因此，法律规范在调整特定社会关系时所产生的作用也会影响与其相关联的一些社会关系，这就是法的间接作用。比如治安管理法规的直接作用是建立和维护社会治安秩序，而治安秩序的建立和维护有助于经济秩序的稳定，从而更好地保护人们的生产生活关系，这就是法的间接作用。

（四）预期作用和实际作用

这是根据人们对法律的期待与法律的实际效果之间的区别所作的分类。法律的预期作用是指立法者在制定法律时，设想该法律应当或者可能对社会生活或者社会关系产生什么样的作用。法律的实际作用是指法律在调整社会关系时对人们的社会生活所产生的实际影响。法律的预期作用与实际作用一致，说明法律是富有实效的，反之则缺乏实效。

（五）积极作用与消极作用

这是根据法的社会效果所作的分类。法律的积极作用是指法律所产生的体现一定的正面价值或应受肯定评价的作用。法律的消极作用是指法律所产生的体现负面价值或应受否定评价的作用。一般来说，某项法律规定可能既有积极作用，又有消极作用。同时，由于社会的发展变化，也可能出现某项法律规定本来具有积极作用，后来变成消极作用。研究法的积极和消极作用有助于我们依据社会主流价值观和发展规律，对法律的实际效果进行评判，推动法律更好地服务于社会发展。

（六）规范作用与社会作用

这是根据法作用于人的行为和社会关系的形式与内容之间的区别所作的分类。从法是调整人们行为的一种规范这一功能看，法律具有规范作用；从法的任务、目的以及影响社会关系和社会生活的后果看，法律具有社会作用。其中，法律的规范作用是手段，社会作用是目的，也就是说，法的社会作用是通过法的规范作用而实现的。法律的规范作用与法律的社会作用相辅相成，不可分割。这种分类方法突出法律调整的特点，使法律与其他社会现象相区别，能够让人们更加深入而具体地认识法律作用的分类。

三、法律作用的论争

法律具有什么样的作用，不同的思想家和法学家有不同的观点。概括地来说，法律作用的论争主要聚焦在两个方面的问题上：一是法律是谁手中的工具，二是法律满足什么样的需要。关于法律服务的主体及法律是谁手中的工具问题，学界分为两大派：其一，法律是部分人手中的工具，法律是帝王手中的工具或统治阶级手中的工具；其二，法律是全体社会成员手中的工具，是促进人类文明进步的工具。

关于法律满足何种需要的问题，争论更大，主要有如下四种观点：一是定分止争说，认为法是用来规定等级名分和制止纷争的。二是禁奸止乱说，认为法的作用是禁止做奸使滑，平定暴乱。例如汉人桓宽说：“令者所以教民也，法者所以督奸也。”唐武德七年李渊下诏：“所以禁暴惩奸，弘风阐化，安民立政，莫此为先。”三是规范说，认为法的作用在于为人们的行为提供规范。例如，古罗马法学家莫迪斯努斯说道：“法律的功能在于：命令、禁止、允许和惩罚。”凯尔森认为“法律秩序规范调整人们的行为”。四是功利说，西方许多学者从功利出发，认为法律的作用就是满足人们的现实需要。例如，庞德认为法律以最小限度牺牲尽可能满足全体人类的需要。

法的作用理论之所以存在很大分歧，除了各种学派研究的侧重点、研究方法各有不同之外，最重要的原因是其背后起主导作用的两种截然对立的法工具理念：主客体法理念和主体际法理念。主客体法理念，将法律看成是主体创造出来解决主客体关系的工具，是达到主体目的与实现主体利益的工具。这一工具理念将人分为造法的人和受法约束的人两类，第一类人是法律的主人，法律代表他的意志和利益，第二类人只是法律处置的客体。因此就有各种各样的统治阶级工具论、阶级工具论和帝王工具论。主客体法理念对于揭露与批判法律中的不平等及其他不合理成分有其积极意义，然而，它的结果不是对法律的渐进的改造或改革而是革命，如果作为建构法律的指导理念就是有百害而无一利的，它只能带来压迫与专横。主体际法理念将法律看作是主体间合力交往、和平解决纠纷的合意或技术。在法是人造的、达到人的目的这个意义上，法律也是工具，但是这里的工具是与主客体的工具论截然对立的，在此种法工具理念里，法是“人”这类存在物达到自身自由与解放的工具，法是所有人的，法不是或至少不应当是部分人手中的工具。作为所有人工具的法律是客观的规范，任何人如果要利用规范达到私利，必须为他人提供服务，压迫与掠夺不是法律。此种法理念产生种种社会工具说、规范说、功利说等。主体际的法工具理念作为对实在法描述的理论，有其不足的一面，它可能使人对法律产生盲目的认同，而缺乏批判与审视的目光；作为评价与指导法律实践的理论，它会带来对法律的渐进式的改造。人类社会的法理念进化的过程实际上是从主客体法理念向主体际法理念进化的过程。中国社会在历史上大多认可主客体法理念，要实现从主客体法理念向主体际法理念的转变，必须加强法治教育和宣传，以习近平法治思想为指导加快建设法治国家、法治政府和法治社会。

四、法律作用的双重性

法作为人造的规范有好坏之分、有良善之别，作为工具它所达到的目的又有当与不当之界；即使所要达到的目的是良善的，作为工具还存在一个使用是否具有合理性的问题，一个不合理的工具的结果可能会与欲达之目的正好相反。所以法的作用有正负两个方面，因此，就会产生用什么标准对法的作用进行评价的问题。长期以来，在这方面占主导地位的观念是采用阶级标准进行评判：剥削阶级法特别是资产阶级法是反动的，只有阶级统治作用，言下之意是绝对的恶，而社会主义法与之截然相反就只有正作用，是人民手中的刀把子。这种看法将法的发展阶段与法的作用混为一谈，其实践上的结果，一是排斥市场经济立法，反对吸收资本主义法的优秀成果。二是使法理失去对现实法律的评价能力，法理落后于立法，更无法指导司法和执法实践。

法律作用的双重性是指法律实际作用的两种倾向或后果，即积极作用、消极作用或正作用、负作用。正作用是指法律满足主体的需求或达到预期目标，负作用指法律未满足主体的需求或预期目标，并对主体造成了损害。例如，统治者欲用严刑酷法巩固统治，结果却带来社会普遍不满，而有损其统治的合法性，反而加速了其统治的灭亡；立法者欲用法促进生产，结果却适得其反阻碍了生产的发展；某法原本是为了减少社会浪费，结果却带来了更大的浪费；等等。

对法的作用作出合理的科学的评价是一个极其复杂的问题，因为法的要素、调整对象是多方面的，所以它必然受到多方面的干扰和影响：一是主体价值观的干扰。评价是主体对客体的评估评价，难免受到主体价值观的影响，而主体的价值观又是多样复杂的。二是法律作用并不是单一的，其结果是多元性的。同一法律有不同的社会作用，其中某些作用满足了主体需要，而另一些作用结果却正相反。例如，破产法一方面解决了企业破产而产生的债权、债务问题，同时却可能带来严重的失业问题。三是预期目标的不相容性。法律立法目的多元性将会导致法律要达到的数个目标间有时会相互抵触，难以两全。例如竞争与社会公平、自由与秩序等。从不同的角度，站在不同的立场对法的作用的评价结果可能会截然相反。

对法律作用的评价关键是确立评价标准，就法的整体社会作用评价而言，理论界常常提到的标准有两个：一是统治秩序标准；二是生产力标准。第一个标准是从部分人的角度而不是从社会主体立论，有较强的主观性，难以客观公正地对法律作用作出评价。生产力标准是针对上述政治标准的偏差而提出来的，它起到了极其重要的纠偏作用，比政治标准要合理得多。但是，法律是人类文明的体现，许多法律是无法与生产力挂钩的，例如婚姻法、环保法、各种保障人的自由与权利的法等。而且，人类绝不是单纯物质意义上的人，人还有人格、精神意义上的存在，法律尤其要维护人的精神意义上的存在。由此可见，生产力标准也不能作为评价法律作用的唯一标准。我们认为，评价法律作用的标准应当是社会整体的进步或文明程度的提高，其可识别的标志是权利保障程度。这个标准涵盖了生产力标准，但又不等于生产力标准。[1]

第二节　法律的规范作用

一、法律规范作用的概述

法是一种特殊的社会规范，具有一定的形式特征和独特的运作方式。法律的规范作用就表现在法的作用方式的独特性上，法律的规范作用是法自身表现出来的、对人们的行为或社会关系可能产生的影响。因此，在法理学上，也有人把法律的规范作用称为“法的功能”。

法的规范作用自古以来就为思想家们所重视，我国墨家就将法律比作规矩、绳墨。西方规范法学派特别重视规范作用的研究。最早对规范作用系统研究的是英国牛津大学研究员拉兹（Joseph Raz），他认为法律因有规范性而具有规范作用，并对各种规范作用进行了详细研究。所谓法律规范作用是指法律对人们的行为加以规范、指导、划一的作用，或因法律的规范性而具有的作用。法律规范是对谁的规范？仅仅是对普通公民的规范，还是对包括统治者在内的所有人的规范？显然，在法治国家里，天下一体受规范，特别是统治者必须以规范取得合法地位，以规范进行理性统治和治理。

二、法律规范作用的种类

了解和研究法的规范作用，对深入认识法律的社会作用、正确估量法律的价值，具有特殊的意义。法律的规范作用可以分为指引作用、评价作用、预测作用、教育作用和强制作用。

（一）指引作用

法律的指引作用体现为法对人们行为的指引。所谓“指引”，是指对人的行为的指导和引导。法律作为一种行为规范，为人们设定了普遍的行为模式。因此，法律首先具有指引作用，即指引人们什么能做，什么不能做，以及怎么做。例如，2021 年 3 月 1

〔1〕 第三、四两部分参照周永坤：《法理学——全球视野》，法律出版社 2004 年版，第 161~164 页。

日《刑法修正案（十一）》正式实施，我国正式设立袭警罪。该规定指引人们积极配合正在依法执行职务的人民警察工作，不能暴力袭击正在依法执行职务的人民警察。法律的指引作用从多个角度可以分成不同的种类：

从对人的行为指引的确定性来看，法律的指引作用可以有两种形式：其一，确定性指引，即人们必须根据法律规范的指示而行为，法律要求人们必须从事一定的行为，而为人们设定积极的义务（作为义务）；法律要求人们不得从事一定的行为，而为人们设定消极义务（不作为义务）。其二，不确定性指引，即法律规范对人们的行为提供一个可以选择的模式，根据这种指引，人们自行决定为或不为一定的行为。

从法律的指引作用的接受主体来看，其指引方式可以分为个别指引和一般性指引。个别指引是指通过具体的法律规定，对特定的社会活动主体包括自然人和法人的行为进行的指引。一般性指引是指通过一般性的法律规定对一般的社会主体的行为进行的指引。例如，法官引导案件当事人在诉讼期间如何应诉，即是个别指引；而诉讼法规定当事人该如何应诉，则是一般性指引。在文明社会，这两种指引都是不可或缺的，而且这两种指引各有其优点，如个别指引比较灵活和具体，一般性指引具有稳定性和高效率等特点。

法律作为规范的指引是一种一般性指引。个别指引尽管非常重要，但就建立和维护稳定的社会关系和社会秩序而言，一般性指引具有更重要的意义。

（二）评价作用

评价是指对人的行为进行判断和衡量，而任何判断和衡量活动都需要依照一定的标准进行。法律评价人的行为的基本标准是合法与非法，法律保护合法行为，惩治不法行为。任何社会规范（道德、宗教规范、纪律等）均具有一定的评价作用，但法律对人的评价，是从法律的角度，对人的行为进行合法或非法的评价，不是诸如道德上善或恶的评价。与其他社会规范相比，法律的评价作用具有概括性、公开性和稳定性，所以这种评价更客观、更明确、更具体。

在同一社会场域，由于人们的道德观念抑或宗教信仰不同，每个人对一定行为所作的评价只有在与该人具有相同标准的那些人中间才是有效的。而法律规范则不同，无论人们的主观愿望如何，只要他们的行为进入法律行为的范畴，法律规范的评价就是有效的。通过这种评价，法律影响人们的价值观念和是非标准，从而达到指引人们的行为的社会效果。

（三）预测作用

有指引便有预测。法律的预测作用是指根据法律的规定，人们可以预先知晓或估计人们相互间将如何行为，国家机关及其工作人员将如何行为，从而对自己的行为作出合理的安排。

现代社会中，人们的行为或者活动不仅影响他人的行为或者活动，而且自己的行为或者活动目的的实现也同样受到他人的行为或者活动的制约。人们要保证自己的行为或者活动顺利地实现，就必须事先正确估计他人会如何行为或者活动，从而合理地安排自己的行为或者活动。而人们要正确地预测他人的行为或者活动，就必须按照一些人们都可能遵守的规律或者规则进行。法律是具有普遍效力的社会规范，因此，法律就具有预测作用。例如，根据《民法典》第 725 条“买卖不破租赁”的规定，出租人可以计划房屋出售时间以利于房屋出售。再如，由于《治安管理处罚法》的存在，人们可以相当准确地预见到哪些行为是违反治安管理的行为，会受到什么种类、什么程度的处罚。

法律的预测作用对于法的运行具有极为重要的意义。人们根据法律规定，可以预先知道法律对待自己已经作出和即将作出的行为的态度，以及所必然导致的法律后果，人们就可以自觉地调整自己的行为，使之更加符合法律的规定，从而获得自己满意的法律后果。

（四）教育作用

法律的教育作用表现为通过法律的实施而对人们今后的行为发生影响。法律的教育作用实质上意味着通过把国家或社会的价值观念和价值标准凝结为固定的行为模式和法律符号而向人们传达一定的理念，使之内化于人们的心中，并借助人们的行为进一步传播。法律的教育作用主要通过以下方式来实现：其一，正面教育。即通过对合法行为加以保护、赞许或奖励，对一般人的行为起到表率、示范作用。其二，反面教育。即通过对违法行为实施制裁，对包括违法者本人在内的一般人均起到警示和警诫的作用。

法的教育作用也可以分为静态法现象的教育作用和动态法现象的教育作用两大类。静态法现象的教育作用即法作为原则、规范所包含的价值本身所具有的教育作用，此时法如教科书。例如，法中所包含的忠、孝、节、义、平等、民主等观念，对社会有教育作用。这是历代统治者都十分重视的。明代朱元璋将大诰广为印发，家藏大诰一册成为减刑之条件。当代广为开展普法教育，学校开设“法学基础”课程就是为了充分发挥法的教科书作用。动态法现象的教育作用指法律运作过程对社会的影响，这种影响主要指：一般人群的守法行为对个体的感染作用，法律运作机构对违法者的处罚和对受害者的补救产生的惩罚、威慑和感化作用。

由此观之，法律的实施过程，也是人们接受法律教育的过程。一部法如果完全没有教育作用，那就意味着这部法不具有合理性，或其合理性不为公众所接受，也很难得到人们的自觉遵守。

（五）强制作用

法律的强制作用表现在法运用国家强制力制裁违法行为，保障自己得以充分实现。法律的强制作用是法不可缺少的重要保障。没有强制作用，法律的指引作用就没有意义，预测、教育作用也会受到严重影响。

法律制裁的形式是多种多样的。如刑法中的管制、拘役、有期徒刑、无期徒刑、死刑等；民法中的停止侵害、排除妨碍、消除危险、返还财产、恢复原状、赔偿损失、赔礼道歉等；经济法中停止供应原材料、停产整顿、停止贷款等；行政法中的警告、罚款、拘留、停止营业等。通过法律制裁可以增强法律的严肃性和权威性，保护人们的正当权利，增强人们的安全感。

第三节 法律的社会作用

法律的规范作用是由法的形式特征决定的，而与之相对应的法律的社会作用由法的内容决定，是从法的本质和目的出发确定的作用，是法律为实现一定的社会目的和任务而发挥的作用。由于在历史发展的不同阶段和不同文化传统中，法的本质、地位和作用领域是不同的，因而法律的社会作用在不同国家、民族的各个历史时期也有所不同。马克思主义法理学家认为法律的社会作用主要表现为对各种政治关系（或阶级关系）的调整，维护统治秩序和一定的经济基础。法社会学家则认为，法律的作用表现在：有条不紊地解决社会争端，预防矛盾和冲突的发生，确定群体中的权限，潜在地联系组织、协调群体内部的各项活动等。[1] 概括起来，法律的社会作用可以从以下两个方面来表述。

一、法律维护阶级统治的作用

法律的阶级统治作用是指法在经济统治、政治统治和思想统治等方面的作用。统治阶级运用法律除了保障经济、政治和思想上的统治地位外，还处理本阶级内部关系，如分配利益、处罚内部成员的违法犯罪行为等。

法律的统治作用伴随着时代、情势以及国家任务的变化而发生变化。在阶级对立的社会，法律的社会作用侧重于维护阶级统治。在阶级对立社会中，基本的社会关系是对立阶级之间的关系，社会的基本矛盾是对立阶级之间的斗争。这种斗争是对统治阶级和全社会最严重的威胁。因此，必须把阶级斗争控制在“秩序”范围内。国家通过自己的权力系统和法律规则体系建立的秩序，是把一个阶级对另一个阶级的压迫合法化、制度化，把阶级斗争保持在统治阶级的根本利益和社会存在所允许的范围之内，即建立起有利于统治阶级的社会秩序和社会关系。

基于上述分析，法律维护阶级统治的作用具体概括表现为：其一，调整统治阶级与被统治阶级之间的关系；其二，调整统治阶级内部的关系；其三，调整国家机关之间的相互关系。

二、法律执行社会公共事务的作用

法律是社会的行为规则，必然要承担和执行一定的社会公共事务职能。法律也正是具有这一功能的。它涉及公共秩序、交通规则、道路建设、环境保护、医疗卫生等

---

〔1〕［英］罗杰·科特威尔著，潘大松等译：《法律社会学导论》，华夏出版社 1989 年版，第 90 页。

社会生活的方方面面。无论任何国家，法律一旦失去或疏于社会公共事务功能，该国家就难以正常运行，甚至最基本的社会秩序都难以维系。

法律执行社会公共事务的作用在任何有法律的社会都是存在的。在阶级非对立的社会，法律主要侧重于社会公共事务管理。不同的法律其社会公共事务功能只有或多或少的区别，没有有无的差异。没有公共事务的社会是不存在的，不执行社会公共事务的国家也不能称其为国家。任何完全无视社会公共事务的法律，必然会失去其存在的社会根据。只不过因为时代的差异，法律执行社会公共事务的程度和范围有所区别。一般来说，先进的法律与落后的法律相比较，先进的法律执行社会公共事务的作用会更加明显和完善。现代法律执行社会公共事务的作用主要包括：

第一，维护社会整体利益、基本自然条件，保证社会劳动力的生息繁衍。法律产生的首要功能就在于它能禁止专横、制止暴力、维护社会整体利益。无论是私法制度还是公法制度，其基本作用之一都是为排除人们，包括私人和公共团体以专断的或暴虐的方式活动，从而将其活动或行为纳入可预测、可控制的有序状态之中。私法制度通过界定私人或私人群体的行为领域，以防止或反对相互侵犯的行为，避免或阻止严重妨碍他人的自由或所有权的行为和社会冲突。公法制度通过限定和约束政府官员的权力，以防止或救济这种权力对确已获得保障的私人权益领域的不恰当侵犯，以防止任意的暴政统治。任何社会、任何国家的法律除了维护基本的社会秩序外，都要维护基本自然条件，以保护人类生存。经济发展不能以牺牲环境为代价，保护和合理开发自然资源、防止环境污染，是法律功能的不可缺少的方面。为了保证社会劳动力的生息繁衍，法律要发挥自身在发展医疗卫生事业和体育事业等方面的功能。19 世纪初，现代意义上的劳动法问世，20 世纪初，劳动法成为一个独立的法律部门。关于劳动时间、最低工资标准、禁止女工和未成年人从事某些不适宜的劳动以及社会保险等方面的规定，出发点都是保护劳动力。此外，属于这方面的还有医疗卫生法、体育法等。

第二，促进科技教育事业的发展，维护基本生产生活的稳定秩序。科技和教育是社会公共事务的重要组成部分。许多国家都十分重视用法律推进科技教育事业的发展。1471 年威尼斯专利法开创了用法律保护技术发明之先河。至 19 世纪末，工业发达国家就开始认识到，法律在保护和促进科技发展中的作用。20 世纪以来，各国竞相制定科技基本法和教育基本法。我国自改革开放以来，相继制定了《义务教育法》《教师法》《科学技术进步法》《教育法》等，科教法律体系日趋完善。

第三，预防社会冲突，解决社会问题，保全社会结构。任何社会都有社会冲突，都必然存在着一些社会问题。除了阶级性冲突外，每一个社会大都有共性的社会冲突和社会问题。执行公共功能的法律所关注的正是该类冲突和问题的预防与解决。在国家成为暴力的唯一合法垄断者时，现代的法律体系被视为一种运用专职国家机构理性地创制、解释和实施一系列原则的特定政府机制。这样无论是公民之间、法人之间以及公民与法人之间，还是公民法人与国家机关之间以及国家机关之间所发生的法律纠纷和争端，都应该在法律所限定的范围内，依据法律来解决。现代社会的纠纷和争端不仅通过司法（民事诉讼、刑事诉讼和行政诉讼）与准司法（调解和仲裁）来解决，而且立法过程本身也是一种社会纠纷和争端的解决机制。在整个法律体系中，社会法在此发挥着无可替代的功能。社会法在20世纪60年代以后逐步发展成为一个法律部门，它介于公法与私法之间，从社会整体利益出发，保护劳动者，维护社会稳定。社会法包括社会经济法、社会保障法、劳动法等。

《轰动性案件的明智法律应对——以药家鑫案审理与辩护为例》_苏力

第四，对不测事件的受难者予以救济和各种形式的社会保险。任何社会都存在各式各样的风险和灾难，面对这些风险和灾难时，个人是非常渺小的，难以用个人的力量战胜灾难，所以任何国家都会通过法律对受害者施予救济，以保障人民能够在受到灾难后，迅速从灾难中走出来，恢复生产生活秩序，促进国家和社会的永续发展。例如，对地震、水灾、火灾等自然灾害的受难者予以救济和各种形式的社会保险，对贫困者、失业者予以救济、医疗保险等。

值得注意的是，法律执行社会公共事务的作用与法律维护阶级统治的作用并不冲突。每个社会都有公共事务需要处理，统治阶级处理好公共事务才可能更好地维持阶级统治。

第四节　法律作用的局限

法律以其特有的规范作用和社会作用对社会生活发生着深刻的影响。在法律社会中，法的作用是不容低估的。若没有法律，社会生活的变化将变得无章可循。我们必须充分认识法律的作用，特别是在社会主义初级阶段的重要作用，坚决遏制忽视法律作用的法律虚无主义思想，加快推进法治中国建设。但是，我们也不能因此陷入“法律万能论”的误区，用教条主义思维方式搞“依法治路”“依法治土”“依法治林”“依法治水”“依法治火”“依法治育（计划生育）”“依法治村”。[1] 我们要看到法在作用于社会生活的范围、方式、效果以及实施等方面也存在着一定的局限性，并要以这种对法律的局限性的认识为基础，把法的调整机制与其他社会调整机制有机地结合起来，建立良性的社会秩序。法律的局限性主要表现在以下多个方面：

一、法律作用的范围是有限的，并非任何问题上都适用

在现代社会，法律涉及经济、政治、文化、社会生活的各个方面，作用范围非常广泛。从人的出生到死亡，法律无处不在。但是，也应当看到，仍然有一部分人类行为和社会关系是不能采用法律手段来调整的。例如，法律不能用来追究人们的良心，也不能用来确定文学艺术成就的标准。法律的作用只限于人们的行为范围，而对于思

〔1〕 张文显主编：《法理学》，高等教育出版社2018年版，第79页。

想认识、信仰、情感等私人生活领域的问题，法律不能直接作用。除此之外，对于一些与社会利益无关的人们的私生活领域，也不能采用法律手段来调整。例如，有学者曾举过“系领带的自由”的例子，说明系领带完全属于个人私生活，法律不得干预。这并不是说这些人类行为和社会关系不重要，而是“法律手段本来就适于保障这一方面而不适于保障另一方面”。〔1〕正如法国思想家孟德斯鸠所说，“如果用法律去改变应该用习惯去改变的东西的话，那是极糟的策略”。〔2〕法律的作用是以国家的强制力作为保障的，但是即便对一些人类行为和社会关系采取了强制手段，也不能对这些人类行为和社会关系产生作用。庞德也提醒道，“我们最好记住，如果法律作为社会控制的一种方式，具有强制力的全部力量，那么它也具有依赖强制力的一切弱点”。〔3〕因此，对于那些不能靠国家强制力来调整的人类行为和社会关系，只能由其他社会控制手段来调整，如道德、宗教、纪律、政策等。

二、法律只是许多社会调整方法中的一种

法律是调整社会关系的重要方法，但不是唯一的方法。除法律之外，还有道德、政策、纪律、宗教规范及其他社会规范，还有经济、思想教育、行政等手段。这实际上告诉我们，在适宜法律调整和保障的人类行为和社会关系领域中，往往还需要多种社会控制手段共同调整和保障，才能切实有效地维持社会秩序，促进人类文明的进步。即使在法律是主要的调整和保障手段的某些领域中，如果没有其他的社会控制手段和方式的配合，法律的作用也不能很好地发挥，在法律不是主要的调整和保障手段的某些领域中，更是如此。〔4〕正如庞德所说：“在我们生活的地上世界里，如果法律在今天是社会控制的主要手段，那么它就需要宗教、道德和教育的支持；而如果它不能再得到有组织的宗教和家庭的支持的话，那么它就更加需要这些方面的支持了。”〔5〕同时，我们也需要注意，在各种规范调整方法中，法律作为控制方式的成本也不是最低的。

三、法律与事实之间的对应难题不是法律能够完全解决的

法作为社会规范，总是对一般的情况、一般的人的行为进行规范，是从社会生活中不断重复出现的事物中概括出它们的共性。任何法律决定的作出，首先需要确定该案件事实是否符合法律规则中所确定的共性条件，如假定条件、行为模式等，然后才

---

〔1〕［美］罗·庞德著，沈宗灵、董世忠译：《通过法律的社会控制　法律的任务》，商务印书馆1984年版，第32页。

〔2〕［法］孟德斯鸠著，张雁深译：《论法的精神》（上册），商务印书馆1961年版，第310页。

〔3〕［美］罗·庞德著，沈宗灵、董世忠译：《通过法律的社会控制　法律的任务》，商务印书馆1984年版，第11页。

〔4〕舒国滢主编：《法理学》，中国人民大学出版社2019年版，第182页。

〔5〕［美］罗·庞德著，沈宗灵、董世忠译：《通过法律的社会控制　法律的任务》，商务印书馆1984年版，第33页。

可能将该法律规则中所规定的法律后果运用到该案件中去。但是司法实践中，我们知道，案件事实并不总是现成地提供给法律适用者，而总是需要法律适用者根据证据材料去进行认定。从理论上讲，法律适用者面对的事实永远是“已经过去的事情”，通过证据材料认定和确定事实的过程实质上是法律适用者将“过去的事情”还原为“现在的事实”。由于人的理性是有限的，还原的过程不是一个完全等值的过程，而是一个不断接近的过程。在认定事实的过程中，法律适用者面临的困难是需要其在确定案件事实时，在案件事实与法律规范之间来回穿梭，往返流转，从而作出合适的法律决定。

四、法律对不断变化的社会生活的适应能力存在一定的局限性

法律作为规范，其内容是抽象的、概括的、定型的，制定出来后有一定的稳定性。法律不能频繁变动，更不能朝令夕改，否则就容易丧失其确定性、连续性、稳定性和权威性。然而，由于人的理性的有限性，任何国家的法律都不可能是一个天衣无缝、包罗万象的体系，在涉及形形色色的社会生活时，总会存在一定的社会事实没有被法律所覆盖的情形。这就是人们所说的“立法空白”或“规则真空”。此外，法律往往不能对急速变化的社会发展的需要作出迅速反应，亦即跟不上时代的变化，在司法实践中总会出现一些法律没有规定的新型案件。这就是人们所说的“法律的滞后性”。更为突出的是，法律对人的行为、社会生活和社会关系具有很强的限制性，这种限制容易被强化而趋于僵化，从而不可避免地限制人们的创造性活动，特别是社会经济生活中的创新。

五、法律运行条件欠缺时不可能充分发挥作用

法律作为国家制定或认可的社会规范体系，其运行必须有政府机关公职人员、法官、检察官、律师等法律专业人员来运作。即使有最良好的法，如果缺乏具有良好法律素质和职业道德的法律专业人员，也很难起到预期的作用。法律的实施也需要相应的精神条件或文化氛围，如需要公众树立法治思维、权利和义务观念、程序意识等。缺乏相应的观念支持，公众无法理解法的精神，进而影响法的运行。此外，法律实施还需要必备的物质条件，如要有相对完备的侦查、检察、审判组织及物质的附属物(法庭、监狱等)。这些组织及附属物的设立和运行需要大量的财政支出。如果财政困难，就会限制这些组织及附属物的设立和运行。

总之，在认识法律的作用时，需要注意的是：对法律的作用既不能夸大，也不能忽视；既要认识到法不是无用的，又要认识到法不是万能的；既要反对“法律无用论”，又要防止“法律万能论”。我们要充分认识到法律的作用的局限性，并以此为基础，把法的调整机制与其他社会调整机制有机地结合起来，特别是将依法治国与以德治国相结合，以各种规范和调整机制之合力建立良性社会秩序。

本章小结提升：法律的作用是指法对人们的行为和社会生活产生的普遍影响与结果。法作为重要的社会规范，对其作用的理解、把握是不可或缺的。按照不同的标准

对法律的作用进行分类，可以分为一般作用与具体作用、整体作用与局部作用、直接作用与间接作用、预期作用与实际作用、积极作用与消极作用、规范作用与社会作用等。

法是一种特殊的社会规范，具有一定的形式特征和独特的运作方式。法律的规范作用是法自身表现出来的、对人们的行为或社会关系可能产生的影响。法律规范作用是指法律对人们的行为加以规范、指导、划一的作用，或因法律的规范性而具有的作用。法律的规范作用可以分为指引作用、评价作用、预测作用、教育作用和强制作用。了解和研究法的规范作用，对深入认识法律的社会作用、正确估量法律的价值，具有特殊的意义。

法律的社会作用由法的内容决定，是从法的本质和目的出发确定的作用。由于在历史发展的不同阶段和不同文化传统中，法的本质、地位和作用领域是不同的，因而法律的社会作用在不同国家、民族的各个历史时期也有所不同。概括来说，法律的社会作用可以从法律维护阶级统治的作用和法律执行社会公共事务的作用来认识。

法律的作用是有局限性的。法律只是许多社会调整方法中的一种，其作用的范围是有限的，并非任何问题上都适用。法律与事实之间的对应难题不是法律能够完全解决的，其对不断变化的社会生活的适应能力也存在一定的局限性。此外，当运行的人员、观念、物质等条件欠缺时，法律不可能充分发挥作用。

本章提高研讨题：某村民委员会在开展“争创精神文明户”活动中，将子女是否孝敬老人作为一项重要的指标，要求村民对孝敬老人做出承诺。张老汉的儿子张三写了书面承诺书，保证每个月至少给父亲50元的赡养费，保证书一式三份，村民委员会在保证书上盖章后，张老汉、张三和村民委员会各存一份。之后，张三家被评为“精神文明户”。但是张三始终没有履行过承诺。一次张老汉向儿子张三要钱看病，张三以其儿女上学需要学费、经济紧张为由拒绝。村民委员会据此撤销了张三家“精神文明户”的称号，并支持张老汉向法院起诉。法院审理后支持了张老汉的诉讼请求，判令张三每月向张老汉支付赡养费50元，并支付张老汉看病的费用。几个月后，张老汉再次找到原审法官，请求撤销原判决。理由是判决生效后，虽然张三付清了他看病的医疗费，每月也按时给他50元赡养费，但是他的孙子和孙女从此再也不喊他“爷爷”了，他为此非常伤心。法官听后也很同情，但却感到无能为力。

阅读上述材料，结合法理学知识和原理，谈谈你对村民委员会的举措、法院的判决以及张老汉的遭遇的认识。

参考答案：本案例主要体现了法律和道德的关系以及法律作用的局限性。

(1) 道德是法律的基础和评价标准，是法律的理论基础、价值基础以及法律运作的社会基础。法的权威、力量、合法性的发挥和实现是建立在道德这一基石之上的。法治的形成和实现都离不开道德信念的支持。社会主义道德对法的实施有促进作用，法律遵守要依靠人民群众的舆论道义支持，道德觉悟的提高是顺利实施法律的重要条件，社会道德风尚会提高维护社会主义法的自觉性和积极性。村民委员会开展“争创精神文明户”活动，号召鼓励村民孝敬老人并作出承诺；在张老汉面临无人赡养的困境时支持张老汉起诉，贯彻了社会主义道德，有利于老年人权益与保障的法律落实。

（2）法律是传播道德、保证道德实施的有效手段。社会主义法以法律规范的形式把社会主义道德的某些原则和要求加以确认，使之具有法的属性。遵守法律化的社会主义道德成为法律上的义务，从而使它获得强有力的保障，社会主义法的规范深刻体现了社会主义道德的基本精神和要求。张老汉的权利受到我国《宪法》《老年人权益保障法》和《民法典》等法律的保障，法院判决张三应当履行承诺书的赡养义务，体现了法律传播社会主义道德、进行社会主义道德教育的作用。

（3）法律具有局限性。法在社会生活调整中具有主导地位，但是并非所有的问题都可以适用法律。很多社会关系需要由法和其他手段并行调整，在对有些社会关系的调整中，法只能起到辅助作用；而对有些社会关系而言，法并不是有效的调整手段，比如人们的思想、信仰或私生活方面，就不宜采取法律手段加以调控。但是，道德是法的补充，它具有弥补法律漏洞的作用。任何一个社会的法都存在某种程度的不足，道德作为社会控制方式和社会规范之一，通过建立良好的道德秩序，协调、引导、调整和评价人们的行为，可以弥补法的漏洞。张老汉赡养费纠纷可以通过法律途径来解决，但是，对于张老汉家庭内部的感情问题，超出了法律作为行为规范的调整范围，这正体现了法律作用的局限性。

本章推荐的阅读文献：

1.［美］罗·庞德著，沈宗灵、董世忠译：《通过法律的社会控制 法律的任务》，商务印书馆 1984 年版。

2.［法］孟德斯鸠著，张雁深译：《论法的精神》（上册），商务印书馆 1961 年版。

3.［英］罗杰·科特威尔著，潘大松等译：《法律社会学导论》，华夏出版社 1989 年版。

第八章课后练习题

第九章 法律的价值

本章引例：斯科特诉桑弗特案

斯科特是美国的一个黑奴。他曾被主人带到自由州居住，后来又被带回蓄奴州。1846 年，斯科特夫妇向法院起诉，要求成为自由人，理由是他们曾在《密苏里妥协法案》规定的自由区居住过。官司最后打到了美国联邦最高法院。1857 年 3 月 6 日，最高法院宣布了不利于斯科特的终局性裁判。在判决中，法院裁定：①斯科特不能因为曾在自由州居住过就成为自由人，因为他一旦回到蓄奴州，就只受该州的法律支配，所以仍然是一个奴隶；②国会旨在限制奴隶制扩张的 1820 年《密苏里妥协法案》违宪因而无效，理由是国会超越了权力范围，侵犯了奴隶主的财产权；③斯科特不是美国公民，即便自由的黑人也不能成为宪法所说的合众国公民，因为联邦宪法并未把黑人视为合众国公民。

从上述这个案例中，在法律的价值层面，可以得到哪些启示呢？

本章概述：本章主要阐述法律的价值。法律的价值目标包括秩序、自由、正义等。通过阐述法律的各价值目标及法律的价值冲突的处理原则，揭示人们所追求的正当之法、理想之法，并以此法引领法律实践。

本章的学习目标：通过本章的学习，你所要达成的学习目标如下：

1. 掌握法律的价值概念；
2. 理解法与秩序的关系；
3. 理解法与自由的关系；
4. 理解法与正义的关系；
5. 认识和理解法律价值冲突的概念。

本章教学内容：

第一节 法律价值的概念

一、价值的一般含义

法律的价值是一般价值的存在形态，讨论法律的价值应当先明晰价值的一般含义。“价值”这一哲学概念与经济学上的“价值”概念密切相关。从语义上看，“价值”有“起掩护和保护作用的、可珍贵的、可尊重的、可重视的”含义。就像物品具有使用价值一样，价值的一般含义就是“有用”。在诸多人文社会科学中，价值一词已经被普遍使用在哲学、经济学、社会学、政治学、伦理学、法学中，因而也具有多重意义。从哲学的意义上讲，价值是客体满足主体的一定需要的效益关系，如客体能满足主体的需要，则客体具有价值，如不能则无价值。在我们看来，价值是某一客体（比如各种物质的、精神的、制度的对象）因能够满足一定主体（如某些人、某群体或阶层等）的生存和发展需要而对主体所具有的意义和功能。简言之，价值是一定客体因满足主体的需要和利益而具有的积极意义。价值总是在一定主体与客体的关系当中显现出来的，一定的主客体关系是一种事物的价值存在的前提和场所。在人与外界物的关系背景中，一种对象或客体如能满足主体的需要，对主体有利益，那么它对主体而言便是有用的、有意义的、有价值的。因此，某一事物的价值，以事物本身的性能为前提和基础，进而取决于主体的需要。离开了主体的需要，客体就没有价值。随着主体需要的变化，客体所具有的价值也发生变化。因此，在理解价值概念时，必须要注意以下几个维度：

第一，从主体与客体关系的维度考察价值的存在。在价值考察中绝对不能离开主体和客体这对关系，离开主体的需要讲客体的存在价值，没有任何现实意义。因此，主体是一切价值的原点和标准，是主体的需要才赋予客体一定的意义，价值的性质和程度如何，主要是由价值关系的主体情况来决定，其客体是被动的，但具有反作用。

第二，从客体客观属性的维度认识价值。某事物是否具有价值、具有何种价值、其价值大小如何不完全取决于主体的需要，并不能完全由主体单方面决定。价值必须反映主体的主观情感和意向，但是也一定要反映客体呈现给主体的客观属性，比如稀有物质的客观属性决定了它的价值存在在一定意义上脱离了主体情感的控制，不再是单纯哲学意义的价值，而具有了经济价值的属性。

第三，从时空转移的维度来考察价值意义。价值满足人们需要的程度在不同的空间和时间里是有所不同的，同样的事物在某一时代具有价值，在另一个时代却分文不值；在某一个地方有用的东西，在另一个地方却毫无用处。这就说明价值具有时空属性，主体的需求是随着主体的认识程度和客观环境的变化而变化的。在主客体相互关系中，客体是否按照主体的尺度满足主体需要，是否对主体的发展具有肯定的作用，这种作用或关系的表现就成为价值。所以，价值实质上就是对主客体相互关系的一种主体性描述，它代表着客体主体化过程的性质和程度。

二、法律价值及其特点

法律价值一直是千百年来哲学家和法学家们思考的主题之一。在当代中国的法学理论中，法律价值，或称法的价值，是 20 世纪 80 年代从西方法学中引进的一个概念，但这绝不意味着法律价值由西方世界所独享。任何一个民族和国家在法律追求上都有属于自己本民族的价值理念，所以在法学研究中必须高度重视法的价值的研究，从不同的角度考察研究法的价值，并把研究的中心深植于本民族的土壤之中。

与价值概念的多样性一样，人们对法律价值的概念也有多种界定或定义。法的价值是一般价值的特殊存在形式。我们认为，所谓法律价值，就是法这种客体对于满足社会主体的共同或特殊需要所具有的积极意义，是法的存在、作用和变化对这些主体需要的满足及其程度。法律价值的客体是一种制度化的规范，即法律制度。法律制度作为客体有无价值、价值大小，既取决于这种法律制度的性能，又取决于一定主体对这种法律制度的需要和期待，取决于该法律制度能否满足该主体的需要和满足的程度。因此，法律价值既是客体的又是主体的，是客体性与主体性的统一。只有在主客体互动的关系中我们才能认识和理解法律价值。由此来看，法律价值有两方面的特点：一是它的客观性，二是它的主体性。法律价值的客观性与主体性统一于法律主体的社会实践。

（一）法律价值的客观性

法律作为社会调整工具，具有调整社会关系、规范社会行为、实现社会控制和社会整合的作用。法律的社会调整作用和功能，表明法律对人们的有用性，说明它确实能够满足人们的需要。正是基于这种工具的实际作用和功能，人们对法律的理想作用和功能有了期待和需求。由此可见，法律的价值和法律的作用是相联系的，是从主体角度对法律的理想作用或功能所作的描述。

法律价值的客观性，是指法律对主体所具有的积极意义之产生、发展和变化，都有其客观原因和条件，最终取决于社会物质生活关系的内在要求。法律价值的客观性，是法律对人具有的积极意义，法律能够满足人们的需要，必定有其客观原因、客观条件，并非仅仅源于社会主体的好恶、兴趣或主观意愿。因此，研究法律的价值问题，使法律充分发挥其价值，就要研究社会生活对法律的客观需要，研究人的法律需要的客观基础。

一般来说，法律价值的客观性表现在以下几个方面：其一，从社会生活本身来看，高度复杂的社会生活必然需要法律这样一种特殊的调整工具，这种需要是客观的，不以人的意志为转移。其二，从社会主体角度看，社会主体总是需要、期待一种理性之法、理想之法，这种需要、期待作为一种社会事实客观存在。其三，法律这种社会调整工具基于其所具有的强制性、国家性、阶级性等内在属性而可以发挥广泛的社会作用，法律对于人的生活意义也是客观存在的事实。法律的价值以法律的这些属性为前提。

（二）法律价值的主观性

法律价值的主观性特点强调的是，主体的需求、期待等是判断法律价值的一种标尺。法律的价值是从主体角度对法的理想状态及功能、作用所作的一种要求或愿望。法律价值的主观性特点表明，法律在满足一定社会主体的共同需要、符合其期待的背景下才呈现出价值，法律的存在及其价值与主体的实际需要有关。

一般来说，法律价值的主观性表现在以下几个方面：首先，充分发挥人的主体性以认识社会生活的法律因素或法律规律性。人基于其主体性进行社会生活的沟通、交往，可以更加理性地、现实地认识自己的法律需要、法律期待，更加自觉地按照客观条件的可能性范围和潜力来满足自己的法律需要。其次，法律价值是基于主体间的法律价值共识性。法律是社会的公共产品，其价值必然要超越单个个人或群体的法律价值观，是社会成员在公共制度平台中逐步形成的社会共识。最后，法律价值观念随主体需要的变化而变动。法律价值观念因时代、社会、阶级、群体的不同而呈现出多样性，也因此呈现出变动性。我们有必要及时研究社会生活客观需要的变化，以制定出更好的法律，让法律发挥更好的作用。

由于法律的价值与人的客观需要和利益相关联，而人的需要和利益又是多维度、多层次的，因此法的价值也是多种多样的。根据不同的标准，对法律的价值可以作出不同的划分。例如，美国法学家哈罗德·拉斯韦尔（Harold Lasswell）和迈里斯·麦克杜格尔（Myres McDougal）将法的价值概括为权力、财富、健康、启蒙、技能、情爱、正直、尊重八种。当代英国法学家约翰·菲尼斯（John Finnis）则认为：法所体现的人类幸福的普遍价值有七种形式，即生命、知识、娱乐、美感、社交（友谊）、实践理性和宗教。我们认为，在法律的所有价值体系中，秩序、自由、平等、正义是法律价值体系的核心。其中，正义是法律的最高价值目标。下面分别讨论法律的这些价值。

第二节 法律与秩序

一、秩序的概念

秩序，按中国的传统解释，秩，常也；秩序常度也。一般来说，秩序指在自然界与社会中存在的某种程度的一致性、连续性与确定性。秩序在自然界和人类社会中普遍存在。可以说，没有秩序，就没有自然，也没有人类社会。相应地，在整个外部世界，一种是自然秩序，另一种是社会秩序。自然秩序表现为自然物质结构的有序性及物质间关系的稳定性和连续性，是客观规律的外在表现。社会秩序是人类社会主要通过规范手段（道德、宗教、法律等）自觉调节而使人际关系所处的一种有序状态，表现为个人角色、职务、地位的确定性，个人与个人、个人与社会、社会与社会之间相互关系的连续性、一致性和协调性，以及行为的规则性、财产与心理的安全性等。

秩序是人类一切活动的必要前提，是社会发展所应追求的基本价值。人类社会对秩序的需求可以从庞德所举的例子中充分看出：当首映一部大做广告和由大明星主演的影片时，想要进去的人比剧场所能容纳的要多。如果不排队，就不可能有很多人进得去，甚至一个都进不去，至少进去是个麻烦和费事的过程。“我们大家都需要地球，我们大家都有我们谋求满足的许多愿望和要求。我们有那么许多人，可是地球只有一个。”[1] 社会秩序是对自然必然性的限制，是对个体任意性的限制。

秩序不仅是人类生存的条件，也是人类发展的要求。人类的持续发展都离不开社会生活的稳定与正常。人类发展需要一定的社会条件，这些条件中，就包含对秩序的要求。在混乱状态下的时候，人的生存都成为困难，人是无法顾及发展的。人类社会的发展对秩序提出了一定的要求。相对的稳定、和平、安宁是发展的客观前提。发展是一种在生存基础上的进步，如果说生存需要秩序，发展就更加离不开秩序。

古往今来，任何比较繁荣的社会，其社会环境都是稳定而有秩序的。人类文明的本质，也是一种有序化的运动。可以说，没有秩序就没有文明，更没有文明的发展。需要说明的是，作为法律秩序的法律价值不是纯粹的强者对待弱者的优势，也不是兵临城下式的沉默，而是以人的基本自由为基础、通过一般性规则确立的秩序。诚如哈耶克所言，法律维护的秩序是抽象的秩序，它“并不是一种特定的事态，而是一种过程的常规性”。[2]

二、法律的秩序价值

既然社会离不开秩序，秩序就成为法律所要实现的最基本的价值。它是法律调整的出发点，也是法律所要保护和实现的其他价值的基础。在一个社会中，法律若不能实现一定社会关系的稳定，就谈不上对人的自由、平等权利的维护，也谈不上公平正义和文明进步。法律的秩序价值，可以从以下两个方面去分析。

（一）法律有助于社会秩序的建立

在当代社会，社会秩序的建立在很多情况下需要通过法律的方式实现，主要表现为：

第一，法律制度的设计本身就是在描绘人们所向往的社会秩序的基本蓝图，它也当然成为某个特定的社会所追求的目标，成为该社会建立其社会秩序的参照与标准。

第二，法律通过赋予社会主体一定的权利和自由从而引导社会主体的各种行为，使这些行为主体在行为方式和行为结果上能够彼此协调和顺应，从而使相应的社会秩序得以建立。

第三，法律通过给社会主体施加一定的义务与责任的方式，使主体对自身的行为加以必要的克制和约束，从而建立相应的社会秩序。

（二）法律有助于社会秩序的维护

第一，维护阶级统治秩序。在任何社会，法律作为国家的重要统治手段，首先必然要维护以统治阶级整体的根本利益为核心而形成的阶级统治秩序，使阶级统治合法

---

〔1〕［美］罗·庞德著，沈宗灵、董世忠译：《通过法律的社会控制 法律的任务》，商务印书馆1984年版，第34页。

〔2〕［英］弗里德里希·冯·哈耶克著，邓正来等译：《法律、立法与自由》第1卷，中国大百科全书出版社2000年版，第179页。

化，从而实现统治阶级的根本利益。

第二，维护政权运行秩序。社会秩序的存在离不开政权的有效运行。当然，这种权力如果运行不当也会给社会带来危难。因此，有必要对权力进行规范和约束，建立有效的政权运行秩序，防止权力的滥用。

第三，维护经济发展秩序。法律本身就是从人们的现实生活尤其是经济生活的需求中产生的。法律既是一定经济秩序的内在需求，同时又是一定经济秩序的外在体现。法律对经济秩序的维护使人们摆脱了经济活动的随意性，使人的活动更加稳定和可预测。

第四，维护社会生活秩序。在任何社会，人们的人身安全、财产安全以及公共安全、国家安全等社会基本安全的保障与维护，始终是国家的首要职责。国家也正是通过法律来履行这一职责。国家通过法律明确了各社会主体的权利和义务关系，也确定了相应的纠纷解决程序和机制。

第三节 法律与自由

一、自由的概念

自由作为一种思潮，作为人们所追求的价值，是西学东渐的产物。我国历史上，将自由作为一个政治法律概念来使用始于民国时期。然而，究竟什么是自由？历史上，思想家们对这个问题曾经作过深刻的思考，也有过很多不同的回答。例如，早期古希腊学者（赫拉克利特、德谟克利特等）从因果决定论出发，认为人的自由就在于人服从决定一切命运的力量或其代表。简言之，自由的实质在于服从。孟德斯鸠认为，“在民主国家里人们仿佛愿意做什么就做什么，这是真的；然而，政治自由并不是愿意做什么就做什么。在一个国家里，也就是说，在一个有法律的社会里，自由仅仅是：一个人能够做他应该做的事情，而不被强迫去做他不应该做的事情。我们应该记住什么是独立，什么是自由。自由是做法律所许可的一切事情的权利；如果一个公民能够做法律所禁止的事情，他就不再有自由了，因为其他的人也同样会有这个权利。”〔1〕

自由是人的本性。从哲学角度讲，自由就意味着人的充分自我实现。正如马克思所言：“自由不仅包括我靠什么生活，而且也包括我怎样生活；不仅包括我做自由的事，而且也包括我自由地做这些事。”〔2〕可见，人的自由代表着相互对立又统一的两个方面，即人的认识（智慧）与世界的秩序，人的需要和外部条件，人对世界的感性接触和思维把握，人的意志与理性，人对现实的服从与超越等。

---

〔1〕［法］孟德斯鸠著，张雁深译：《论法的精神》（上册），商务印书馆1961年版，第154页。

〔2〕中共中央马克思恩格斯列宁斯大林著作编译局编译：《马克思恩格斯全集》第1卷，人民出版社1995年版，第181页。

法律意义上的自由，是主体行为与法律规范的统一。在法律上，自由意味着主体可以自主地选择和实施一定的行为，同时，这种行为又必须与法律规范中所规定的行为模式相一致。当主体的自由被法律作为一种权利确认后，一方面意味着任何人和机构都不能强迫权利主体去做法律不强制他做的事；另一方面也意味着权利主体只能在法律界定的范围之内做他想做的事。

二、法律的自由价值

自由是人类社会的价值，也是法所应体现的价值。自由作为法律价值的主要意义在于，法律应将确认和保障自由作为自己的价值追求。追求自由是人的本性，法律也应该将确认和保障自由作为自己的价值追求。是否以保障人的自由为目的以及是否能够切实保障人的自由可以说已经成为现代社会衡量法律好坏的重要标准。脱离自由的法律，必然是落后的、专制的法。法律的自由价值，可以从以下两个方面去分析。

（一）法律确认自由

自由的实现取决于一系列社会条件（包括政治、经济条件）的保障。其中，法律是保障自由、实现自由的一个重要条件。法律对自由的保护表现为对自由的确认，主要采取以下两种方式：

第一，以权利和义务规定来设定主体自由的具体范围。权利确立了主体享有具体自由的法律正当性，义务则对主体享有自由的范围进行界定，从而使自由成为主体可以做任何不损害他人的事情的权利。

第二，以权利和义务规定来设定主体自由的实现方式。如果说法律以权利和义务规定来设定主体自由的具体范围还只是具有静态意义的话，那么法律以权利和义务规定来设定主体自由的实现方式就具有了动态意义。

（二）法律保障自由

要真正从法律上保护人们的自由，除了确认自由原则外，还必须在具体的法律制度、法律规范中切实保障自由的实现。现实生活中，对自由的侵害可能来自三个方面：一是国家权力对主体自由的侵害，二是其他私主体对主体自由的侵害，三是主体自身对自由的放弃。为此，法律确立了以下几种方式来保障自由：

第一，法律通过划定国家权力本身的合理权限范围，并明确规定国家权力正当行使的基本程序，排除国家权力对主体自由的各种妨碍。

第二，法律对每个主体享有的自由进行界定和限制，防止主体之间对各自自由的相互侵害。通过法律来排除主体之间的相互侵害对于保障自由的真正实现也具有重大意义。

第三，法律禁止主体自身随意放弃自由。自由是人的本质属性与本质要求。有一些最基本的自由是人之为人的基础条件，任何人都绝对不可以放弃。因此，对于主体某些情况下不负责任随意放弃自身自由的行为，法律也会加以禁止。

第四，法律为对主体自由的各种非法侵害确立救济手段与程序。“没有救济就没有权利”，没有救济也没有自由。对于各种侵害自由的行为，法律都将通过对侵害者进行惩罚，对自由受到侵害的主体进行赔偿等方式提供法律救济。

第四节 法律与平等

一、平等的含义

平等是指社会主体之间，类似情形类似对待、不同情形不同对待的原则和状态。平等作为一种社会价值，在人类历史上存在并发展了数千年，中国古代社会就有“王子犯法与庶民同罪”的平等观念。时至今日，平等已成为各国立法和国际法律普遍认可的原则。近200年来的世界成文宪法，普遍确认了法律的平等原则和人们的平等权利。在当代中国，平等是社会主义制度的内在要求。我国《宪法》第33条第2款就明确规定:“中华人民共和国公民在法律面前一律平等。”

平等的法律化主要体现为平等权，这一基本权利可以从以下两方面来理解:

第一，平等意味着社会主体享有在同等或类似情形下被同等或类似对待的权利，具体包括反对特权和反对歧视。在现实中，平等的权利不是孤立存在的，它必须以其他主体在同等或类似情形下的待遇作为参照，如果某一个社会成员所得到的待遇与同等或类似情形下其他成员所得到的待遇不同，即可认定这一成员是享受了特权或遭受了歧视。

第二，平等还意味着针对不同情形的区别对待。这是平等的一种特殊情形，即当不同社会主体的实际状况存在差异时，为了保障平等，应当根据差异对不同主体进行差别化的对待。例如，我国《女职工劳动保护特别规定》明确要求，女性因法定事由，可以享受特定时长的专门假期，此类假期专属于女性职工，男性职工无权享有。这体现了法律对不同性别群体的区别对待，是法律保护女性平等权利的特别情形。

可见，平等是与法律的其他价值交织在一起并具有相对独立性的重要价值，平等指导着法律对权利义务的公正分配。法律沿着人类平等观念正常发展所昭示的历史轨迹，把平等推进到一个又一个新的高度。当然，在当今中国社会的发展过程中，诸如尊严平等、权利平等、机会平等形式方面的平等，以及公平分配、调节贫富差距、实现共享发展、共同富裕等实质方面的平等，都尚有很长的路要走。

二、法律与平等的关系

法律是确认平等的重要依据。法律通过具体的规范设计和制度安排来确认和保障平等。从法律技术角度看，法律确认和保障平等的基本方式主要有:

第一，法律把平等宣布为一项基本的法律原则。这个原则性的宣告贯穿于一个国家的整个法律体系。在作为国家根本大法的宪法层面，所有公民在法律面前的一律平等是普遍的平等；在宪法之下的各个具体法律制度领域，比如实体法的民法领域和各种程序法领域，平等也都是居于支配地位的法律原则。

第二，法律确认和保障主体法律地位的平等。在现代社会，主体法律地位的平等乃是法律的基本特色，这是法律的形式平等的一个最重要的体现，也是法律的实质平等的基本前提。

第三，法律确认和保障社会财富、资源、机会与社会负担的平等分配。法律通常把社会财富、资源、机会和社会负担的分配都转化为主体相应的法律权利和法律义务。

第四，法律公平地分配法律责任。法律责任是主体不适当地行使其法律权利和不履行或不恰当地履行其法律义务而带来的法律后果——一种特殊的法律义务。在法律责任分配方面，主体法律行为的性质与法律责任的性质相一致、主体法律行为的违法程度与法律责任的强度相一致、行为主体责任自负、以主体过错责任为原则而以无过错责任原则为例外等，都体现了法律在法律责任设定和分配方面对平等原则的贯彻和遵循。

第五节 法律与正义

一、正义的概念

从词义上来看，正义即正当的道理，与公平、公正、公道等相当。从具体内容上来看，正义一词具有多重含义，不同的学者对于正义含义的解释或所确立的正义标准不尽相同。例如，古希腊思想家柏拉图认为，正义就是各得其所；古罗马法学家乌尔比安认为，正义是给予每个人他应得的部分的这种坚定而恒久的愿望。再如，孔子所说的“己所不欲勿施于人”，也可视为一种对正义的解读。

尽管如此，一般认为，作为公正的体制的正义，也就是作为社会基本结构的社会体制的正义，是最为根本的和具有决定意义的正义。社会基本结构是一个社会用来分配基本权利和义务、社会合作利益与负担的基本方式与制度框架，主要包括政治结构、经济结构和社会结构。

思想家们在对正义的探讨中，都重视探讨正义的种类。我们经常使用的对正义进行分类的标准，包括把正义分为分配正义与矫正正义、实质正义与形式正义、实体正义与程序正义、社会正义与个人正义等。从法学的角度来看，实质正义与形式正义的分类以及相应的实体正义与程序正义的分类更为重要。

在法理学意义上，实体正义是指通过法律上的实体权利和义务来公正地分配社会合作利益与负担的法律规则所体现出来的正义；程序正义是指为了实现法律上的实体权利和义务而公正地设定一系列必要程序，从而以这些程序为内容的法律上的权利和义务所表征的正义。在法律实践中，实体正义指的是把规定实体性权利义务的法律规则具体应用到个案处理所得到的结果的正义；程序正义则指的是把规定程序性权利义务的法律规则具体应用到个案处理所得到的有关过程和步骤等环节的正义，而不直接涉及个案处理的结果是否正义。

从正义观念的历史发展来看，正义具有以下几个特点：

第一，正义既有普遍性又有特殊性。正义的普遍性意指正义所反映的是人类文明的基本共识与人类生活的根本理想，这种共识和理想存在于整个人类社会之中。正义的特殊性表达的是，作为人类文明基本共识和人类生活根本理想的正义始终都只能是在具体的和特殊的人类生活境况之中存在并得到体现的。

第二，正义既具有超时代性又具有时代性。正义作为人类文明基本共识和人类生活根本理想，是与人的存在和发展相始终的，也反映了人类所共有的情感、理想和需求，这就是正义的超时代性。正义的时代性所表征的是，具体的不同时代的人们对正义的认识、理解和态度又是彼此有所不同的。

第三，正义既具有客观性又具有主观性。正义的客观性指的是，作为人类文明基本共识和人类生活根本理想，它反映的是人类作为一个整体所具有的共性，而这些共性不以具体的人的各种自然和社会差异因素的存在而发生改变。正义的主观性指的是，在现实生活中，正义观念的某些具体内容始终与人们的具体生活状况及其感受直接相关，因而也就体现出正义观念强烈的主观性。

二、正义的最低限度

哪些正义观念是人类社会或者至少是现代社会应当共同遵守的呢？在这个问题上，学者们的观点各异。哈特认为，隐含在正义观念中的一般原则是，“就相互关系而言，个人有资格享有平等或不平等的相关地位”，“因此，习惯上正义被认为是维护或重建平衡或均衡”。由此，正义是“同样情况同样对待”和“不同情况不同对待”。[1] 可见，哈特侧重于描述作为平等的正义，是“法律中的正义”。美国哲学家罗尔斯则提出了关于正义的两个原则：①每个人对其他人所拥有的最广泛的与基本自由体系相容的类似自由体系都应有一种平等的权利。②社会的和经济的不平等应这样安排，使它们被合理地期望适合于每一个人的利益；依系于地位和职务向所有人开放。其中第一个原则（平等）优先于第二个原则（不平等），第二个原则中公平机会优先于差别原则。[2] 能否对这些作一个归纳，找出正义的最低限度标准呢？我们可以对此作一个大致的勾勒。这个最低限度标准是：①正义要求利益与责任的分配不是任意的，不是依靠暴力，而是应当按人们可以理解的标准进行，使人们有所遵循地去争取自己的利益；②正义与平等存在起码的联系，要求一定标准下（例如身份、职位、性别、劳动等）的平等，或者量的均等；③裁判者最低限度的中立。正义作为评价社会优劣的道德标准，它的主要原则必须围绕社会的基本价值目标展开。现代社会的主要价值是自由、

---

〔1〕［英］哈特著，张文显等译：《法律的概念》，中国大百科全书出版社 1996 年版，第 157 页。

〔2〕［美］罗尔斯著，何怀宏等译：《正义论》，中国社会科学出版社 1988 年版，第 56 页。

平等、权利。因此，现代社会的正义原则应当以自由、平等、权利为灵魂，正义离不开对人的尊严的守卫。

如果我们关注的是司法中的正义，事情就要简单得多。因为司法中的正义已经有一个标准即法律存在，法官的义务就是执行法律——以法律为准绳。只是在对事实的判断上、在对法律的理解上以及在缺乏法律依据的特殊情况下方发生判断的“相对性”问题。而这个相对性针对的是“正确判断的唯一性”而言的，在“在法律的范围内正义与否”这一点上司法的正义具有绝对性。当然，这不是指任一判决的绝对正义性，相反，任何判决都是可争议、可批评的。

三、正义与法律的关系

正义既然是用来调整人际关系的，它就与权利、义务、责任等概念密不可分。这样，正义就与法律紧密相连。正义在法律的价值体系中处于最核心的地位，秩序、自由等法律的价值都与正义相关。正义作为法律的核心价值，具有重要意义。主要体现在两个方面：一方面，正义在任何时候都始终是法的终极理想和目标，也是检验现实中的法律的根本标准和依据；另一方面，正义作为法律的价值，体现了通过法律对社会基本结构及其制度的理想性的规范建构。而正义与法律的关系，可以从以下两个方面展开。

（一）正义对法律的作用

第一，正义是法律评价标准的核心。正义作为法律存在的根本性原因和决定性理由本身就表明，现实的法律的优劣好坏必然也必须由正义这个根本性的标准来加以检验和评价。

第二，正义是法律发展和进步的根本动因。正义自始至终都在引导着包括法律在内的所有的社会基本结构和具体制度安排的革故鼎新，使法律等社会制度最大限度地符合正义的时代要求。

第三，正义适用于具体的现实法律实践。在具体的现实法律实践中，有时会产生疑难案件，由于法律规则不明确而难以解决。在这种情况下，作为法的根本价值的正义往往在法律适用和法律推理中成为解释法律的重要依据，人们可以从正义的一般要求中获得法律推理的根本性前提，从而解决疑难案件，填补法律的空白和漏洞。

（二）法律对正义的保障

第一，法律通过把社会生活的主要领域及重要的社会关系纳入法律之内，实行法治化治理，把正义的基本内涵融入法律规范和制度之中，并严格依法办事，从而在整个社会之中全面地促进和保障社会正义。

第二，通过法律权利和法律义务机制，一方面，在法律上公正地分配社会合作的利益和负担，以此促进和保障法律上的实体正义；另一方面，在法律上公正地设定本身就体现正义并以实现实体正义为目的的程序，以此促进和保障法律上的程序正义，这种对正义的保障方式主要是由立法来承担的。

第三，通过法律效果认可机制，保障法律上的实体正义和程序正义，即一方面对违法行为确定其否定性法律后果，对其予以矫正并恢复受到违反和侵害的法律上的权利和义务；另一方面，对合法行为确定其肯定性法律后果，确认已经形成了法律上的权利和义务。

第六节　法律的评价标准及冲突解决

一、法律评价的概念

在认识法律评价时，应该先认识什么是评价。评价是人们对事物静态的性质（结构、形式）和动态的过程所作出的判断。在一定的意义上来说，评价也是一种实践活动。而且这一活动是社会主体与评价对象之间的对应与互动。评价的主体毫无疑问是人，是社会主体。因而评价必然与社会主体的心理、道德观念、文化背景等因素相联系。

法律评价就是社会主体依据特定的标准，对法律及其运作过程作出价值判断。法律评价是社会成员对法律规范、法律制度、法律活动、法律作用等法律现实所作的价值判断和在此基础上进行的价值设定与选择，反映出主体需要与法律之间的某种肯定或否定关系。在对法律及其运作过程作出价值判断的过程中，必然涉及社会主体既有的法律认知、法律情感、法律态度、法律观念等因素，而且还与评价主体、评价对象、评价标准等因素相关联。

二、法律评价的标准

法律的评价标准，也就是在法律上对各种事物进行价值判断时所应当遵循的准则。它主要是为了解决两个问题：一是价值确认，即按一定的标准来确定什么样的要求、期待、行为或利益是正当的、是符合法律的目的的、是值得从法律上予以肯定和保护的；二是确定价值位阶，可以说，法律的所有目的价值和形式价值都是值得追求的美好事物，但是并非所有有价值的事物都是等价的。它们之间在价值大小、高低、多少上可能是有所差异的。由于各种法律价值的实现都需要相应的资源和机会，而资源和机会总是有限的，所以就有必要对法的诸多价值按照一定的价值位阶排列组合。当那些低位阶的价值与高位阶的价值发生冲突并不可兼得时，高位阶的价值就会被优先考虑。这种考虑是有必要的，因为如果没有这种价值位阶的排序，诸多法律的价值之间就会经常发生无法控制的对立和冲突，从而可能引起法律规范和法律制度的极大混乱。

在我国，法律的评价标准应当坚持以下原则：

第一，生产力标准。马克思主义认为，生产力和生产关系、经济基础和上层建筑相互作用、相互制约，支配着整个社会的发展进程。新中国成立以来，我们党带领人民坚定不移地解放和发展生产力，走完了西方国家几百年的发展历程，推动我国快速发展成为世界第二大经济体。理论和实践告诉我们，对法律现象进行价值评价时，要坚持生产力标准，看其是否有利于我国社会生产力的进步，是否有利于在发展生产力的基础上改善人民的生活条件。

第二，人道主义标准。这一标准的核心含义是以人为本。一切政治、法律制度，一切社会活动，只有当它有助于实现人类解放和人的自由全面发展时，才是有价值的。我国法律对未成年人、老年人、残疾人的权利以及其他社会弱势群体的权利予以特别保护，体现了人道主义的内涵。

第三，现实主义原则。对法律现象进行价值评价，必须从社会实际出发，而不能从脱离现实的“理想国”“乌托邦”出发，法律价值评价标准的具体内容也必须根据现实需要的变化而加以充实和完整。如果落后于现实生活的发展，无视现实生活条件的重大变化而墨守成规，则会阻碍法治与社会的进步。

第四，历史主义原则。对历史上出现过的各种法律现象进行价值评价时，必须持一种历史主义的态度，站在历史发生的当时，用历史的眼光来看历史，而不是站在现在，用现在的眼光来看历史。某些在现在看来是无价值甚至反动的东西，在历史上可能不一定如此，相反却可能是非常进步和有价值的。在研究中华民族法律文明史的时候，尤其应注意这一点。

三、法律的价值冲突

法律的价值是一个庞大的体系，其中包含着多样化的价值准则，每个价值都具有独特性，且相互之间具有独立性。从逻辑上来看，不同价值准则具有不同的追求，它们始终存在相互对立和冲突的可能。在现实中，不同的阶级、群体、个人可能持有不同的价值观念和价值追求。这使得法律实践过程中的价值冲突始终无法避免。例如，在新冠肺炎疫情的影响下，人们的生命健康处于危险之中，整个社会的安全都面临着威胁。在此情况下，政府依法开展公共卫生应急处置，并针对疫情的特点出台了一系列法规和政策。这些应急性的法规和政策可能会在一定程度上限制人们的自由。此时，法律的安全价值就与自由价值形成了对立和冲突。在中国社会，人们更加追求安全价值，认为只有在保障安全的前提下，追求其他价值才有意义。此时，安全价值在冲突中占据优势地位，成为社会最重要的价值追求。在现实生活中，自由与平等的冲突、自由与秩序的冲突等都是较为常见的法律价值冲突的情形。

法律的价值冲突的原因是多方面的，我们至少可以从主体原因、社会原因这两个方面进行认识。从社会主体的角度来看，国家、政府机关、企事业单位、社会团体、公民都是法律的价值主体。法律的价值主体是非常广泛的，也是十分多样的。法律的价值主体的多样性，在客观上导致多元价值观念的共存，这些价值观念的互相冲突便在所难免。从社会原因的角度来看，社会是通过人与人之间的联系所建立起来的共同体，人们在社会中进行各种各样的交往，形成了广泛而复杂的社会实践。社会实践的复杂性意味着在特定的社会场景中，不同的人为了各自的目的，开展各式各样的行为活动，这些行为活动可能会相互干扰，并表现为人与人的不同需求的冲突。当然，除了上述两点基本原因之外，社会中的文化、风俗、习惯等因素也会引起法律价值的冲突。

四、法律价值冲突的解决方式

对法律价值冲突的解决方式可以作不同的概括。例如主体认同方式与外在统一方式、民主方式与专制方式、合法方式与非法方式等。法律价值冲突的解决在很多时候都是十分困难的，理想的社会期望能够形成一种涵盖、平衡各种价值冲突的方式。立法作为一种确认普遍规则的活动，也是在这个意义上协调、平衡各种法律价值之间可能会有的矛盾。中外历代法学家也在尝试提出许许多多关于法律价值冲突的解决原则。然而，由于立法不可能穷尽社会生活的一切方面，在个案中，更可能因为特殊情形的存在而使得价值冲突难以避免，因而必须形成相关的平衡价值冲突的原则。可以采纳的原则主要有：价值位阶原则、协调兼顾原则和法益权衡原则。

（一）价值位阶原则

这是指在不同位阶的法律价值发生冲突时，在先的价值优于在后的价值。在利益衡量中，首先必须考虑其中涉及的某种法益较其他法益是否有明显的价值优越性。就法律的基本价值而言，主要是以上所述的秩序、自由、平等与正义，其他则属于基本价值以外的一般价值，如效率、利益等。但即使是基本价值，其位阶顺序也不是并列的。正义可以被看作是法律所追求的最高价值目标。正义的要求本身包含着对自由、平等、秩序、效率等价值的平衡和协调。法律价值体系所追求的目标，就是在正义的名义下，恰当协调自由、平等、秩序、效率等各个价值项，使之可以协调发展。

（二）协调兼顾原则

在法律的价值体系中，所有的价值都应当受到保护，但在现实中，法律的价值冲突也是非常普遍的。在这种两难困境之下，围绕法律的制定和实施工作，应当采取协调兼顾的原则来处理法律的各种价值之间的冲突，综合考虑主体之间的特定情形、需求和利益，尽力平衡好不同价值目标之间的关系，维系整个价值体系的稳定。

（三）法益权衡原则

尽管我们在原则上强调应当对法律的各种价值进行兼顾和协调，但现实中法律的价值冲突总会出现无法兼得的情形，此时解决法律的价值冲突便无法再秉持完全兼顾的态度和立场，而必须在不同的法律价值中进行权衡和取舍。这其实就是在不同的法律价值中进行利害衡量，即所谓“两利相较取其大，两害相权取其轻”。当然，法益权衡原则一般在较为具体的法律的价值冲突情境中才具有参考意义。例如，为维护公共秩序，必要时可能会实行交通管制，但应尽可能实现最小损害或最少限制。只有在具体的冲突情境中，人们才能具体地衡量和评价不同的法律价值的意义，并根据现实情况做出合理的取舍。

本章小结提升：法律价值，就是法这种客体对于满足社会主体的共同或特殊需要所具有的积极意义，是法的存在、作用和变化对这些主体需要的满足及其程度。法律价值有两方面的特点：一是它的客观性，二是它的主体性。法律价值的客观性与主体性统一于法律主体的社会实践。

秩序是法律所要实现的最基本的价值。它是法律调整的出发点，也是法律所要保护和实现的其他价值的基础。法律有助于社会秩序的建立和维护。

自由是人类社会的价值，也是法所应体现的价值。法律意义上的自由，是主体行为与法律规范的统一。自由作为法律价值的主要意义在于，法律应将确认和保障自由作为自己的价值追求。

平等是指社会主体之间，类似情形类似对待、不同情形不同对待的原则和状态。平等意味着社会主体享有在同等或类似情形下被同等或类似对待的权利，具体包括反对特权和反对歧视。平等还意味着针对不同情形的区别对待。法律通过具体的规范设计和制度安排来确认和保障平等。

从法学的角度来看，实质正义与形式正义的分类以及相应的实体正义与程序正义的分类更为重要。现代社会正义的原则应当以自由、平等、权利为灵魂，正义离不开对人的尊严的守卫。

法律的评价标准，也就是在法律上对各种事物进行价值判断时所应当遵循的准则。法律的评价标准应当坚持：生产力标准；人道主义标准；现实主义原则；历史主义原则。法律价值冲突的解决原则可以采纳的主要有：价值位阶原则；协调兼顾原则；法益权衡原则。

本章提高研讨题：正义是现代法律的核心价值，司法是实现正义的重要途径之一。据统计，仅 2018 年，我国地方各级人民法院就受理案件 2800 万件。如何“让人民群众在每一个司法案件中都能感受到公平正义”，成为司法机关必须面对和思考的问题。请根据上述材料，结合我国法治发展的现实，论述通过司法实现正义的途径与措施。

参考答案：正义是人类追求的共同理想，也是现代法律的核心价值。它以利益为依归，是对利益的正当分配。司法是现代社会主要的纠纷解决机制，司法公正是社会正义的重要组成部分，要坚持司法公正原则，充分发挥司法在利益分配上定分止争的作用。

司法公正原则包括实体公正和程序公正。实体公正是指司法裁判的结果公正，当事人的权益得到了充分的保障，违法犯罪者受到了应得的惩罚和制裁；程序公正是指司法过程的公正，司法程序具有正当性，当事人在司法过程中受到公平公正的对待。

为了让人民群众在司法审判中切实感受到公平正义，必须深化司法体制综合配套改革，全面落实司法责任制，保证司法机关独立行使职权，培养高素质的司法队伍，完善人权司法保障制度，提高司法公信力，推进以审判为中心的诉讼制度改革，利用现代化科技提高司法效率与办案质量，切实保障当事人的合法利益。

本章推荐的阅读文献：

1. ［英］弗里德里希·冯·哈耶克著，邓正来等译：《法律、立法与自由》第 1 卷，中国大百科全书出版社 2000 年版。

2. ［英］哈特著，张文显等译：《法律的概念》，中国大百科全书出版社 1996 年版。

3. ［美］罗尔斯著，何怀宏等译：《正义论》，中国社会科学出版社 1988 年版。

第九章课后练习题

第十章　法律体系与法系

本章引例：《法经》——中华法系的源头

春秋战国时期是中华法系的萌芽时期。在这一时期，一方面产生了诸多的思想家对法进行哲学思辨和理论探讨，为中华法系提供了思想渊源；另一方面，不少法治实践者积极投身于社会生活，他们制定了许多法典，这些早期法典对以后的法典制定起到了示范作用。其中公元前5世纪魏国相李悝编撰的《法经》被公认为是我国历史上第一部完整的成文法典，是以后各个时期法典的源头。这部法典有两个主要的特征：其一，从内容上说，《法经》的内容都是刑法。这就使以后各代的立法仅限于刑法领域，即使是一些民事问题，也用刑法手段解决。这与西方以私法为主的法律体系形成鲜明对比。其二，《法经》篇章结构为今后各代立法提供了模板。《法经》以前的立法都以刑名分类，即以处以何种刑罚对法律进行分类。如西周初期的刑法是墨罪五百，劓罪五百，宫罪五百，刖罪五百，杀罪五百，这种体系显然很混乱。而《法经》以行为性质分类，使法典体系逻辑性强，便于使用。作为中华法系的开山之作，《法经》的历史地位是不容置疑的。

通过了解《法经》的内容、特征及其发展，我们知道了中国古代法律体系的发展与构成，促使我们进一步思考当代中国法律体系是如何发展构建的，法律体系和法系究竟是什么？当代中国法律体系都有哪些法律部门，构建有中国特色的法律体系的目标是什么？通过本章的学习，我们将逐步为你解答上述问题。

本章概述：本章主要介绍法律体系的概念、法律体系的发展历史，法律部门的含义，在此基础上进一步阐述中国特色社会主义法律体系的含义和特征，中国法律体系的构成，构建中国法律体系的目标；并进而阐述什么是法系，划分法系的标准，以及当今世界都有哪些法系，厘清法律体系与法系的关联和区别。

本章的学习目标：通过本章的学习，你所要达成的学习目标如下：

1. 掌握法律体系的概念；
2. 了解法律体系的历史发展；
3. 了解和掌握中国法律体系的构成；
4. 弄懂什么是法系，当今世界都有哪些法系；
5. 了解划分法系的标准是什么。

本章教学内容：

第一节 法律体系及其历史

一、法律体系的概念

法律体系（Legal System），通常是指一个国家全部的现行法律规范和原则按一定的逻辑顺序分类组合为不同的法律部门而形成的有机联系的统一整体。简单地说，法律体系就是部门法体系。法律体系的特征主要有如下四点：

（一）规范性

这里所说的规范性是指法律整体，或者法律作为一个体系所具有的规范性特点。法律体系的规范性主要表现为两个方面：一是每一种法律体系内部都存在着规范；二是一种法律体系内那些不属于规范的法律都与法律规范保持着内在的联系，例如它们可以影响到法律规范的使用和存在。而且，它们唯一的法律相关性就是它们影响法律规范存在和适用的具体方式。因而，虽然在一个法律体系中存在不属于规范的法律，但是由于它们与法律规范保持着必然的、内在的联系，换言之，它们的存在是为了法律规范的存在和运行，所以它们的存在并不能改变法律体系的规范性特征。

（二）客观性

法律体系的客观性指的是法律体系是不以人的意志为转移的客观存在。主要表现为：一是法律体系是在人们的意识、文化、社会关系和生活方式的直接影响下形成的客观现象。因此，法律体系的性质是由社会制度的性质决定的。法律体系的内容是由国家的国情决定的，法律体系的发展是由社会实践的发展决定的。二是不论现代国家的类型和法律体系的性质如何，总有一些在所有国家都相同的法律部门，如宪法、民法、刑法、行政法、家庭法等。三是法律体系的客观性更多地源于法律体系所调整的社会现象和社会关系的客观性。一个法律的存在和运行，必须以能够满足此区域需求的法律体系的存在为前提，否则单独的一个法律部门无法发挥应有的作用和职能。一方面只要法律在一个区域中发挥应有的调整社会现象和关系的作用，那么必然存在这种法律与其他法律互相配合与协调进而构成的法律体系。另一方面法律要想对以网络状态存在的社会现象和社会关系发生作用，必然将自身置于能够相互配合和支持的法律体系之中。所以凡是能够满足某一地域法律需求的法律体系必然是一种客观存在。

（三）系统性

法律体系的系统性是法律体系的应有之义。法律体系的系统性在一定程度上表现为法律体系的统一性。因为法律必然要以体系化的状态存在，即构成法律体系的各种法律要素之间应当是互相配合、互相支持的关系，所以法律体系的系统化特征必然要求构成法律体系的要素具有一致性和统一性。如果存在于法律体系中的法律要素（法律规范、法律制度和法律部门）之间存在大规模的相互矛盾和冲突，法律体系和法律根本无法满足社会的法律需求，根本不能实现人们对法律体系和法律的预期目标。

法律体系的统一性表现在：一是共同的法律精神、指导思想、法律原则和概念贯穿于各部门法（应为构成法律体系的各要素）之中；二是较低效力层次的法律是相应的较高效力层次法律规则或原则的具体化和制度化；三是法律规范之间具有等级层次性，即纵向的等级从属关系，具有内在统一性；四是法律规范、法律部门之间具有横向联系和制约的一致性，即遵守某项法律规定，同时会引起所有法律的承认和保护；违反某项法律规定，可能会招致其他法律的制裁；五是立法技术和标准，以及规范性法律文件的名称、规格要保持一致。法律体系的统一性还表现在调整目的和调整任务的统一性上等。

（四）实用性

确定一个法律体系存在与否的一个重要标准就是法律体系能否实际满足某一地域社会生活的法律需求，即法律体系是否具有实用性。法律体系应当是一定区域内能系统存在和运行的法律整体，即要求法律体系必须是在社会生活中实际运行的法律整体，而不是只存在于理想、观念状态中的法律整体。如果法律体系只是一种单纯的规范状态，或者观念层次上的法律体系，只是一种在法律规范的矛盾与冲突中存在的思想体系，它并不能对社会产生实际的效用，从根本上讲它也就不是一种真正的能够协调统一的法律体系。因为，只有在实际运行中，才能将相互冲突的法律规范、法律制度和法律部门等构成法律体系的要素磨合进而整合成统一的、系统化的法律体系。不具有实用性的“法律体系”只是静态的法律规范体系或者是人们由相同的传统和运行模式归纳出来的法系，所以法律体系的实用性是法律体系区别于法系和法律规范体系的重要特征。

二、法律体系的历史发展

任何社会的法律规则和原则，都是按一定的逻辑顺序组织起来的，否则就会相互冲突而无法进行有效的社会调整，理性的人们所遵循的是符合起码逻辑要求的规则和原则体系，其实这就是法律体系。这种体系的存在，与人们是否认识到它的存在是两码事。因此，尽管法律体系这一概念是近代社会的产物，但我们却不能说古代社会就没有法律体系。

把法律当作一个整体的思想起源于古希腊，古希腊的学者们曾对法律作出过分类。例如，亚里士多德将法律分为基本法和非基本法。罗马法学家将法律分为公法与私法，公法包括政体的法、宗教的法；私法又分为人法、物法、债法，这是人类最早的法律体系观念。近代理性主义使人产生了按一定的对象和原则创建法律的观念，产生了将法律按内容分门别类的思想。康德把法律分成外在法、非强制的法两大类。外在法中包括自然法和实在法，实在法又分为公法、私法。公法包括宪法、刑法、国际法、世界法。法国革命以后，拿破仑时期的法国首创宪法、刑法、民法、商法、刑事诉讼法、民事诉讼法六法体系。这一体系一直被人们沿用。英美法系虽然无法典，但是也接受把法律分为不同部门的做法。

诸法合体、民刑不分是中国古代法律形式上的特点。中国古代没有法律体系的观念，不过从秦开始倾向于把国家的重要法律、规则、原则集中起来按逻辑顺序编为统一的法典，表明了明确的法律整体观念。这个体系是以刑法为统帅的。明代首创将法律分为吏、户、礼、兵、刑、工六部门的方法。这种以官府职权为标准划分法律门类的方法虽然与现代划分法律部门的方法不同，却也表现出将整体的法律分为部门的倾向。这一编排法律的方法充分反映出中国古代法律的王权工具主义色彩以及高度政治化的特色。

清末变法，我国放弃了诸法合体的千年传统，效仿西方按民法、刑法、商法、诉讼法分立的模式组建法律体系，并且装模作样地搞起立宪。但是由于辛亥革命的兴起，几千年牢不可破的帝制遂寿终正寝。民国政府早年允许有条件地引用清代法律，以免法制中断。接着按西方六法体系进行了大规模的法典编纂活动，到20世纪30年代末基本形成六法体系。但是，民国时期的六法体系不同于法国的六法体系，它实行民商合一，而将行政法独立为一个部门。[1] 1949年10月新中国成立以后，废除了国民党的六法体系，进而在社会主义革命和建设不断发展进程中逐步形成了具有中国特色的社会主义法律体系。

三、法律部门

（一）法律部门的概念

法律部门是指按照法律规范自身的不同性质、调整社会关系的不同领域和不同方法，依据一定标准和原则组成的同类法律规范和原则的体系，它是法律体系的组成部分。法律部门本身是一个逻辑严密的结构，它由数个法律制度构成。

法律部门和某一法律部门的法律文件不同。例如，宪法法律部门，不仅指宪法法典，还包括国家机关的重要的组织法、选举法等。刑法法律部门除了刑法典以外，还包括单行的刑事法律，议会有关刑法的决定，非刑事法律中的刑事条款。有些法律部门则干脆没有法典，甚至难以编纂法典，例如行政法部门和经济法部门。在英美法系国家，除宪法有法典外（英国则连宪法法典也没有），没有部门法的法典。一个部门法通常由多个单行法规和相关的判例组成。例如，刑法部门由盗窃罪法、性犯罪法等单行法规和相关的判例组成。

（二）法律部门的划分标准

划分法律部门的标准问题，历史上有过很多次讨论和争论，目前看划分法律部门的标准在观点上基本统一，认为主要应以调整对象、调整手段以及调整的数量为标准来进行划分。其一，以法律规范所调整的社会关系为标准进行划分。法律是调整社会关系的行为准则，任何法律都有其调整的社会关系，否则就不称为法律。法律部门就是以法律所调整的社会关系的内容为依据，来划分一部法律属于哪一种法律部门，因

〔1〕 周永坤：《法理学——全球视野》，法律出版社2004年版，第86~87页。

为受调整的社会关系的内容决定着法律规范的性质。比如调整民事关系的法，就其内容来讲属于民事领域，就为民法部门。社会关系是多种多样且复杂的，我们可以把社会关系分为政治关系、经济关系、文化关系、宗教关系、家庭关系等。当这些不同领域的社会关系成为法律调整的内容之后，它们便形成了构建法律部门的基础，而调整不同领域的社会关系的法律，又形成不同的法律部门。其二，以法律规范的调整方法为标准进行划分。法律规范所调整的社会关系虽是划分法律部门的基础或重要标准，但仅仅以此为划分标准还是不够的，因为它们既无法解释一个法律部门（如刑法法律部门）可以调整不同种类的社会关系，也不能解释同一社会关系须由不同的法律部门来调整这一法律现象。因此，划分法律部门还需要把法律规范的调整方法作为划分标准。如可把凡属于刑法制裁方法的法律规范划分为刑法部门，把规范诉讼行为、明晰诉讼过程的法律规范划分为诉讼法律部门等。其三，以法规数量的多少为标准进行划分。划分法律部门时还应考虑到规范数量的多少，否则也会产生各法律部门间的失衡，不能起到协调和平衡社会关系的作用。

法律部门的划分标准不是绝对的，而是相对的。这主要是因为：其一，法律部门间存在相互交叉的现象，因为划分的主要标准是调整对象，法律的调整对象实际上是一个整体。对象的整体性决定了调整的规则、原则是相互联系且难以分开的。事实上划分标准由单一的调整对象到多元标准就说明了划分的相对性。其二，有些法律文件中包含了两个或两个以上法律部门的法律规则和原则，例如劳动法。劳动合同关系是传统民法部门，但劳动法中有关劳动行政管理的内容却是行政法的内容，这从另一个侧面反映出了划分的相对性。

（三）法律部门的划分原则

法律部门的划分直接影响法律体系的构建，所以法律部门的划分非常重要，必须依据一定的原则进行。法律部门的划分原则概括起来有以下几点：一是系统性原则，即从整个法律体系的系统出发来划分，必须把一国内的所有现行法律的全部内容按照系统化的要求科学划分，使法律体系中的所有法律都有所归属，归集到某一法律部门中来，从而构建出一个具有系统性逻辑自洽的法律体系。二是协调性原则，即划分法律部门时应当考虑各法律部门之间法律规范的规模或数量要保持大体上的均衡，不能使某些法律部门的内容（规范）特别多，而有些法律部门的内容则特别少。当然，这种均衡只是相对的均衡，主要还要取决于各法律部门的实际需要和调整幅度，实事求是地进行协调，不能主观臆断，也可以把它称为实事求是的原则。三是现行法律和未来法律相互兼顾的原则，法律部门的划分应该以现行法律为主，因为还没有制定出来的法律事实上是不存在的，划分归属意义不大。但是，法律是发展的，法律体系的内容也在不断发生变化，所以，划分法律部门虽要以现行法律为主，但也不能不考虑法律的发展变化，否则，就不可能在法律发展的动态过程中保持法律体系的相对稳定，也不能为未来法律体系的构建预设良好的发展目标。

第二节 中国特色社会主义法律体系

一、中国特色社会主义法律体系的概念

中国特色社会主义法律体系是指与新时代中国特色社会主义的基本国情相适应、与社会主义的根本任务相一致的，由门类齐全、结构严谨、内部和谐、体例科学的全部法律、法规构成的统一整体。建立中国特色的社会主义法律体系，是规范、保障和推进依法治国、建设社会主义法治国家的基本前提之一。

二、中国特色社会主义法律体系的特征

中国特色社会主义法律体系与新时代中国特色社会主义的基本国情相适应，与改革开放和社会主义现代化建设进程相适应，与法律体系自身发展规律相适应，其具有以下五个方面的显著特征：

第一，中国特色社会主义法律体系体现了中国特色社会主义的本质要求。中国特色社会主义的本质要求包括坚持人民至上、以人为本、尊重和保障人权、促进人的全面发展。中国特色社会主义法律体系所包括的全部法律规范、所确立的各项法律制度，都充分体现了人民的共同意志、维护了人民的根本利益、保障了人民当家作主，为落实中国特色社会主义的本质要求提供了坚实的法治保障。

第二，中国特色社会主义法律体系体现了改革开放和社会主义现代化建设的时代要求。中国新时代最鲜明的特点是改革开放。中国特色社会主义法律体系与改革开放相伴而生、相伴而行、相互促进。一方面形成中国特色社会主义法律体系是改革开放和社会主义现代化建设顺利进行的内在要求，是在深入总结改革开放和现代化建设的丰富实践经验基础上进行的。另一方面，中国特色社会主义法律体系的形成，为改革开放和社会主义现代化建设提供了良好的法治环境，发挥了积极的规范、引导、保障和促进作用。同时，中国特色社会主义法律体系妥善处理了法律稳定性和改革变动性的关系，既反映和肯定了改革开放和现代化建设的成功做法，又为改革开放和现代化建设的进一步发展预留了空间。

第三，中国特色社会主义法律体系体现了结构内在统一而又多层次的科学要求。构成中国特色社会主义法律体系的各个部分是一个有机的统一整体，首先，构成法律体系的法律规范是统一的，即所有法律规范都必须统一于宪法，不得同宪法相抵触。其次，法律体系中不同层次法律规范的效力等级位次明确。宪法具有最高的法律效力，法律的效力高于行政法规，法律、行政法规的效力高于地方性法规。最后，构成法律体系的法律规范是协调的，不能互相矛盾，而应和谐共生，共同构成一个科学和谐的统一整体。

第四，中国特色社会主义法律体系体现了继承中国法治文化优秀传统和借鉴人类

法治文明成果的文化要求。中国特色社会主义法律体系的构建、形成和进一步完善，始终坚持将传承历史传统、借鉴文明成果和进行制度创新有机地结合起来，做到古为今用、洋为中用、兼收并蓄。因此，中国特色社会主义法律体系不仅具有鲜明的民族特点，而且具有文化上的先进性、包容性和广泛性。

第五，中国特色社会主义法律体系体现了动态、开放、与时俱进的发展要求。一个国家的法律体系，通常是对这个国家一定历史发展阶段现状的反映。随着经济社会的发展，法律体系需要不断丰富、完善、创新。中国处于并将长期处于社会主义初级阶段，整个国家还处于体制改革和社会转型时期，社会主义制度还需要不断自我完善和发展。这就决定了中国特色社会主义法律体系必然具有稳定性与变动性、阶段性与连续性、现实性与前瞻性相统一的特点，决定了中国特色社会主义法律体系必然是动态的、开放的、发展的，而不是静止的、封闭的、固定的，必将伴随中国经济社会发展和法治国家建设的实践而不断发展完善。

三、中国特色社会主义法律体系

根据中国的国情和传统文化，以不同法律规范的调整对象和调整方法为标准，我国将中国特色社会主义法律体系分为宪法及其相关法、民法商法、行政法、经济法、社会法、刑法、诉讼与非诉讼程序法七个法律部门。

（一）宪法及其相关法律部门

宪法法律部门，简称宪法。宪法是我国法律体系中的主导法律部门。宪法由关于国家机关的组织、职权、相互关系和关于公民基本权利、义务的规则与原则组成。从文件构成来看，宪法法律部门与作为法律渊源的宪法不同。作为法律渊源的宪法只指宪法法典及其修正案，而宪法法律部门除了这两部分以外，还包括其他的附属性立法。我国的宪法法律部门主要包括以下法律文件：

1. 宪法法典和宪法修正案。我国宪法法典包括 1982 年 12 月 4 日五届人大五次会议通过的《宪法》，及其经 1988 年、1993 年、1999 年、2004 年和 2018 年五次修正所形成的《宪法修正案》。

2. 关于国家的象征、国家机关的组织、职权及其活动程序的法律。这主要包括《国旗法》《国徽法》《全国人民代表大会组织法》《国务院组织法》《人民法院组织法》《人民检察院组织法》《地方各级人民代表大会和地方各级人民政府组织法》《中华人民共和国全国人民代表大会议事规则》《中华人民共和国全国人民代表大会常务委员会议事规则》《戒严法》《缔结条约程序法》等。

3. 选举法。主要包括《全国人民代表大会和地方各级人民代表大会选举法》《中国人民解放军选举全国人民代表大会和县级以上地方各级人民代表大会代表的办法》《村民委员会组织法》中的选举条款等。

4. 立法方面的法律。主要是指《立法法》，以及全国人大及其常务委员会将立法权部分授出的专门立法。

5. 地方自治法规。这包括两类，一是大陆实施的民族区域自治法；二是在特别行政区施行的特别行政区基本法，目前有两个：《香港特别行政区基本法》和《澳门特别行政区基本法》。

6. 关于人民基本权利的立法，例如《国籍法》《义务教育法》《妇女权益保障法》《未成年人保护法》《残疾人保障法》等。

7. 有关国家行为和公民权利的国际条约。这类条约很多，比如我国于 1980 年批准的《消除对妇女一切形式歧视公约》，1981 年参加的《消除一切形式种族歧视国际条约》，1986 年签署的《禁止酷刑和其他残忍、不人道或有辱人格的待遇或处罚公约》，1987 年批准的《第 159 号残疾人职业康复和就业公约》，1990 年批准的《男女工人同工同酬公约》，1990 年签署的《联合国儿童权利公约》，1997 年签署的《经济、社会及文化权利国际公约》，1997 年加入的《维也纳条约法公约》和 1998 年签署的《公民权利及政治权利国际公约》等。

（二）行政法法律部门

行政法法律部门简称行政法。行政法是调整国家行政机关在行政管理活动中与公民、法人间的关系，以及对行政权进行控制、给行政管理相对人予以救济的法律。行政法包括行政组织法、行政程序法与行政救济法三部分。行政法涉及的范围很广，包括国防、外交、人事、民政、公安、国家安全、民族、宗教、侨务、教育、科学技术等行政管理方面的法律。我国已制定的行政法方面的法律有：

1. 在规范行政机关行政权力、加强内部监督方面，制定了《行政处罚法》《行政许可法》《行政强制法》《行政复议法》《国家赔偿法》《行政监察法》《政府采购法》等。

2. 在国防、外交方面，制定了《兵役法》《预备役军官法》《军事设施保护法》《人民防空法》《外交特权与豁免条例》《领事特权与豁免条例》《缔结条约程序法》。

3. 在公安、国家安全方面，制定了《人民警察法》《出境入境管理法》《治安管理处罚法》《枪支管理法》《消防法》《国家安全法》《保守国家秘密法》等。

4. 在教育、科学技术、文化、卫生、体育等方面，制定了《教育法》《义务教育法》《职业教育法》《高等教育法》《教师法》《科学技术进步法》《科学技术普及法》《促进科技成果转换法》《农业技术推广法》《献血法》《体育法》《传染病防治法》等。

5. 在司法行政方面，制定了《律师法》《监狱法》《社区矫正法》。

6. 在环境保护方面，制定了《环境保护法》《海洋环境保护法》《大气污染防治法》《水污染防治法》《噪声污染防治法》《防沙治沙法》《清洁生产促进法》《环境影响评价法》等。

（三）民商法律部门

民商法律部门，由民法和商法两个部分构成。民法是调整平等主体之间的人身关系和财产关系的法律规范的总和。它以人与人之间的权利平等和自我决定为基础来规定个人与个人之间的关系。它包括人身权、物权、债权、继承权和婚姻家庭、知识产权等内容。我国第十三届全国人民代表大会第三次会议于2020年5月28日表决通过了《中华人民共和国民法典》，并规定于2021年1月1日起正式施行，标志着我国民法发展进入了有法典的新时代。《民法典》被称为“社会生活的百科全书”，是新中国第一部以法典命名的法律，在法律体系中居于基础性地位，也是市场经济的基本法。

商法是民法中的一个特殊部分，是在民法基本原则的基础上适应现代商事交易迅速便捷的需要发展起来的。商法是调整公民、法人之间的商事关系和商事行为的法律规范的总和。商法和民法在调整对象上比较接近，例如都涉及平等主体之间的经济关系，但区别在于民法是调整平等主体之间民事财产关系和民事人身关系的法律部门，而商法则主要是调整平等主体之间商事关系和商事行为的法律部门。这一法律部门是我国实行社会主义市场经济体制之后，才开始被承认和逐渐发展起来的一个新兴的法律部门。目前我国有关商法法律部门的法律规范主要有：《公司法》《合伙企业法》《证券法》《保险法》《票据法》《海商法》《商业银行法》《期货和衍生品法》《信托法》《个人独资企业法》《企业破产法》等。

（四）经济法法律部门

随着我国经济体制改革的进一步深入，随着社会生活的复杂化，经济法已经成为我国社会主义法律体系的基本部门法之一。经济法是指调整国家从社会整体利益出发，对经济活动实行干预、管理或调控所产生的社会经济关系的法律规范的总和。经济法的主要任务有两个方面：一是创造平等竞争环境，维护市场秩序，主要是反垄断、反不正当竞争、反倾销和反补贴等；二是进行国家宏观调控和经济管理，主要是对有关财政、税务、金融、审计、统计、物价、技术监督、工商管理、对外贸易和经济合作等方面进行有效管理。我国现已制定的经济法方面的法律有：

1. 在加强宏观调控方面，制定了《预算法》《审计法》《会计法》《中国人民银行法》《价格法》《税收征收管理法》《个人所得税法》等。

2. 在规范市场秩序和竞争规则方面，制定了《反不正当竞争法》《消费者权益保护法》《产品质量法》《广告法》等。

3. 在扩大对外开放、促进对外贸易的发展方面，制定了《中外合资经营企业法》（已失效）、《中外合作经营企业法》（已失效）、《外资企业法》（已失效）、《对外贸易法》等。

4. 在促进重点产业的振兴和发展方面，制定了《农业法》《种子法》《铁路法》《民用航空法》《公路法》《电力法》《煤炭法》《建筑法》《城市房地产管理法》等。

5. 在保护和合理利用自然资源、发展经济方面，制定了《资源税法》《草原法》《水法》《矿产资源法》《土地管理法》《计量法》《统计法》《测绘法》等。

（五）社会法法律部门

社会法是调整有关劳动关系、社会保障和社会福利关系的法律规范的总称。其主要任务是保障劳动者、失业者、丧失劳动能力的人和其他需要扶助的人的权益不被非法侵害；其所要达成的社会目的在于从社会整体利益出发，对上述各种人的权益实行必须的、切实的保障；其主要内容包括劳动用工、工资福利、职业安全卫生、社会保险、社会救济、特殊保障等方面的法律。

社会法的核心内容之一是劳动法，以劳动法为核心，我国目前所建立的社会法有：《矿山安全法》《残疾人保障法》《未成年人保护法》《妇女权益保障法》《老年人权益保障法》《工会法》等。就性质而言，劳动法是既具有私法性质又具有公法性质的法律。

（六）刑法法律部门

刑法法律部门是规范犯罪和刑罚的法律部门，简称刑法。刑法调整的范围非常广，可以看成是处罚一切严重违反法律行为的“处罚法”。使刑法成为独立法律部门的是它的特殊手段——刑罚。刑法是最古老的法律，在我国古代，它是法律的代称。刑法具有保护社会和保卫人民的功能，承担惩治各种刑事犯罪，维护社会正常秩序，保护国家利益、集体利益以及公民各项合法权益的重要任务。

我国目前的刑法法律部门主要有：一是 2020 年 12 月 26 日修正后的《刑法》；二是全国人大常委会此后通过的系列刑法修正案；三是相关的司法解释；四是我国参加的国际条约中的有关条款，例如，1992 年我国加入的《反对劫持人质国际公约》。

（七）诉讼与非诉讼程序法法律部门

诉讼与非诉讼程序法是调整诉讼活动和非诉讼活动的法律规范的总和。它包括民事诉讼、刑事诉讼、行政诉讼和仲裁等方面的法律。这方面的法律既是实体法的实现形式和内部生命力的表现，又是人民权利实现的最重要保障，其所要达成的主要目的就是保障实体法的公正实施。

我国目前的诉讼与非诉讼程序法主要有：《刑事诉讼法》《民事诉讼法》《行政诉讼法》《海事诉讼特别程序法》《引渡法》《仲裁法和人民调解法》等。

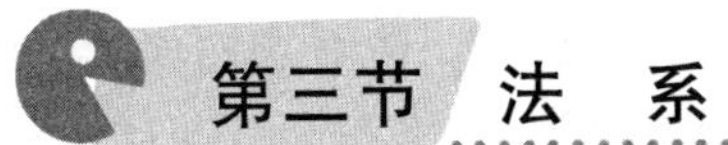

第三节 法 系

一、法系的概念

法系是在对各国法律制度的现状和历史渊源进行比较研究的过程中形成的概念，是具有共同法律传统的若干国家和地区的法律，是一种超越若干国家和地区的法律现象的总称。要想正确理解法系的含义，必须把法系同法律体系、法学体系、法律文件体系、法律的历史类型等概念区别开来。这里主要分析法系与法律体系的区别。

法系与法律体系都是法律中的概念，二者的主要区别如下：一是组成要素不同。法系是由不同国家或地区的若干个在形式上、外部结构上具有相同特征的法所组成；法律体系则仅由一国的各种法律部门所组成。二是定义性质不同。法系是在对各国法律制度的现状和历史渊源进行比较研究的过程中形成的概念；法律体系通常是指一个国家全部的现行法律规范分类组合为不同的法律部门而形成的有机联系的统一整体。三是包括范围不同。法系不仅包括若干国家的现行法律，还包括这些国家历史上的法律，以便从中揭示这些国家的法律发展、演变规律，以及各国法律间的相互影响；法律体系仅包括一个国家现行的全部法律。四是关注的侧重点不同。法系是根据历史传统和表现形式上的共同特征对世界各国的法律进行的宏观分类，侧重于世界各国法的比较；法律体系则侧重于一国现行全部法律的内在体系性联系。

二、法系的划分标准与分类

同一法律制度的多质性和各法律“类群”关系的复杂性，给法系划分带来了很大困难。在历史上，法系的分类标准经历了一个从单一性标准到多样性标准、从绝对性标准到相对性标准的发展过程。例如，日本学者穗积陈重以单纯的民族差异为标准，把法系分为五类，即印度法系、中华法系、回回法系、英国法系、罗马法系。法国学者列韦・乌尔曼以语言为标准，将世界法系分为三类：大陆法系、英语国家法系、伊斯兰法系。美国西北大学教授威格摩尔将世界各国的法律按出现的时间顺序划分为 16 个法系等。由于时代不断向前发展，单一划分法系的标准难以将那些既具有新的属性又具有混合特征的法律制度，划分为不同的类型。因此，学者们开始考虑用多种因素作为标准来划分，比如德国学者茨威格特和克茨就认为，用一种标准来分类是不够的。他们构想出了一个由以下几个决定性要素构成的标准：一是法律秩序在历史上的来源与发展；二是在法律方面占统治地位的特别的法学思想方法；三是特别具有典型性的法律制度；四是法律渊源的种类及其解释；五是政治、经济以及宗教等方面的思想意识因素。据此，他们划分出了八大法系：罗马法系、德国法系、北欧法系、普通法法系、社会主义法系、远东法系、伊斯兰法系和印度法系。

运用复合式标准划分法系虽然有了很大的进步，但是依然难以完全统一划分标准。而且，在使用这种方法时如果不加以限制，随意采用任何标准划分，就会走向相对主义。因此，在运用这种方法划分法系时应结合更多的时代因素加以考虑。由此可见，在采用复合法划分法系时，应采取静态划分，着眼于当代世界主要的法律制度，考虑法律“类群”的“亲缘关系”；还应选定那些决定或直接影响法律制度存在和发展的主要因素作为划分标准。这样，就划分当代法系而言，应该重点考虑如下三个因素：其一，反映法律内容的法律的阶级本质、经济基础和意识形态；其二，反映法律外在形式的法律渊源和诉讼技术；其三，直接影响当代法律制度运作的特定文化传统。如果以这三个因素作为划分法系的标准，分别对当代世界具有“亲缘关系”的主要法律制度进行多次划分，那么，根据第一个标准可划分为社会主义法系与资本主义法系，在资本主义法系内部可再根据法律渊源与技术分为大陆法系和英美法系；根据第二个标准可划分为大陆法系与英美法系；根据第三个标准可划分为西方法系、伊斯兰法系、印度法系、犹太法系和东亚法系。

第一，这样的划分不仅更全面地反映了每一法系内部存在的“亲缘关系”，而且还反映了各法系之间在不同方面存在的“亲缘关系”。这样的划分所形成的是一种多面立体透视，更真实全面地反映了各法律制度之间的客观联系与区别。

第二，根据这种划分，可以比较容易地把一个成分复杂、“亦此亦彼”的法律制度分别从不同侧面归入不同的法系。例如，就中国法律而言，根据第一个标准，可归入社会主义法系，根据第二个标准可归入大陆法系，根据第三个标准可归入东亚法系。

第三，这种划分具有一定的相对性。例如，当人们询问当今世界有多少个主要法系时，可以从不同角度给予回答，就像回答世界上有多少类国家等问题一样。此外，这种相对性还表现在法系之间的层次因角度不同而有所变化，例如从第一个标准出发，大陆法和英美法居于第二层次，但从第二个标准出发它们则上升为第一层次。同时，由于在采用这种方法划分时附加了一些限制，又使划分结果具有一定的确定性。[1]

划分法系的重要意义不仅仅局限于比较法学理论方面，它还有助于人们超越国家主权在人类法律园地所设置的藩篱中摆脱狭隘的民族主义法律观，从而积极研究和借鉴其他法律制度，有助于人们在理解和适用具体规则时考虑规则背后潜在的价值准则和宏观背景，从而真正做到取其精华，去其糟粕。当然，像所有的划分一样，法系的划分也不是万能的，它不能代替对法律制度的具体研究。对法系的划分标准不是绝对的，只能是相对的，这是因为：一是法系的分类可能因所涉及的法的部门不同而结果各异；二是随着时间的变化、社会的发展，法系的划分也会发生变化；三是不同的比较法学学者基于不同的立场和研究旨趣，也可能会把同一个国家的法律归属于不同的法系。因此，尽管绝对的、客观的法系分类标准可能并不存在，但是法学人却不能就此止步，必须加倍努力，力图在前人的研究基础上探寻更加科学合理的适用于法系分类的标准，向更合理的法系分类迈进。

三、世界主要两大法系

（一）两大法系的概述

经过长期的历史发展，世界上形成了多种多样的法律制度。对这些法律制度如何进行分类，尽管学者们的观点不尽相同，但是在西方社会的法律制度中，大致呈现出了两大法律体系，即英美法系与大陆法系，这是比较一致的通说观点。

大陆法系又称罗马法系、成文法系、民法法系或罗马—日耳曼法系（因为它的历史渊源是罗马法和日耳曼法，此外还有教会法、商法和城市法）。它是资本主义国家中历史悠久、分布广泛、影响深远的法系。它以欧洲大陆的法国和德国为代表，在罗马法的基础上，融合其他法律成分，逐渐发展为世界性的法律体系。在大陆法系内部，各个国家和地区的法律制度的情况不尽相同，大体上有两个分支——以《法国民法典》为代表的拉丁分支和以《德国民法典》为代表的日耳曼分支。大陆法系经过长期发展

---

〔1〕 高鸿钧：“论划分法系的方法与标准”，载《环球法律评论》1993年第2期。

逐步沉淀出自己的鲜明特色：一是在法律的历史渊源上，大陆法系是在罗马法的直接影响下发展起来的，大陆法系不仅继承了罗马法成文法典的传统，而且采纳了罗马法的体系、概念和术语。如《法国民法典》以《法学阶梯》为蓝本，《德国民法典》以《学说汇纂》为模式。二是在法律形式上，大陆法系国家一般不存在判例法，对重要的部门法制定了法典，并辅之以单行法规，构成较为完整的成文法体系。资产阶级启蒙思想家鼓吹的自然法思想和理性主义是大陆法系国家实行法典化的原因之一，1791 年法国《人权宣言》就明确宣布，每个人的自然权利只有成文法才能加以确定。以法国革命为代表的欧洲大陆国家的资产阶级革命的彻底性，在法律上的表现就是开展大规模的法典化运动。立法与司法的严格区分，要求法典必须完整、清晰、逻辑严密。法典一经颁行，法官必须忠实执行，同类问题的旧法即丧失效力。法典化的成文法体系包括：宪法、行政法、民法、商法、刑法、民事诉讼法、刑事诉讼法。

英美法系，又称普通法法系，是以英国普通法为基础发展起来的法律的总称。它首先产生于英国，后扩大到曾经是英国殖民地、附属国的许多国家和地区，包括美国、加拿大、印度、巴基斯坦、孟加拉国、马来西亚、新加坡、澳大利亚、新西兰以及非洲的个别国家和地区。到 18 世纪~19 世纪时，随着英国殖民地的扩张，英国法被传入这些国家和地区，英美法系终于发展成为世界主要法系之一。英美法系中也存在两大支流，就是英国法和美国法。它们在法律分类、宪法形式、法院权力等方面存在一定的差别。

与大陆法系相比，英美法系多采不成文法，尤其是判例法，强调“遵循先例”；审判中采取当事人主义和陪审团制度，极端注重司法程序；法律制度和法学理论的发展往往依赖司法实务人员（尤其是高等法院法官）的推动。普通法系的立法精神在于：除非某一项目的法例因为客观环境的需要或为了解决争议而需要以成文法规定，否则，只能根据当地过去对于该项目的习惯而评定谁是谁非。而且目前在美国国内虽然制定了多部法典，但是不像大陆法系国家一样具有官方效力，往往是民间组织自行订立的，提供各州参考。

（二）两大法系的历史发展

1. 大陆法系的发展进程。大陆法系，是以罗马法为基础而发展起来的法律的总称。它首先产生在欧洲大陆，后扩大到拉丁族和日耳曼族各国。就其演变而言，主要经历了如下几个阶段：一是以《十二铜表法》为标志的创始阶段。《十二铜表法》是古罗马第一部成文法典，也是第一部可以按律量刑的法。作为古罗马固有习惯法的汇编，它总结了前一阶段的习惯法，并为罗马法的发展奠定了基础，是一切公法和私法的渊源。二是以“公民法”与“万民法”为标志的奠基阶段。在罗马共和国前期产生了公民法，公民法规定了罗马公民所享有的权利和应履行的义务。公民法规定罗马公民的权利主要有三项：缔结婚约、处理私产和提起诉讼。它是专门适用于罗马公民的法律，也是早期罗马法的主要内容。公民法注重形式，程序繁琐，缺乏灵活与变通，内容上侧重于国家事务和法律程序等方面，而涉及个人财产关系等问题的私法规范则不够完善。在共和国后期，形成了适用于罗马公民与外来人之间以及外来人与外来人之间的万民法。万民法主要调整财产关系，制定了各类解决债务纠纷时使用的条款，对于商品生产中的各种法律关系作了详细的规定。万民法扩大了自由民享有的权利，主要包括自由权、财产权、选举权和诉讼权。万民法的产生使罗马法出现了两个不同法系，实际上万民法逐步取代了公民法，使法律具有了更大的适用范围。三是以《民法大全》为标志的发达完备阶段。《民法大全》是世界上第一部完备的奴隶制成文法。它系统地收集和整理了自罗马共和国时期自查士丁尼为止所有的法律和法学著作，卷帙浩繁，内容丰富。它标志着罗马法本身已发展到极其发达完备的阶段，对以后欧洲各国的法学和法律的发展有着较大的影响。它所提出的自由民在“私法”范围内形式上平等，契约以当事人同意为生效的主要条件和财产无限制私有等重要原则，为后世法律奠定了基础。四是以《法国民法典》为标志的形成与定型阶段。法国资产阶级革命胜利后，基本摧毁了封建制度。由于法国革命具有彻底性，有一整套成熟的思想理论作指导，所以革命后建立起来的法律制度比较系统和完备，较典型地反映了资产阶级的利益，对其他资本主义国家法律制度的建立和发展具有重大影响。1799 年在拿破仑统治时期，为了肯定资产阶级革命胜利的成果，维护私有财产制度，巩固资产阶级统治，消除法律不统一的现象，拿破仑亲自领导了大规模的立法活动，编纂了一系列法典，主要有：1804 年《法国民法典》、1806 年《法国民事诉讼法典》、1807 年《法国商业法典》、1808 年《法国刑事诉讼法典》和 1810 年《法国刑法典》，这五部法典连同法国宪法，一起构成法国“六法”体系。法国六法的产生标志着法国资产阶级法律体系的形成，它把近代法国的立法活动推向高峰。需要指出的是，民法典和商法典的制定，不仅使法国有了第一部民法典、商法典，而且为大陆法系的许多国家提供了民商法分立的立法模式。

2. 英美法系的发展历史。英美法系是一种历史悠久和影响较大的资本主义法系。它起源于 11 世纪诺曼人入侵英国后逐步形成的普通法。1066 年诺曼公爵威廉征服英国，在英国建立了诺曼人的王国。为了缓和与当地居民的矛盾和冲突，从而加强中央集权统治，诺曼王朝一方面允许当时通行英国的盎格鲁—撒克逊习惯法继续使用，另一方面它利用统一的王权，削减封建领主的审判权，促进司法在全国的统一。国王派官员到全国各地进行巡回审理，在这一过程中逐渐建立了一批王室法院，后来人们把这些法院统称为普通法院。而政权的统一和司法的统一，使过去通行各地的分散的习惯法也逐步得到了统一。在王室法院根据国王敕令、参照当地习惯法进行判决的基础上，逐步形成了一套适用全国的法律，即普通法。

至 14 世纪起，为了弥补普通法的不足，英国统治者授予那些对普通法院的判决不服者，向国王提出施予恩惠的请愿的权利。该请愿被国王委托给王室会议，由大法官负责处理。到 15 世纪后半期，在处理这些请愿的过程中大法官逐渐分化为大法官法院和衡平法院。英国通过大法官的审判活动也逐步形成了一套新的衡平法制度。至此，普通法与衡平法并行发展，进一步完善了英国的法律制度。

17 世纪，英国爆发了资产阶级革命。这场革命以新兴资产阶级和封建贵族的妥协而告终，这表现在英国的法制发展上。一方面，英国继续保持封建传统法制，将中世纪的普通法与衡平法形式全盘继承下来；另一方面，资产阶级为了适应社会实际生活的需要，维护自己的利益，巩固资产阶级的政权，通过制定新法和创制新判例的方法，删去了封建法制的基本内容。也就是说，在旧有的封建法制形式中注入了资产阶级法的内容，使其逐渐演变为资本主义的法律制度。

英国资产阶级革命后，为了迅速发展资本主义经济，增强国家的统治力量，英国大规模地开展对外贸易，并用武力向外进行领土扩张，开拓殖民地。在此期间，英国先后打败了西班牙、荷兰、法国等国家，获得了广泛的制海权和“日不落”的广大领土，建立起了空前的大帝国。随着英国在 18、19 世纪的领土扩张以及殖民地的发展，英国法制制度也逐步影响和植根于欧洲以及欧洲以外各洲的许多国家和地区。

美国曾是英国殖民体系地中的一员。18 世纪，美国经过独立战争，赶走了英国殖民者，建立起了自己的独立国家，美国的法律制度也开始脱离英国而独立发展。但是，由于英美两国同属于资本主义性质的国家，有着共同的文化传统，为了进一步发展资本主义，美国独立后依然以英国法律为基础来创立新的法律。所以，英美两国的法律制度存在历史渊源关系，虽然各自独立发展已有 200 年的历史，但是二者仍有着许多相似之处，如法律的风格、用语、概念、分类等。正是由于两国法律制度有着共同的历史传统，在法律表现形式上又有着许多共同特征，因此，人们将英美两国的法律制度归为同一法系，习惯上合称为英美法系。

（三）两大法系的不同之处

大陆法系和英美法系都属于资本主义性质的法。二者在经济基础、阶级本质、总的指导思想等方面是一致的。但由于它们形成的历史条件不同，二者在法律形式和法律运行方式上又存在着很大的差别。从宏观方面来看，两大法系之间的不同主要有以下几个方面：

1. 法律渊源不同。在法律渊源上，英美法系与大陆法系是有所不同的，这种不同主要在于判例法是否是正式的法律渊源。大陆法系国家正式的法律渊源是指制定法，即立法机关按照法定程序制定的、通常表现为条文形式的规范性法律文件，如宪法、法律、行政法规等。只有它们才具有法律上的约束力，法院的判例不是法律渊源，没有正式的法律效力，只能在法院判决时作为参考。而在英美法系国家制定法和判例法都是正式的法律渊源。所谓判例法是指法院对于诉讼案件所作判决之成例，这种判例对于法院以后审理类似案件具有普遍约束力。在英美法系国家，判例是一种重要的法律渊源，法官不仅可以通过作出新判例创造法律，而且可以通过选择使用原先的判例发展法律。判例法作为法律的正式渊源，有其自身的优势，但也存在着难以克服的缺陷。在现代社会，由于基于法官判案而生成的判例法民主正当性不足，法官在事后立法时可能会造成法律的溯及既往，这一问题也日益遭受多方面的批评与质疑。由于当下社会生活正发生着巨大变化，人们急需通过法律对未来可能发生的问题作出超前性和先导性的安排，此时，作为过去经验总结的判例法，就很难适应现实社会的这一需要。因此，当下英美法系的许多国家也都存在着大量的制定法，用于规范人们的社会生活。

2. 法律结构与立法技术不同。从法律结构传统来看，大陆法系的基本结构是在公法和私法的分类基础上建立的，传统意义上的公法指宪法、行政法、刑法以及诉讼法；私法主要是指民法和商法。英美法系的基本结构是在普通法和衡平法的分类基础上建立的。从历史上看，普通法代表立法机关（协会）的法律，衡平法主要代表审判机关（法官）的法律（判例法），衡平法是对普通法的补充。

从立法技术上来看，两者的法典编纂传统是不同的，大陆法系的基本法律一般采用系统的法典形式；而英美法系一般不倾向于法典形式，其制定法一般是单行的法律和法规。当代英美法系虽然学习借鉴了大陆法系的制定法传统，但也大都是对已有判例的汇集和修订。

从法律适用传统来看，大陆法系的法官在确定事实以后首先考虑制定法的规定，而且十分重视法律解释，以求制定法的完整性和适用性；英美法系法官在确定事实之后，首先考虑的是以往类似案件的判例，将本案与判例加以比较，从中找到本案的法律规则或原则，这种判例运用方法又称为“区别技术”。

3. 诉讼程序不同。从诉讼程序传统来看，两大法系也存在一些传统的差别，如大陆法系倾向于职权主义，即法官在诉讼中起积极的作用，法官在庭审过程中可以询问当事人、调查取证等，在合议制中由法官、陪审员组成合议庭，共同审判案件；英美法系倾向于当事人主义，即控辩双方对抗式辩论，法官的作用是消极中立的，只是作为裁判者，当事人处于主导地位。在陪审制中，陪审员单独组成陪审团，最终的判决由法官作出。

尽管大陆法系和英美法系由于其历史传统、文化、发展背景的不同而有所不同，但是，在当代社会，大陆法系的诉讼程序与英美法系的诉讼程序出现了某种程度的融合。一方面为了缩短诉讼时间，提高诉讼效率，英美法系国家的法官在传唤证人、评价证据、组织诉讼等方面开始发挥着越来越积极的作用；另一方面，在大陆法系国家，法官也开始注意吸收当事人主义的积极因素，以改变司法制度中官僚化的习气，已经由职权主义逐渐转向了当事人主义。

随着各国之间经济、政治、文化交流的增多，两大法系之间的相互借鉴、相互融合也会日益增多，其差别也会日益缩小。但是由于两大法系的历史传统不同、文化差异较大，两者完全融合、实现同一，在未来发展中是不可能做到的事情。

本章小结提升：法律体系通常是指一个国家全部的现行法律规范和原则按一定的逻辑顺序分类组合为不同的法律部门而形成的有机联系的统一整体。法律体系具有系统性、规范性、客观性和实用性的特点。把法律作为一个整体的思想起源于古希腊，法律体系的理论和实践同样经历了漫长的历史发展过程。法律部门是指按照法律规范自身的不同性质、调整社会关系的不同领域和不同方法，依据一定标准和原则组成的同类法律规范和原则的体系，它是法律体系的组成部分。法律部门本身是一个逻辑严密的结构，它由数个法律制度构成。划分法律部门的标准有三项：一是法律规范所调整的社会关系；二是法律规范的调整方法；三是法律规范数量的多少。法律部门划分的原则主要有三点：一是系统性原则；二是协调性原则；三是现行法律和未来法律相互兼顾的原则。

中国特色社会主义法律体系是指与新时代中国特色社会主义的基本国情相适应、与社会主义的根本任务相一致的，由门类齐全、结构严谨、内部和谐、体例科学的全部法律、法规所构成的统一整体。中国特色社会主义法律体系，体现了中国特色社会主义的本质要求；体现了改革开放和社会主义现代化建设的时代要求；体现了结构内在统一而又多层次的科学要求；体现了继承中国法治文化和借鉴人类法治文明成果的文化要求；体现了动态开放、与时俱进的发展要求。当代中国的法律体系可以分为如下七个法律部门：宪法、行政法、民法、经济法、社会法、刑法、诉讼与非诉讼程序法。

法系是在对各国法律制度的现状和历史渊源进行比较研究的过程中形成的概念，是具有共同法律传统的若干国家和地区的法律，是一种超越若干国家和地区的法律现象的总称。法系与法律体系都是法律中的概念，但是二者却有着根本的区别：一是组成要素不同；二是定义性质不同；三是包括范围不同；四是关注的侧重点不同。在历史上，法系的分类标准经历了一个从单一性标准到多样性标准、从绝对性标准到相对性标准的发展过程。我们主张采用复合式标准对法系进行分类。对世界上多种多样的法律制度如何进行分类，尽管学者们的观点不尽相同，但是在西方社会的法律制度中，大致呈现出了两大法律体系，即英美法系与大陆法系，这是比较一致的通说观点。这两大法系都经历了具有自身特色的发展历程，体现出不同的外在特征，其不同之处主要有：法律渊源不同；法律结构与立法技术不同；诉讼程序不同。随着各国之间经济、政治、文化交流的增多，两大法系之间的相互借鉴、相互融合也会日益增多，其差别也会日益缩小。

本章提高研讨题：1994年2月，美国罗宾逊公司与中国三联实业公司签订了购买直升机一架的买卖合同。合同履行后，由于直升机的质量问题，在使用过程中坠毁。于是三联公司把罗宾逊公司告上了法庭。案件由中国湖北省高级人民法院审理，经过审理湖北省高院在罗宾逊公司缺席庭审的情况下作出判决，判决罗宾逊公司向三联公司支付总计2000多万元人民币的损失赔偿金及相应的利息。为了使中国判决得以执行，2006年3月三联公司委托中国律师，并在具有相关专长的美国律师的协助下，在美国联邦法院加州中院地区法院提起关于承认和执行中国判决的请求，经过长达三年多的双方争辩及法院审查，美国联邦地区法院于2009年8月作出判决，同意承认与执行本案的中国判决。

中美两国分别属于大陆法系和英美法系，两国的法律传统、法律规范大不相同，美国联邦地区法院为什么会承认中国法院的判决？这一案例说明了什么问题？

本章推荐的阅读文献：

1. 沈宗灵：《比较法研究》，北京大学出版社 2004 年版。
2. 高鸿钧等主编：《比较法学读本》，上海交通大学出版社 2011 年版。
3. 朱景文：《比较法总论》，中国人民大学出版社 2014 年版。

第十章课后练习题

第十一章　法律的实施

本章引例：铸刑鼎

公元前543年，郑国的正卿（相当于宰相）子产主持制定了一套国家法律——刑书。刑书先是写在竹木简上，由国家的官吏掌握施行。公元前536年，子产下令把刑书铸在鼎上，放在王宫门口，让全国百姓都能够看到这个鼎。这是中国历史上第一次公布成文法。

胡适在《中国哲学史大纲》一书中说，春秋时期，上层贵族社会认为刑律越秘密越好，绝不能让国人知道。这样才有利于贵族随意处置老百姓，增加专制恐怖和神秘，这当然是一种古老专制时代的遗迹。

子产决心打破这种蒙昧，他对已有的刑法加以修改，在这个基础上主持编订了三种刑法，并将其公之于世，让老百姓明白法与非法的界限，知道犯了法会得到什么样的处罚，这无疑是进步的法制理念，当然也打击了贵族特权。子产这个做法，遭到很多贵族反对。

叔向写信痛斥子产："昔先王议事以制，不为刑辟，惧民之有争心也……民知有辟，则不忌上。并有争心，以征于书，而徼幸以成之，弗可为矣！……'国将亡，必多制'，其此之谓乎？"大意是：本来民众怀着恐惧之心，不敢随便乱来。你把法律公布了，民众就会钻法律的空子，争相琢磨怎么做坏事而不至于被制裁，这样就不怕长官了，反而会导致犯法的事情越来越多，腐败贿赂到处泛滥，郑国也会因此而完蛋。

子产给叔向回了一封信，顶着晋国的压力说："我为的是救世啊！"表示要坚定不移地公布法律。子产此举，开启了中国古代公布成文法的先例。春秋时期，宗法贵族减弱了气势，新的地主阶层兴起。各利益集团、社会阶层以及经济条件都在发生变化，"铸刑鼎"这一重大改革措施符合社会发展的新需求。在潮流推动之下，晋国在子产"铸刑鼎"之后二十多年，也把刑法铸在鼎上，向社会公布。

子产铸刑鼎既是对法律修改完善的立法活动，同时推动了法从"贵族的法"向"世俗的法"发展，为普通民众揭开了法律的神秘面纱，对法律的公正实施具有诸多助益。通过铸刑鼎，我们不禁思考，法律从创制到发挥效用，在其整体运行中经历了哪些环节？其基本原则和要求有哪些？

本章概述：本章主要阐述法律生成的概念、特征，法律创制的原则、程序，法律执行与适用的基本原则，法律遵守的范围与条件，同时简要介绍当前法治改革的热点——综合行政执法及司法的数字化改革。

本章的学习目标：通过本章的学习，你所要达成的学习目标如下：

1. 掌握法律生成的概念、特征；
2. 了解立法、执法和司法的特征；
3. 掌握立法、执法和司法的原则；
4. 熟悉我国立法的体制、司法的基本要求。

本章教学内容：

第一节　法律的生成

一、法律生成的概念

法律生成，是指法律形成、产生的过程，包括制定法的产生，也包括习惯法、判例法等法律形式的生成。“生成”来源于德文“werden”一词，原指一事物向另一事物的转化，新事物的产生和形成。古希腊哲学家赫拉克利特最早提出了生成思想，黑格尔继承和发展了这一思想，认为生成是新事物的成长和旧事物的衰亡的矛盾统一。法律生成与法律起源的概念有明确区别，法律起源是指法律作为一个整体，其产生、发展的起点与源头；而法律生成，是指单个法律的形成方式及其过程。

法律生成的主体在不同历史时期、不同政治制度、不同法律传统的国家表现出巨大的差异性，如在罗马帝国时期，乌尔比安、帕比尼安、保罗等五大法学家可以生成法律，他们的权威解答起到了填补法律空白的作用；在英美法系国家，法官可以创制法律；在我国，享有立法权的机关是法律生成的主体，任何公民和组织都无权生成法律。总的来说，法律生成的主体是多元的，可以是立法机关、行政官员、法官，也可以是法学家、全体公民或者国际组织。现代社会，法律生成的主体主要是享有立法权的国家机关或专门从事法律职业的人员。

法律生成的方式主要可以概括为两种：一种是自发形成或自觉形成的，如习惯法、公平正义等人类朴素的法律价值观等；另一种是主动建构的，如制定法、判例法等，现代社会法律生成最主要的形式是立法，即法律的创制。我国作为单一制国家，立法体制一元多级，全国人大及其常委会是立法机关，同时允许国务院、地方政府等按照法定的职权范围和程序制定规范性法律文件。其他立法机关与全国人大及其常委会制定的规范性法律文件位阶不同，具体表现为：全国人大是制定宪法的唯一机关，宪法在我国是母法，具有最高地位；全国人大及其常委会制定法律，地位仅次于宪法；国务院制定行政法规，地方人大及其常委会制定地方性法规，效力低于宪法与法律；国务院各部门及地方政府（省、自治区、直辖市以及设区的市和自治州的人民政府）可以根据宪法和法律、行政法规以及地方性法规制定规章，并不得与上位法冲突。

二、法律生成的特征

法律的生成受多种因素的影响，受一定社会经济条件的制约，概括各国法律生成的特点，主要包括以下几点：

（一）法律生成是国家意志的高度体现

根据马克思主义的观点，法律是随国家产生而产生的，是统治阶级维护统治的工具，法律体现了国家对人们行为的评价，因此，法律必然体现国家意志。在法律的生成过程中，国家发挥着重要作用，通过对法律的制定和认可推动立法进程。

1. 制定。法律制定又称法律创制，是指国家立法机关依照法定的职权和程序，制定、修改和废止规范性法律文件的活动。法律制定的结果一般为成文法，成文法中所体现的国家意志最为明显，不但其内容体现了国家对社会行为规范的指引与导向，同时其法律约束力、强制力、保障力均来自国家。法律创制将在下文第二节进行详细介绍，此处不再赘述。

2. 认可。《法学大辞典》中对法律认可的释义为："享有立法权的国家机关依法定程序和方式，把某种已存在的社会规范习惯、道德确认为法的活动。法律认可是国家创制法律的一种形式。"同时阐明了法律认可的两种形式，"一是国家活动在事实上赋予某种社会规范以法律上的效力；二是国家立法机关在法律文件中明确认可某些社会规范具有法律上的效力"。[1] 上述两种形式，前者称为默示认可，所谓的"事实上赋予"是指虽然没有明确某社会规范的法律效力，但法官在审理相关案件时，可以援引其作为裁判标准。后者称为明示认可，通过立法形式明确某社会规范的法律效力，如我国民法典中对于典权的规定，就是给传统习惯中的典权制度赋予法律上的约束力。可见，法律认可是一个将本身已经存在的非法律行为规则转化为法律行为规则的过程，这个被认可的非法律行为规则可能是习惯、道德、宗教教义或者组织纪律、团体规章等，但不是法律本身，只有在被认可为法律规则以后才具有法律效力。

（二）法律生成受社会物质生活条件的制约

从法的起源上看，历史唯物主义认为，法不是从来就有的，而是人类社会发展到一定历史阶段的产物。生产力的发展、私有制和商品经济的产生，是法产生的经济根源；氏族分化、阶级产生是法产生的阶级根源；社会的发展、社会矛盾的复杂化是法产生的社会根源。总的来说，无论是私有制、阶级还是社会矛盾的复杂化，法的出现归根结底是社会经济发展的产物。法律生成同样遵循这一规律，无论是自发形成的习惯法还是理性建构的成文法，都无法脱离社会物质生活，从其内容上看，涉及人们生活生产的方方面面，法律生成的根本目标也是为了更好地调节社会秩序，从而服务于经济社会发展。我国于2020年10月17日通过、自2021年4月15日起施行的《生物安全法》正是体现了这一点。该法第1条明确指出"为了维护国家安全，防范和应对

[1] 邹瑜、顾明总主编：《法学大辞典》，中国政法大学出版社1991年版，第1039页。

生物安全风险，保障人民生命健康，保护生物资源和生态环境，促进生物技术健康发展，推动构建人类命运共同体，实现人与自然和谐共生，制定本法”。可见，任何一部法律的生成都有其规范社会某个领域的秩序，促进良性发展的使命。

（三）法律生成遵循特定的程序

法律对人们的权益作出了重大调整，有些甚至涉及根本利益，如刑事法律规定了可以依法收缴财产、限制人身自由，乃至剥夺生命。因其普遍的约束力和国家强制力后盾，法律的生成不是一蹴而就的，需经历一定过程和明确而严肃的程序，才赋予其正当性。如在英美法系国家，判例法的形成经历了漫长的过程。首先是法官通过对个案的分析和判断形成个案审判，然后如果该个案审判被后来的裁判者所遵循，那便形成了判例，随后经历不断的萃取和类型化，形成针对特定领域的规范体系，才上升为判例法。在大陆法系国家，法律一般以成文法典的形式颁布，成文法的创制过程需遵循特定的法律程序。首先是立法权力的分配，例如我国全国人大及其常委会、国务院、地方人大、地方政府对不同位阶的法律享有不同的立法权。其次是法律制定的程序，例如按照我国立法的规定，法律制定或者修改要经过“法律议案的提出—法律草案的审议—法律草案的表决和通过—法律的公布”四个步骤，然后才向社会公布施行，发生法律效力。

第二节　法律的创制

一、法律创制的概念

法律创制，是指有法律创制权的专门国家机关依照法定的权限和程序，制定、认可、修改和废止规范性法律文件的活动，统称立法。法律创制有广义和狭义之分，广义的法律创制泛指一切有法律创制权的国家机关和经授权的国家机关的立法活动；狭义的法律创制建立在国家立法权意义上，仅指国家最高立法机关的立法活动。本文所指法律创制，采取广义概念。其内涵如下：

（一）法律创制的主体较为广泛

在单一制国家，主要是中央国家机关和地方国家机关。如根据我国《宪法》《立法法》的规定，有法律创制权的国家机关有：全国人民代表大会及其常务委员会，国务院，国务院各部门，省、自治区、直辖市和设区的市的人民代表大会及其常务委员会，省、自治区、直辖市和设区的市的人民政府，民族自治地方的人民代表大会，特别行政区的立法机关。在联邦制国家，有法律创制权的主要是联邦国家机关和州（如美国）、省（如加拿大）、邦（如印度）、加盟共和国（如苏联）等联邦成员国家机关。

（二）法律创制的方式多样化

法律创制的方式并非单一，从世界各国法律创制的实践来看，主要有法律制定、法律认可、法律修改、法律废止、法官造法（普通法系国家判例法的形成）和全民公决等形式。要注意的是，法的创制活动不仅仅指法的制定活动，还包括法的修改、补充、认可以及废除活动等，这样，才能构成一个完整的法律创制的概念和结构。

（三）法律创制是一种国家主权行为

法律创制的主体是国家机关，通过国家的意志将客观物质生活条件中所产生的法律需要上升为全体社会成员必须遵循的行为规范，是一种国家主权活动形式。任何没有创制权的个人、社会团体和组织不能进行立法活动，同时国家机关行使法律创制权不受他人或他国任何形式的控制和干涉。法律创制权的行使是国家根据自己的意志处理本国对内事务的主权行为。

二、法律创制的原则

法律创制的原则，是指整个法律创制活动必须遵循的普遍性准则和基本原理，贯穿于法律创制始终，体现在法律创制的各个环节。总的来说，法律创制的原则凝聚着社会共同体及其成员的权利、利益的期待，反映着共同追求的法律精神、法律价值。我国法律创制的基本原则明文规定在《立法法》中，体现了我国立法原则的制度化和法律化，是我国立法制度的一大特色。具体有：合宪性原则、合法性原则、民主原则以及科学原则。

（一）合宪性原则

我国《立法法》第 3 条明文规定："立法应当遵循宪法的基本原则，以经济建设为中心，坚持社会主义道路、坚持人民民主专政、坚持中国共产党的领导、坚持马克思列宁主义毛泽东思想邓小平理论，坚持改革开放。"合宪性原则要求法律创制活动必须以宪法为依据，遵循宪法的基本原则、理念和要求，包含了职权的合宪性、内容的合宪性以及程序的合宪性等几方面内容。《立法法》同时明确了法律创制活动的政治任务：一是服务经济建设这一中心，即要求我国的立法活动要积极建设社会主义市场经济法律体系；二是坚持四项基本原则，这是我们的执政之基、立国之本，法律创制活动当然不可偏离；三是坚持改革开放的基本国策，法律制度应当有利于改革发展、对外开放，同时及时将改革开放的成果用法律形式固定下来，为我国进一步发展营造良好的法治氛围。

（二）合法性原则

《立法法》第 4 条："立法应当依照法定的权限和程序，从国家整体利益出发，维护社会主义法制的统一和尊严。"法律创制活动必须在法定的职权范围内、依照法定程序进行，被授权的机关只能在授权范围内进行立法，绝不允许任何超越职权的行为，以保证立法的严肃性、权威性和稳定性。社会组织或其成员以立法主体的身份进行活动时，其行为也受到法律的约束，应当依法行使职权，履行法定义务。同时，要求国家立法机关作出的法律创制活动要从国家整体利益出发，维护社会主义法制的统一。这意味着各立法主体需要在社会主义法律体系下通盘考虑，以最广大人民群众的根本利益为落脚点，立法活动不得同《宪法》相抵触，下位法不得违背上位法的规定或精神，同一位阶的法之间也要互相衔接和统一，绝不允许出现“一地一法”的现象。

（三）民主原则

《立法法》第5条：“立法应当体现人民的意志，发扬社会主义民主，坚持立法公开，保障人民通过多种途径参与立法活动。”立法的民主原则要求在整个立法过程中，人民能够广泛参与与监督，建立充分反映民意、集中民智、体察民情的立法机制，使得法律能够成为真正体现人民意志、保护人民权益的良法。列宁提出：“民主组织原则（其高级形式，就是由苏维埃建议和要求群众不仅积极参加一般规章、决议和法律的讨论，不仅监督它们的执行，而且还要直接执行这些规章、决议和法律），意味着使每一个群众代表，每一个公民都能参加国家法律的讨论，都能选举自己的代表和执行国家的法律。”〔1〕我国的民主原则包括三方面的内容：其一，立法的主体应当是广泛的，人民是国家的主人，应积极调动最广大人民群众参与立法全过程；其二，法律制度在内容上应当以人民的利益为归依，而非为少数人、个别阶层的利益服务；其三，立法的过程应当公开透明，向社会公众公布，畅通人民监督途径，提高立法民主化。

（四）科学原则

《立法法》第6条第1款规定：“立法应当从实际出发，适应经济社会发展和全面深化改革的要求，科学合理地规定公民、法人和其他组织的权利与义务、国家机关的权力与责任。”可见，科学原则是指在立法过程中，必须符合法律调整事态的客观规律，坚持从实际出发、从我国国情出发，认清我国正处于并将长期处于社会主义初级阶段的现实，考虑我国地域辽阔、人口众多、地区发展不平衡的现状，制定符合经济社会发展规律、满足改革开放需求的善法。

坚持科学立法的原则，首先需要实现立法理念的科学化，不断吸收和借鉴他国先进的立法经验，进行本土化改造，将立法当成科学一样进行精细化测算，不断提高立法质量。其次要持续提高立法技术，正确处理立法超前、滞后与同步的关系以及各种法之间横向、纵向的关系，实现法内部结构的协同一致等。

三、法律创制的程序

法律创制是一个严肃而复杂的过程，必须依据法定程序进行。所谓法律创制的程序，就是国家立法机关在制定、认可、修改和废止规范性法律文件时，所必须遵循的步骤和手续。严格按照法定程序进行法律创制，有利于克服立法的盲目性和随意性，提高法律的权威性，是法律体系民主化、科学化的重要保证。

根据《立法法》，我国最高立法机关的法律创制程序可以概括为法律议案的提出、法律草案的审议、法律草案的表决和通过以及法律的公布四个步骤。

---

〔1〕 全国人大常委会办公厅研究室、中国社会科学院法学研究所编：《马克思 恩格斯 列宁 斯大林论法》，法律出版社1986年版，第118页。

（一）法律议案的提出

法律议案是具有法律提案权的国家立法机关或人员向立法机关提出的关于法律创制的提案或建议。法律议案的提出是法律创制过程的第一个阶段，是典型的法律行为，必然会引起一定的法律后果，即立法机关的受理或答复。但法律议案的提出不必然引起法律创制的下一个程序启动，如果法律议案不被立法机关所采纳，那么该法律创制程序即告终结。同时，法律议案不同于法律草案，法律议案是法律草案的前提，法律草案是法律议案被立法机关受理后进入法律创制下一程序的具体化结果。

根据我国法律规定，有权向全国人民代表大会提出法律议案的主体有：①全国人民代表大会主席团；②全国人民代表大会常务委员会；③国务院；④中央军事委员会；⑤最高人民法院；⑥最高人民检察院；⑦全国人民代表大会各专门委员会；⑧全国人民代表大会一个代表团或者 30 名以上的代表联名。

有权向全国人民代表大会常务委员会提出法律议案的主体有：①委员长会议；②国务院；③中央军事委员会；④最高人民法院；⑤最高人民检察院；⑥全国人民代表大会各专门委员会；⑦常务委员会组成人员 10 人以上联名。

（二）法律草案的审议

法律草案的审议是指立法机关对已经列入议事日程的法律草案正式进行审查和讨论，以便更好地完善草案，统一意见。对草案的审查主要包括立法宗旨、基本精神、法律内容以及合法性等方面，是法律创制的关键环节。

我国全国人大审议法律草案的一般程序是：

1. 听取提案人的说明。关于法律草案的说明主要从立法理由、起草经过、解决的主要问题以及立法指导思想和主要精神等方面展开。

2. 各代表团或专门委员会审议。各代表团审议法律草案时，提案人应当派人听取意见，回答询问。同时，有关机关、组织应当派人介绍情况。由有关专门委员会进行审议的，需向主席团提出审议意见，并印发会议。

3. 法律委员会统一审议。根据各代表团和有关的专门委员会的审议意见，法律委员会再对法律草案进行统一审议，向主席团提出审议结果报告和法律草案修改稿，对重要的不同意见在审议结果报告中予以说明，经主席团会议审议通过后，印发会议。

4. 必要时，主席团常务主席可召开团长会议或召集代表讨论。主席团常务主席可以召开各代表团团长会议，就法律草案中的重大问题听取各代表团的审议意见，进行讨论，也可以就法律草案中的重大的专门性问题，召集代表团推选的有关代表进行讨论，并将讨论的情况和意见向主席团报告。

5. 提案人可撤回。在交付表决前，提案人可以撤回提案，但应当说明理由，经主席团同意，并向大会报告，对该法律草案的审议即行终止。

（三）法律草案的表决和通过

法律草案的表决和通过是指立法机关通过法定方式对法律草案进行表决，得到法定人数通过后，使之成为法律。在整个法律创制过程中，这是具有决定意义的阶段。

我国全国人大法律草案的表决程序为：法律草案修改稿经各代表团审议后，由法律委员会根据各代表团的审议意见进行修改，提出法律草案表决稿，由主席团提请大会全体会议表决，由全体代表的过半数通过。特殊立法议案的通过，如宪法的修改，需由全国人民代表大会常务委员会或者1/5以上的全国人民代表大会代表提议，并经全国人民代表大会以全体代表的2/3以上的多数通过。在具体表决方式上，由主席团决定采用无记名投票方式或者举手表决方式或者其他方式，从近些年的情况看，一般都采用按电子表决器和无记名投票这两种方式。表决结果，无论是否通过，都必须由会议主持人当场宣布。

全国人大表决方式

（四）法律的公布

法律的公布是指立法机关将表决通过的法律通过一定的形式公之于众，正式发挥法律效用的过程。法律的公布，是让观念中的法变成现实中的法的重要一步，是法律调整社会关系的实质举措。法律公布后，意味着一切国家机关、社会团体、公民都能了解法律的内容，受法律的约束。我国宪法由全国人大主席团以公告形式公布，普通法律由国家主席以主席令形式公布。

四、法律整理

所谓法律整理，是对现行有效的法律进行系统梳理的过程，属于法律创制以后的立法技术，主要包括法律清理、法律汇编和法典编纂。

（一）法律清理

法律清理，是指有权机关对现行的规范性法律文件进行整理，确定哪些继续适用，哪些需要修改和补充，哪些需要废止的活动。法律清理不改变原有法律，不在原有法律中增添新内容，虽不是严格意义上的法律创制活动，但与立法活动密切相关，属于宏观立法技术的范畴。法律清理是法律汇编和法典编纂的基础工作，有助于法治体系的协调统一，有助于国家整体法律规划的制定与实施。

法律清理在技术上有几点要求：一是有权机关根据国家整体发展需要有计划、有组织地进行清理活动；二是根据客观规律和国情、政策需要，及时提出法律清理意见和建议；三是根据法律在现实中的适用效果分析法律继续适用、修改、废止的理由；四是协调法律体系内部的统一性，对修改、废止的法律进行整体性考量。

（二）法律汇编

法律汇编，是指在法律清理的基础上，对现行法律按照一定标准予以汇编成册的活动。法律汇编同样不对法律的内容进行修改，只是在法律的外在表现形式上进行加工，主要包括两种形式：一种是综合性汇编，即把各种形式的法律、有效和无效的法律都汇总起来，有助于人们了解现行法律体系的全貌，如2005年出版的《中华人民共和国法律全书》。另一种是具体类别的汇编，根据法律调整范围或调整对象等特定标准把某一类别的法律汇编成册，如2007年出版的《公安法律全书》。

（三）法典编纂

法典编纂，是指对现行的同类法律或同一部门法进行审查研究，从统一的原则出发，进行修改、补充，最终形成一部集中统一、内部协调的法典。法典编纂不同于法律清理和法律汇编，法律清理和法律汇编不是严格意义上的法律创制活动，不涉及法律内容的修改，但法典编纂不同，是只能由立法机关按照专门程序进行的立法活动。如2020年《民法典》的颁布就是典型的法典编纂，《民法典》对我国民事法律进行了系统的梳理，并统一了《婚姻法》《继承法》《民法通则》《收养法》《担保法》《合同法》《物权法》《侵权责任法》《民法总则》等法律内容。

《中华人民共和国民法典》

第三节 法律的执行

一、法律执行的概念

法律执行，又称法的执行、执法，是指国家机关及其工作人员依照法定职权和程序，行使管理职权、履行职责、贯彻和执行法律的活动。法律执行有广义和狭义之分，广义上的法律执行是指一切执行法律的活动，其执法主体包括国家行政机关，也包括国家司法机关；狭义的法律执行仅指国家行政机关及其公职人员依法实施法律的活动。我们这里的法律执行，采用狭义上的概念，专指行政机关的执法活动。

法律执行作为法律实施的重要表现形式，是行政机关最主要的行为之一，需注意以下几点：

（一）法律执行的主体特定

执法主体必须是国家行政机关及其公职人员，以及依法被授权的社会组织。目前，我国的法律执行主体主要包括三类：一是中央及地方各级政府及其公职人员；二是各级政府的行政职能部门及其公职人员，如公安部门、交通部门、工商部门等；三是经国家行政机关授权后的某些管理公共事务的社会组织及其工作人员。

（二）法律执行具有国家强制性

执法活动是以国家名义对社会进行的管理，具有国家权威性，公民必须服从。行政机关的执法活动本质上是行使行政权的行为，行政权是国家权力的一种，具有命令性、强制性，以国家强制力为后盾。

（三）法律执行具有主动性和单方面性

国家行政机关根据法定职权进行社会管理的活动，既是一种权力，也是一种职责。因此，行政机关必须积极主动地履行职责，法律执行不以相对人的请求为前提，如果行政机关的不作为给国家、社会、公民造成损失，就构成了失职，要承担相应的法律后果。

二、法律执行的基本原则

法律执行的基本原则是指贯穿于整个执法过程，起指导性、根本性意义的原理、准则。除要遵守“以事实为依据，以法律为准绳”之外，还应遵循合法性原则、合理性原则以及效率原则。

（一）合法性原则

合法性原则的根本含义为依法行政，这是社会主义法治原则在法律执行活动中的具体体现，要求执法必须依据法律规定，符合法定程序，不得与宪法和法律相抵触，即“依法行政，执法必严，违法必究”。我国《宪法》第 5 条第 4 款和第 5 款明文规定：“一切国家机关和武装力量、各政党和各社会团体、各企业事业组织都必须遵守宪法和法律。一切违反宪法和法律的行为，必须予以追究。任何组织或者个人都不得有超越宪法和法律的特权。”

合法性原则的基本内容有两条：一是权力来源合法，即“职权法定”，不允许任何超越法定职权范围的“越权行为”，也不允许在职权范围内的权力滥用或不作为行为；二是执法行为必须符合法律规定，这里的“法律”是广义上法律的概念，包括宪法、法律、法规和规章。上面我们说过，法律执行行为具有国家强制性、单方面性和主动性，不以相对人的认可为前提，因此，只有将执法行为限定在法律的框架内，才能避免行政活动本身可能产生的任意性，防止公民的正当权益受侵害，保证国家和社会的稳定发展。

（二）合理性原则

合理性原则是指在法律执行中要客观、适度、符合理性。合理性原则存在的前提是自由裁量权，行政机关执行法律的行为涉及社会生活的方方面面，法律不可能事无巨细地对所有行政行为作出详细规定，这样缺乏现实可能性，特定情况下也不利于法律的良好实施。因此，法律给予了执法主体一定的自由裁量权，允许在一定范围内选择适当幅度执法。这就要求行政机关及其公职人员在法律执行过程中，特别是在自由裁量权较大的情况下，除要遵循合法性原则外，还要合理、适度，考虑相关因素，尽可能给予相对人公平对待，避免显失公正。

具体而言，合理性原则包括平等对待原则、比例原则和信赖原则三项内容。所谓平等对待原则，是指执法主体平等地对待多个相对人实施执法行为，包括同等情况同等对待规则，如王五、赵六相互斗殴，过错相同且都造成了对方轻微伤，那么行政主体应该对两人处以同样的处罚；还包括不同情况区别对待规则，如上述案例中，若王五造成对方轻微伤，赵六造成对方轻伤，则应对两人处以不同的处罚。所谓比例原则，是指执法主体在行使职权时，除了有法律依据这一前提外，还必须选择对相对人侵害最小的方式进行，对相对人的损害不得超过执法主体所追求的行政目的与价值。如为了强行拆迁导致相对人死亡等严重后果，显然违背了比例原则。所谓信赖保护原则，是指应当对相对人对行政权力的正当合理信赖予以保护，执法机关不得擅自改变已生

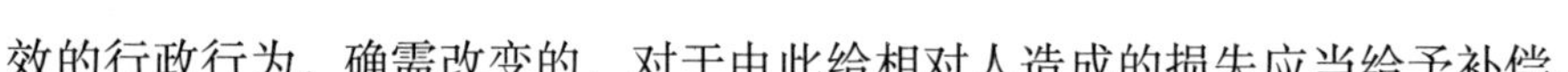

效的行政行为，确需改变的，对于由此给相对人造成的损失应当给予补偿。

（三）效率原则

效率原则是现代行政执法活动的基本价值诉求，它包含两层含义：一是执法机关在进行执法活动时，应该以最低的执法成本取得最高的执法效益，避免不必要的人力、物力、财力投入，造成浪费和损失；二是执法活动必须在法律规定的期限内完成，如果确需延长期限的，需报请有权决定的机关批准。要求执法主体提高工作效率，及时完成执法目标，避免无故拖延、懒政怠政。

效率原则具体体现在：①集体领导与分工负责相结合，既保证工作的正确性、民主性，又保证了效率；②精简机构与人员，反对官僚主义、机构冗杂、人浮于事；③职、责、权、利相统一，职务职位越高，责任越大，权力越大，所承担的风险也越大，要求德能配位，让真正有能力有担当、品德高尚的人代表国家从事行政工作。

三、综合行政执法

综合行政执法，是指一个行政机关根据法律、法规、规章的规定，在合理的管理幅度范围内行使多个行政机关的职能，进行行政执法活动。具有以下特征：①合法性与创新性。实行综合行政执法改革是在法定范围内对执法权的重新调整和配置，是深化行政管理体制改革的重要举措。②集中形式行使执法权。综合执法主体相对集中地行使若干相关行政机关的检查权、处罚权等。

党的十八届三中全会中首次提出了“综合行政执法”的概念，此后，中共中央、国务院发布了《关于深入推进城市执法体制改革改进城市管理工作的指导意见》（中发〔2015〕37号），明确“市县两级政府城市管理领域大部门制改革，整合市政公用、市容环卫、园林绿化、城市管理执法等城市管理相关职能，实现管理执法机构综合设置”“推进综合执法”。综合行政执法是为解决城市管理执法工作中存在的管理体制不顺、职责边界不清、法律法规不健全、管理方式简单、服务意识不强、执法行为粗放等问题而进行的改革，目的是为理顺部门职能、整合工作力量、提高行政效率、降低行政成本，同时，有效推进政府监管和服务方式的转型升级，为进一步深化行政体制改革奠定基础、积累经验，是推进国家治理现代化的重要举措。

当前，各地在综合行政执法改革中积累了许多先进经验，也取得了显著成效，如浙江省构建了全省统一的数字化行政执法平台、江苏省构建了“大数据+指挥中心+综合执法队伍”新模式等。但仍需解决以下问题：①整合归并执法队伍，切实解决多头执法、多层执法和重复执法问题；②加强对行政处罚、行政强制事项的源头治理，切实解决违规执法、执法扰民问题；③探索建立体现综合行政执法特点的编制管理方式，切实解决综合执法队伍管理不规范的问题。

第四节　法律的适用

一、法律适用的概念

法律适用的概念有广义和狭义之分，广义上的法律适用是指司法及行政机关根据法定职权和程序，具体应用法律的专门活动；狭义上的法律适用专指司法机关根据法定职权和程序，具体应用法律处理案件的活动。本节所指的法律适用，采用狭义概念，指国家司法机关将特定法律规范适用于具体案件的过程，亦称司法。

理解法律适用的概念，还需明确以下几点：

（一）权力专属性

只有法律规定的专门机关才能行使司法权，在我国，享有司法权的是人民法院和人民检察院。人民法院享有审判权，即享有对刑事、民事案件和其他案件的审理权和裁决权。审判权是法院所专有的一种排他性的基本权力，除法院之外其他任何机关不享有这种权力，对此，各国皆以立法的形式明确加以规定。人民检察院享有检察权，是检察机关对相对方遵守法律、法规、规章，执行行政命令、决定的情况进行检查、了解、监督和引导的权力。我国的检察机关定位于国家法律监督机关，检察权定位于司法权，已得到宪法的确认。

（二）程序严格性

有效的法律适用依赖于严格的程序执行，为保证法律适用的公平公正，我国设立了一套严格的司法程序，包括刑事诉讼程序、民事诉讼程序、行政复议和行政诉讼程序、劳动仲裁程序、公证程序等。

（三）启动被动性

与法律执行（行政执法）的单方面性和主动性不同，法律适用（司法）具有典型的被动性，即“不告不理”，当事人提请裁判庭进行审理是启动司法的常态，当然，人民检察院负责侦查的职务犯罪等除外。

（四）国家强制性和权威性

享有司法权的专门机关代表国家进行法律适用活动，受国家强制力的保障。一方面，国家赋予司法机关法律适用的权力，并不受任何行政机关、社会团体和个人的干涉；另一方面，法律适用的结果具有权威性和强制性，对双方当事人均有约束力，一旦一方不履行生效判决，另一方可申请强制执行。

（五）裁判终局性

法律适用的结果在生效后具有终局性，我国实行两审终审制，即一案件经过两级人民法院审判后即告终结。这不但方便诉讼参与人参加诉讼，防止案件因久拖不决而影响结案效率，维护当事人的合法权益，也有利于上级人民法院对下级人民法院的审判工作进行监督，维护国家法制的统一。

二、法律适用的基本原则

司法机关进行法律适用活动，必须在宪法和法律规定之下，准确、合法、及时地行使职权，在这个过程中须坚持以下基本原则：法治原则、平等原则、独立原则、责任原则。

（一）法治原则

法治原则是指司法机关在法律适用过程中要严格依法司法，既要追求实体公正，也要体现程序正义。在我国，法治原则具体体现在两个方面。

一方面，以事实为依据。要求司法机关办理案件要从实际出发，实事求是，依据客观存在的事实认定案件事实，是马克思唯物主义思想路线在司法工作中的具体运用。需要注意的是，这里的“事实”并非客观事实，而是被合法证据证明了的事实和依法推定的事实。

另一方面，以法律为准绳。要求司法机关办理案件要在查明案件事实的基础上，依照法律规定，对案件作出正确的处理，正确认定当事人之间的民事权利义务关系，正确认定行政机关具体行政行为的合法性，正确认定刑事被告人的行为是否构成犯罪、构成什么犯罪以及应当适用的刑罚。

（二）平等原则

我国《宪法》第 33 条第 2 款规定，“中华人民共和国公民在法律面前一律平等”，司法平等原则是指司法机关在适用法律上一律平等，是宪法平等原则在司法中的体现。司法平等原则具体包含以下三个方面的含义：

1. 任何公民，不分民族、种族、性别、职业、家庭出身、宗教信仰、教育程度、财产状况、居住期限，都一律平等地享有宪法和法律规定的权利，也都平等地履行宪法和法律规定的义务。

2. 公民的合法权益都一律平等地受到保护，对违法行为一律依法予以追究和制裁。

3. 在法律面前，不允许任何公民享有法律以外的特权，任何人不得强迫任何公民承担法律以外的义务，不得使公民受到法律以外的惩罚。

（三）独立原则

独立原则是指司法机关在办案过程中，依照法律规定独立行使职权，包括三层含义：①司法权的专属性，即并非所有国家机关均有权行使司法权，除国家各级审判机关和检察机关外，其他任何机关、团体和个人都无权行使该项权力；②行使职权的独立性，即人民法院、人民检察院依照法律行使自己的职权，不受其他行政机关、社会团体和个人的干涉；③行使职权的合法性，司法机关及其工作人员在适用法律时必须严格按照法律规定，正确适用法律，不得滥用职权，枉法裁判，其中包括正确适用实体法和遵循程序法的程序规定两部分。

司法机关独立行使职权要求人民法院、人民检察院进行诉讼、处理案件，必须依法办事，除服从法律外，不服从其他行政机关、社会团体和个人有关处理具体案件的指示、命令。此外，人民法院、人民检察院作为一个组织整体，集体对审判权、检察权的行使负责。同时，要受到执政党的领导和监督、国家权力机关的监督、上下级之间和同级之间的监督与约束、人民群众的监督。

（四）责任原则

责任原则是指司法机关及其公职人员在行使职权的过程中，存在误判、错判的，应当实事求是、有错必纠，承担相应的责任。该原则是权力与责任相统一在司法领域的具体贯彻，对保障公民合法权益、维护法治权威性和统一性、维护社会和谐具有重要意义。为贯彻这一原则，我国特别设置了检察监督程序，即“再审”程序，对已生效而确实有错误的判决和裁定，通过再次审理并作出裁判予以纠正。

《经典传奇》：聂树斌案

三、数字化时代的司法功能

2018年9月4日，司法部印发了《“数字法治、智慧司法”信息化体系建设指导意见》，决定运用云计算、大数据和人工智能等新技术开展“数字法治、智慧司法”信息化体系建设，以信息化引领和带动司法事业发展，提升推进全面依法治国战略的能力和水平。所谓智慧司法，是将大数据思维运用到司法工作之中，借助“互联网+”、大数据、云计算、神经网络、机器学习、人工智能等现代科学技术，通过智能化原理，将数据收集、储存、运用等环节融为一体，利用多媒体技术、网络技术以及集中控制技术，对司法过程与结果实行统一管理、控制和运用。其核心理念是以司法需求为导向，内部服务于司法人员与司法办案，外部服务于社会公众与社会治理，使司法办案更加“精细化”，司法管理更加“科学化”，司法服务更加“人性化”，司法程序更加“透明化”，司法过程更加“高效化”。

实施以来，各地取得了显著成效，如浙江省监狱智慧矫治系统，通过运用数字智能技术实现服刑人员科学矫治、心理状态精准管控，保障安全稳定、辅助监狱数字化智能管理转型升级。通过RCT实证研究证明，该系统缓解焦虑的有效率为88.57%。服刑人员自我报告的帮助程度为87.50%。深圳的法治社会大数据中心，整合司法内部公证、律师、监所、司法鉴定、社区公共服务信息及相关司法领域法、检、公等相关行业的数据及信息资源，消除信息孤岛，实现信息共享。北京市检察院“检立方”大数据平台，利用自然语言处理和数据可视化技术，对起诉书和不起诉书的内容进行语义分析和结构化抽取，实现了文书多关键词检索以及启发式过滤辅助筛选，使承办人能够快速精准地获取相关案件文书。“智慧司法”是现代信息科学技术与司法建设深度融合的产物，也是国家治理进入数字化时代的必然结果，是法治中国建设的一抹亮色，为新时代推进国家治理体系和治理能力现代化，开拓出科技赋能的法治路径。

第五节 法律遵守

一、法律遵守的概念

法律遵守，简称“守法”，是指各国家机关、社会组织和公民个人以及在我国领域内的外国组织和个人严格依据我国法律规定享有权利、履行义务的活动。法律的遵守，是法律实施最普遍的方式，也是法律发挥效用最广泛的方式，是法治社会最基本的要求。法律的遵守包括以下几个要素：

（一）守法的主体

守法的主体是指法律约束和规范的行为的实施者。在我国，守法主体非常广泛，从普通公民到国家领导人，从民主党派到执政党，从社会团体到国家机关，一切个人和组织都必须遵守法律。具体而言，包含以下几类：①国家机关。国家各级权力机关、行政机关、司法机关、军事机关及其工作人员尤其是国家领导人必须在宪法和法律规定的权限范围内，行使人民赋予的职权。②社会团体、社会组织。社会团体和组织是自然人的集合体，必须按照法律规定参与社会生活。③本国公民。我国《宪法》第53条规定，“中华人民共和国公民必须遵守宪法和法律”，公民是最广泛的守法主体。④我国领土范围内的外国组织、外国人和无国籍人。根据属地管辖原则，在我国领域内的外国人（自然人和法人）和无国籍人也必须遵守我国的法律，违反需承担责任。⑤政党。我国《宪法》第5条第4款规定：“一切国家机关和武装力量、各政党和各社会团体、各企业事业组织都必须遵守宪法和法律。一切违反宪法和法律的行为，必须予以追究。”可见，政党也是我国的守法主体，包括中国共产党和各民主党派。执政党带头守法，有利于在全社会起到模范表率作用，形成全社会自觉守法的良性局面。

（二）守法的内容

守法的内容，体现为守法主体行使法律权利，履行法律义务。值得注意的是，人们经常将守法误认为主体应履行的义务，殊不知，除义务外，守法还包含权利的行使。

1. 行使法律权利或权力。我国宪法规定了公民享有的基本权利，包括人身权利（生命健康权、肖像权、名誉权、姓名权、隐私权）；家庭婚姻权利；受教育的权利；财产管理权、继承权、劳动权；选举权和被选举权；言论、出版、集会、结社、游行、示威的自由；批评建议权等。公民在行使权利时，要注意处理好个人利益与国家利益的关系，自觉维护国家利益。作为行使权力的机关和公职人员，与公民享有权利不同，权力不得随意放弃，法律赋予的权力同时也是法律规定的职责，不按规定履行职责同样违法。

2. 履行义务或职责。我国宪法明确了公民应当履行的基本义务，包括父母有抚养、教育、保护未成年子女的义务；成年子女有赡养扶助父母的义务；夫妻双方有实行计划生育的义务；受教育的义务；劳动的义务；依法纳税的义务；维护国家统一，各民族团结，维护祖国的安全、荣誉和利益，依法服兵役和参加民兵组织的义务；保护祖国的义务等。权利和义务是相互依存的，权利的实现取决于义务的履行，离开了义务，权利就不复存在。在履行义务时，应当在依法的情况下积极主动地承担，同时把国家以及集体的义务放在第一位。

二、法律遵守的范围和条件

（一）法律遵守的范围

法律遵守的范围，是指守法主体必须遵守的规范性法律文件的种类，即哪些法律规范要遵守，哪些法律规范可以不遵守。一般而言，守法范围的大小取决于一个国家的正式法律渊源。从世界范围内来看，制定法、习惯法、判例法、宗教法、国际条约等属于法律遵守的范围。在我国，守法的范围包括宪法、法律、法规、规章、自治条例和单行条例、特别行政区法、经济特区法以及其他规范性法律文件等，还包括法院判决书、裁定书、调解书、行政处罚单等非规范性法律文件，它们是法律明确授权的有权机关在适用法律的过程中作出的，同样具有法律效力。

（二）法律遵守的条件

社会主体对法律的遵守程度与意愿受到主、客观多种因素的影响，其中，几个重要的制约因素如下：

1. 良法的存在。著名法学家霍布斯提出："主权者应当注意制定良法。但什么是良法呢？……良法就是为人民的利益所需而又清晰明确的法律。"〔1〕法律是否被人们内心所认可，进而促使人们自觉遵守，与法律本身的善恶密不可分。首先，一部好的法律应当体现最基本的价值合理性，不得违背正义、公平、自由、民主、法治、秩序等人类朴素的价值目标，同时不得违背群体的核心价值观，正是这些价值追求成为人们守法的重要原因。其次，良法应当具备规范合理性，法律的创制主体具有相当的权威性，创制过程公正公开，法律内容明确、统一，保持相对稳定性，法律对守法主体普遍适用。最后，良法应该具备体制的合理性，以防止权力的滥用对公民的权利和自由造成威胁，孟德斯鸠强调通过分权来制约权力，以实现平衡。

2. 法律至上的观念。从个人到整个社会对法律的崇尚与信任，是守法的基本条件，培养与树立与现代法治精神相符合的一系列法律意识，如：权利与义务相统一的意识，法律面前人人平等的意识，公平、正义的意识，通过法律途径解决争端的意识，契约意识等，是法治国家的重要任务。改革开放以来，我国在全社会范围内开展了普法教育等法治宣传活动，公民的法律意识得到了很大提高，但总体而言，公民守法的主动性和自觉性还有待提高。为此，我们还需要采取有力措施，补足法律意识层次较低的人的短板，求得法律意识的普遍提高。

3. 良好的法治环境。这里的法治环境指影响法律实施的整体社会环境，包括经济

---

〔1〕［英］霍布斯著，黎思复、黎廷弼译：《利维坦》，商务印书馆 1985 年版，第 270 页。

环境、政治环境、文化环境、历史传统、道德风尚等，“法律发展的重心不在于法律科学和司法判决，而在于社会本身”。[1] 我们需要从整个社会发展中考察法律的运行，尤其是守法这个普遍性、深层次的社会问题，离不开社会大环境的支持。就经济环境而言，生产力水平越高，法律调整经济关系的需求就越旺盛，社会主体对法律的接受度也就越高。政治环境包括国家的政治制度、执政党的状况、国家机关的运行制度等，无一不影响着法律的运行。此外，历史文化传统、道德风尚也会对人们接受和遵守法律产生一定的影响，法律传统积淀较深厚的国家，人民的守法意识相对较高，反之则弱。

本章小结提升：法律是如何产生的，从形式上来看法律似乎是由人制定的，但从实质上来看，法律是一个社会随着政治、经济发展自然衍生的，所以我们称之为法律的生成。所谓法律生成是指法律形成、产生的过程，包括制定法的产生，也包括习惯法、判例法等法律形式的生成。法律虽然是在社会发展中自然孕育而成，但是它却不能自然成为法律，必须通过人们对自然形成的规则进行提炼再由法定的机关按照法定程序加以创制。因此，法律生成是国家意志的高度体现，并由一定的社会物质生活条件所决定。社会中生成的法律规则必须通过创制才能成为法律。所谓法律创制，是指有法律创制权的专门国家机关依照法定的权限和程序，制定、认可、修改和废止规范性法律文件的活动，统称立法。法律创制应遵守合宪性原则、合法性原则、民主性原则和科学性原则。法律只有被执行才能真正成为法律，所以我们要进一步学习了解法律执行。所谓法律执行又称法的执行、执法，是指国家机关及其工作人员依照法定职权和程序，行使管理职权、履行职责、贯彻和执行法律的活动。在行政执法中要遵守合法性原则、合理性原则、效率原则和诚实信用原则，并积极推进综合行政执法改革。法律在执行过程中是否被正确履行，必须由专门的国家机关来评判，这就是法律适用的问题。我们所指的法律适用，采用的是狭义概念，指国家司法机关将特定法律规范适用于具体案件的过程，亦称司法。司法一定要遵循法治原则、平等原则、独立原则和责任原则。法律执行、法律适用的基础是法律遵守，法律只有被信仰和遵守才能得到真正的实现。法律遵守，简称“守法”，是指各国家机关、社会组织和公民个人以及在我国领域内的外国组织和个人严格依据我国法律规定享有权利、履行义务的活动。法律遵守必须具备一定的条件，其中法律信仰和良好的法治环境是法律遵守的坚强柱石。

本章提高研讨题：1990 年，原告齐某苓与被告之一陈某琪都是山东省滕州市第八中学的初中学生，都参加了中等专科学校的预选考试。陈某琪在预选考试中成绩不合格，失去继续参加统一招生考试的资格。而齐某苓通过预选考试后，又在当年的统一招生考试中取得了超过委培生录取分数线的成绩。山东省济宁商业学校给齐某苓发出录取通知书，由滕州八中转交。陈某琪从滕州八中领取齐某苓的录取通知书，在其父亲陈某政的策划下，运用各种手段，以齐某苓的名义到济宁商校就读直至毕业。毕业

---

〔1〕［美］E. 博登海默著，邓正来译：《法理学　法律哲学与法律方法》，中国政法大学出版社 1999 年版，第 134 页。

后，陈某琪仍然使用齐某苓的姓名，在中国银行滕州支行工作。

齐某苓发现陈某琪冒其姓名后，向山东省枣庄市中级人民法院提起民事诉讼，被告为陈某琪、陈某政（陈某琪的父亲）、济宁商校、滕州八中和山东省滕州市教育委员会。原告诉称：由于各被告共同弄虚作假，促成被告陈某琪冒用原告的姓名进入济宁商校学习，致使原告的姓名权、受教育权以及其他相关权益被侵犯。请求法院判令被告停止侵害、赔礼道歉，并赔偿原告经济损失16万元，精神损失40万元。

山东省高级人民法院依照《宪法》第46条和最高人民法院的批复，对枣庄市中级人民法院的一审判决予以部分维持、部分撤销，并判决：①被上诉人陈某琪、陈某政赔偿齐某苓因受教育的权利被侵犯造成的直接经济损失7000元，被上诉人济宁商校、滕州八中、滕州教委承担连带赔偿责任；②被上诉人陈某琪、陈某政赔偿齐某苓因受教育的权利被侵犯造成的间接经济损失（按陈某琪以齐某苓名义领取的工资扣除最低生活保障费后计算）41 045元，被上诉人济宁商校、滕州八中、滕州教委承担连带赔偿责任；③被上诉人陈某琪、陈某政、济宁商校、滕州八中、滕州教委赔偿齐某苓精神损害费50000元。

请问：

（1）本案中被告陈某琪、陈某政（陈某琪的父亲）、济宁商校、滕州八中和山东省滕州市教育委员会分别侵害了齐某苓哪些权益？

（2）本案中山东省高院在法律适用中遇到了哪些困难？

本章推荐的阅读文献：

1. ［美］E. 博登海默著，邓正来译：《法理学　法律哲学与法律方法》，中国政法大学出版社1999年版。

2. ［法］孟德斯鸠著，张雁深译：《论法的精神》，商务印书馆1961年版。

3. 李龙主编：《良法论》，武汉大学出版社2005年版。

4. 胡旭晟：“守法论纲——法理学和伦理学的考察”，载《比较法研究》1994年第1期。

5. 高杭：“跨部门协同视域下教育综合行政执法改革的挑战与应对”，载《清华大学教育研究》2021年第6期。

6. 帅奕男：“数字时代的司法范式转型”，载《求是学刊》2021年第6期。

第十一章课后练习题

第十二章　法律的解释与推理

本章引例：林某清诉常熟市凯莱实业有限公司、戴某明公司解散纠纷案

常熟市凯莱实业有限公司（以下简称“凯莱公司”）成立于2002年1月，林某清与戴某明系该公司股东，各占50%的股份，戴某明任公司法定代表人及执行董事，林某清任公司总经理兼公司监事。凯莱公司章程明确规定：股东会的决议须经代表1/2以上表决权的股东通过，但对公司增加或减少注册资本、合并、解散、变更公司形式、修改公司章程作出决议时，必须经代表2/3以上表决权的股东通过。股东会会议由股东按照出资比例行使表决权。监事行使下列权利：①检查公司财务；②对执行董事、经理执行公司职务时违反法律、法规或者公司章程的行为进行监督；③当董事和经理的行为损害公司的利益时，要求董事和经理予以纠正；④提议召开临时股东会。

2006年起，林某清与戴某明两人之间的矛盾逐渐显现。同年5月9日，林某清提议并通知召开股东会，由于戴某明认为林某清没有召集会议的权利，会议未能召开。同年6月6日、8月8日、9月16日、10月10日、10月17日，林某清委托律师向凯莱公司和戴某明发函称，因股东权益受到严重侵害，林某清作为享有公司股东会1/2表决权的股东，已按公司章程规定的程序表决并通过了解散凯莱公司的决议，要求戴某明提供凯莱公司的财务账册等资料，并对凯莱公司进行清算。同年6月17日、9月7日、10月13日，戴某明回函称，林某清作出的股东会决议没有合法依据，戴某明不同意解散公司，并要求林某清交出公司财务资料。同年11月15日、25日，林某清再次向凯莱公司和戴某明发函，要求凯莱公司和戴某明提供公司财务账册等供其查阅、分配公司收入、解散公司。

江苏常熟服装城管理委员会（以下简称“服装城管委会”）证明凯莱公司目前经营尚正常，且愿意组织林某清和戴某明进行调解。从2006年6月1日至今，凯莱公司未召开过股东会。服装城管委会调解委员会于2009年12月15日、16日两次组织双方进行调解，但均未成功。

原告林某清遂向苏州市中级人民法院提起诉讼称：公司经营管理发生严重困难，陷入公司僵局且无法通过其他方法解决，其权益遭受重大损害，请求解散凯莱公司。而被告凯莱公司及戴某明辩称：凯莱公司及其下属分公司运营状态良好，不符合公司解散的条件，戴某明与林某清的矛盾有其他解决途径，不应通过司法程序强制解散公司。

阅读案例并思考以下问题：“公司经营管理发生严重困难”应当如何理解？

本章概述：法律解释与法律推理是法理学的基本理论问题，也是法律实施和运转中的重要实践问题。本章将通过对法律解释、法律推理的含义、原则和方法进行介绍，展示法律在具体案件中的适用方式。

本章的学习目标：通过本章的学习，你所要达成的学习目标如下：

1. 了解法律解释、法律推理的基本含义；
2. 掌握法律解释、法律推理的方法；
3. 掌握基本法律思维。

本章教学内容：

第一节　法律解释

一、法律解释的概念

（一）法律解释的含义

法律解释，是指一定的解释主体根据法定权限和程序，按照一定的标准和原则，对法律的含义以及法律所使用的概念、术语等进行进一步说明的活动。

（二）法律解释的必要性

法律解释与法律实践活动密切相关，它是法律实施的前提，也是法的发展的重要方法。法律之所以需要解释，是由于：①法律规范是抽象的、概括的行为规则，而法律事实是具体的、千差万别的，法律规范无法对一切可能发生的情况作出算无遗策的规定，因此在适用法律时就需要对法律作出必要的解释；②法律规范是相对稳定的行为规则，而社会生活是在持续发展变化中的，因此在面对新情况、新问题时，就需要对法律规范作出符合实际的处理；③立法者的能力存在局限性，在法律体系中不可避免地存在界限不明、规定不够准确清晰等问题，通过法律解释的技术，可以使法律不断成长和发展，并趋于完善。

二、法律解释的原则

法律解释原则是对法律解释的指导和约束，为维护法律的尊严和权威，确保其能正确实施和完善发展，法律解释必须遵循以下原则。

（一）合法性原则

合法性原则是指法律解释不得超越法律，应以发现法律本意为首要任务并受其限制。大致包括以下两方面的内容：一是程序性原则。法律解释是立法的继续，是严肃的国家活动，因此必须依照法定的权限和程序进行。任何国家机关都不得越权解释，并不得代替解释。否则，它的解释是无效的，有关机关还应对越权解释和代替

《法律解释的困境》
_ 桑本谦

解释所造成的不良后果承担责任。二是整体性原则。应当把法律当作整体看待，对下位法及其规范的解释必须符合上位法及其法律规范，并最终符合宪法规范、宪法原则和宪法精神。具体而言，一是对法律概念、术语、条款、规范的解释，必须符合相应法律部门和整个法律体系的指导思想和原则，法律解释要有助于维护法律体系整体的内在统一性；二是法律解释要遵循宪法和法律规定的效力位阶，维护我国法律解释的现有体制；三是法律解释要在技术上和方法上保持统一，如语言上的统一、体例上的统一等。

（二）合理性原则

合理性原则即法律解释必须合理，不得作非理性的解释。合法性原则主要侧重于阐明法律含义、选择应当适用的法律，而合理性规则则主要侧重于规范对不确定法律概念的解释、约束填补法律空白和纠正法律失误的行为。它具体包括四个层次：一是符合社会主义市场经济、民主政治、和谐社会、先进文化的公理，符合社会主义核心价值观；二是不得违背公序良俗，保持法、理、情的一致性；三是顺应客观规律和社会发展趋势，有利于促进社会发展和法律进步；四是要以党和国家政策为指导，发挥中国特色社会主义法治的优势。

三、法律解释的方法

法律解释的方法是解释者在进行法律解释时，为了达到解释的目标所使用的方法。法律解释的方法有多种，下面我们对几种较为重要的方法作一介绍。

《解释的难题——对几种法律文本解释方法的追问》_苏力

（一）文义解释

文义解释又称文理解释、语义解释、文法解释等，是通过对法律条文的字义和语法的分析来了解和把握条文含义的一种解释方法。文义解释的种类很多，根据两种最主流的分类规则，我们可以对文义解释进行以下划分。

1. 以解释尺度的不同为标准进行分类。

（1）字面解释。字面解释是指严格按照法律条文字面的通常含义来解释法律，既不缩小也不扩大字面含义。字面解释是法律解释中最常用的一种方式，它能够准确地表达立法者的意图，符合立法的原意。比如，对法律条文中的“中华人民共和国公民”的解释，就应当严格按照字面的含义，即该自然人的国籍是否为中国来判断。

（2）限制解释。限制解释是指在法律条文的字面含义显然比立法原意广时，作出比字面含义窄的解释。比如，《宪法》第 55 条第 2 款规定，依照法律服兵役和参加民兵组织是中华人民共和国公民的光荣义务。从字面上看，该义务是全体中华人民共和国公民都负有的，但事实上该条文所指的公民是符合中国兵役法规定的服兵役年龄的公民，所以我们应当对这里的“公民”一词作限制解释。

（3）扩充解释。扩充解释是指在法律条文的字面含义显然比立法原意窄时，作出比字面含义广的解释。比如《刑法》第 49 条第 1 款规定，犯罪的时候不满 18 周岁的人和审判的时候怀孕的妇女，不适用死刑。从词义上来看，审判是指侦查、起诉相对应的刑事诉讼程序，因而审判的时候不包括侦查、起诉的时候，但根据有关司法解释的规定，这里的“审判的时候”是指从羁押到执行的整个诉讼过程，而不是仅指法院审理阶段。即使在法院作出死刑立即执行的终审判决以后，在执行死刑时发现被执行的妇女怀孕的，也应停止死刑的执行，并依法予以改判。此处的法律解释就使用了扩充解释的方法。

2. 以法律语言的专业性为标准进行分类。

（1）日常用语的解释。该解释是指根据日常语言文字的含义来解释法律。对于日常用语的解释应当按照其自身的通常含义进行，从法律条文最常用、最明显的含义来解释法律。应注意的是，在解释中需要明确法律用语和概念与日常生活用语的区别。例如，《民法典》第 200 条规定，民法所称的期间按照公历年、月、日、小时计算。第 201 条规定，按照年、月、日计算期间的，开始的当天不计入，从下一日开始计算。按照小时计算期间的，自法律规定或者当事人约定的时间开始计算。第 203 条规定，期间的最后一天是法定休假日的，以法定休假日结束的次日为期间的最后一日。期间的最后一日的截止时间为 24 时；有业务时间的，停止业务活动的时间为截止时间。

（2）法律术语的解释。很多法律规范所使用的语言是具有明确含义的法律专业术语，其含义不同于字面含义或不属于日常用语，此时我们应当按照这些术语的特定含义对法律进行解释。如“告诉权”中的“告诉”，就不是日常用语中向别人陈述事实、通知某事的意思，而是受害人向司法部门报告犯罪事实的意思。

（二）目的解释

目的解释，是指从法律的目的出发对法律所作的说明。法律的目的通常是指在特定的社会经济、政治、文化背景下，立法者在制定法律时试图达到的目标，以及法律的精神和指导思想等。目的解释又可细分为两类：一类是立法者在制定该规范时所希望达到的目的，即主观目的；另一类是该规范在当前社会条件下所要达到的目的，即客观目的。在司法实践中，一般仅限于考虑主观目的，只有在社会发生重大变动时，才需要确定原来的法律目的是否符合当前的需要并作出相应的解释。目的解释方法为德国法学家耶林（1816~1892 年）首创。例如，美国马萨诸塞州宪法规定州众议员的选举“应当由文字选票来进行”，后立法机构决定用投票机取代文字选票，并向法院咨询此法是否合宪。法院解释为合宪，因为当初立宪者规定“文字选票”的目的在于排斥口头选举或举手选举。

（三）体系解释

体系解释又称为系统解释，是指将需要解释的法律条文与其他法律条文联系起来，从该法律条文与其他法律条文的关系、该法律条文在所属法律文件中的地位、有关法律规范与法律制度的联系等方面入手，系统全面地分析该法律条文的含义与内容，确保法律体系的融贯性，防止法律的前后矛盾。此外，对于某些法律规范来说，如果缺乏体系性的把握和前后预警的关联，也很难发现其准确含义。

（四）历史解释

历史解释，是研究某一法律规范产生、修改或废止的经济、政治、文化、社会的历史条件后作出的说明，同时将新的法律规范同以往的同类法律进行对照、比较，以阐明法律的意义。历史解释便于更准确、更深刻地把握立法者所制定的法律规范的精神实质，同时也能够更好地理解法律的情势、文化内涵以及价值取向的发展、变迁。修改前后的法律文本的对照可以很好地起到这种作用。例如，对新旧刑法中有关“正当防卫”的条文进行对照，可以更好地理解现行刑法这一规定的精神所在。

（五）比较解释

比较法解释是指引用外国的立法条文或者判例作为一项解释因素，用以阐释本国法律规定含义的一种解释方法。进入20世纪以后，随着法律世界化程度的加深，比较解释的使用逐渐增多。需注意的是，运用比较法解释，不能超出本国法律文义的范围，也不应违反本国法律的整体精神或公序良俗。

除了上述的法律解释方法外，还有当然解释、社会学解释、反对解释等，各种法律解释方法间是否存在位阶关系，学界认识不一，但一般来说，文义解释应当优于其他解释适用。同时，我们可以看出，在对某一法律规范进行解释工作时，可以使用不同的解释方法，而各种解释方法所得出的结果可能是一致的，也可能是不一致的，例如字面解释和目的解释，它们所得出的结果可能是大相径庭的。这些不一致有时是刻意的安排，以增加法律的适应性，如扩充解释与限制解释。而有时则是有害的，因为它增加了法律解释的主观性，因此必须以法律解释规则限制法官的解释裁量权。

四、我国法律解释的体制

根据解释主体和解释效力的不同，我们可以将法律解释分为正式解释与非正式解释。

（一）正式解释

正式解释也称为法定解释或有权解释，是指由特定国家机关、官员或其他有解释权的人对法律作出的具有法律上普遍约束力的解释。从我国法律的实际运行过程看，我国法律的正式解释大体上可以分为立法解释、行政解释和司法解释。

1. 立法解释。狭义的立法解释专指国家立法机关对法律所作的解释；广义的立法解释泛指所有依法有权制定法律、法规的国家机关或其授权机关，对自己制定的法律、法规进行的解释。本章中所说的立法解释，采用其广义的概念。它包括：①全国人大常委会对宪法的解释，以及对需要进一步明确界限或作补充规定的法律的解释；②国务院及其主管部门对自己制定的需要进一步明确界限或作补充规定的行政法规的解释；③省、自治区、直辖市和其他有权制定地方性法规的地方的人大常委会对自己制定的需要进一步明确界限或作补充规定的地方性法规的解释。立法解释的作用，不仅是对不确定或不明确的法律条文本身进行分辨歧义和明确界限，从而使法律原有的、当然的或可能包括的含义明确化、具体化，而且还包括完善、补充法律漏洞甚至扩充法律条文的基本含义。我国立法解释的方式有两种：一是事前解释，包括法律文件本身附带解释性条款，立法机关在规范性法律文件中直接附带关于某些条文含义的说明；包括另行制定法律如实施细则以解释原有法律，以免在应用中发生疑义；还包括法律在提请审议通过时所附带的说明。二是事后解释，即就已生效的法律规范中需要进一步明确界限或作补充规定的事项进行解释。这种解释又称为特别解释，是指对已生效的规范性法律文件在具体适用中遇到的问题（如适用范围、文意理解等）作适当的界定和说明。

2. 司法解释。司法解释是指国家最高司法机关在适用法律、法规的过程中，对如何具体应用法律、法规的问题所作的解释。它包括：审判解释，即最高人民法院对于审判工作中的如何具体应用法律的问题所作的解释；检察解释，即最高人民检察院对于检察工作中的如何具体应用法律的问题所作的解释；还有审判、检察联合作出的解释；如审判解释和检察解释有原则性分歧，应当报请全国人大常委会决定。在实践中，最高人民法院、最高人民检察院常常联署制发法律解释，有时还与公安部、司法部等其他部门联署发布法律解释。司法解释只能就司法工作中具体应用法律的问题而作出，这些问题诸如：①对法律规定不够具体明确而使理解和执行有困难的；②由于情况的变化，对某类案件的处理依据存在不同理解的；③为统一审理案件的标准而就某一类具体案件说明应如何理解和执行某些法律规定的；④各司法机关之间应如何依据法律规定的精神相互配合审理案件的。

3. 行政解释。行政解释是指国家行政机关在依法行使职权时，对有关法律、法规如何具体应用的问题所作的解释。行政解释适用于凡不属于审判、检察工作的法律具体应用问题。它包括：国务院及其主管部门对需要其具体执行的法律如何具体应用的问题所作的解释，一般以制定有关法律的实施细则来进行；省、自治区、直辖市人民政府及其主管部门对地方性法规如何具体应用的问题所作的解释。在我国，立法机关一般都将其制定的法律、法规交由同级行政机关加以解释，这些解释经常表现为行政法规或规章的形式，因而，其本身既是一种法律解释形式，又是一种法律渊源。

归纳起来，中国现行的正式法律解释体制的特点有：①立法部门主导，即立法部门特别是全国人民代表大会常务委员会处于支配地位，全国人民代表大会常务委员会的立法解释具有高于司法解释和行政解释的效力；②集中垄断，即由不同领域的职能主管部门统一行使本领域的法律解释权；③分工配合，既包括“进一步明确界限”与“具体应用”两种法律解释的分工配合，又包括部门领域间的分工配合，即中央部门和地方部门之间的分工配合，立法部门、司法部门和行政部门之间的分工配合，司法部门相互间和行政部门相互间的分工配合。

（二）非正式解释

所谓非正式解释，是指未经法律明确授权的机关、团体、组织或个人对法律作出的不具有法律约束力的解释。其与正式解释的根本区别在于是否有普遍约束力，是否有反复适用的规范效力。我们可以将非正式解释细分为以下两种：

1. 学理解释。学理解释是指由学者或其他个人及组织对法律规定作出的学术性和常识性的解释。这种解释不具有法律的约束力，不被作为执行法律的必然依据。虽然如此，非正式解释在法学研究、法学教育、法制宣传以及法律发展方面还是有着很重要的意义。有时，在没有正式法律渊源的情况下，学理解释也可以视为非正式法律渊源。

2. 任意解释。任意解释是指在司法活动中的当事人、代理人和公民个人在日常生活中对法律所作的解释。

第二节 法律推理

一、法律推理的概念

推理即推论或说理，作为思维的一种方式，是从已知判断作出新的判断的过程。法律推理是法律人从一个或几个已知的前提（法律事实、法律规范、法律概念、判例法等）得出某种法律结论的思维过程。法律推理能够将法律规范导入社会现实，形成法律结论，进而解决纠纷并使人们能够预判法律决定。

法律推理在法的运行过程中发挥着不可或缺的作用：一是从事实认定角度，法律推理可以从已知事实推导出未知事实，特别是在某些事实无法直接证明的情况下，通过其他事实的存在与否进行逻辑推导。例如，某些法律责任以行为人是否存在过错为前提，而过错这种心理状态是否存在只能通过行为人的行为推出。二是从法律规范设立的角度，上位规则推导出下位规则就是法律推理的过程。例如，从根本法到普通法，或是从某一法律规定到实施细则的过程。三是从法律适用的角度，法律规范和案件事实推导出判决的过程，也是法律推理的过程，即我们通常所说的三段论：大前提（法律规定）结合小前提（案件事实）得出结论（判决）。

二、法律推理的特征

从内容和形式两个方面来看，法律推理主要有三大特征：

第一，法律推理就思维形式来看，是具有理性的一种逻辑思维活动。主要表现为以下三个方面：一是法律推理是一种理性思维活动。它以“推想”和“思考”为基本特征，担负着完成知识创新的任务，因而是法律思维过程中比概念和判断的形成更能体现主体自觉常见性的思维活动。二是法律推理是具有内在逻辑的思维活动。所谓内在逻辑有两个意思：其一，法律推理不等于形式逻辑推理，但又不能违背形式逻辑。否则，其结论的真理性和推理的有效性就会遭到怀疑。其二，法律推理的内在逻辑是指其运行具有在自身矛盾推动下自我发展的内在规律。三是法律推理是一种创造性思维活动。任何推理都是产生新知识的过程。法律推理从已知的前提（法律事实或法律规范、法律原则、判例等法律资料）出发，通过一系列思维加工过程，目的是要得出新的法律结论。法律推理得出的结论如果不新（不特殊），就不能对解决法律问题起到裁决作用。从这个意义上说，知识创新是法律推理最本质的特征。

第二，法律推理过程体现出遵循推理规则的基本特征。推理之所以是推理，是因为从前提到结论是遵循推理规则得出的。法律推理如果是演绎推理，应该严格遵循有效的推理规则。如果是辩论的论证，即法律论证，即使前提与结论之间没有必然的联系，也要遵循或然性推理的推理规则，尽可能提高结论的可靠度。不遵守推理规则进行推理，其结论必然是错误的，因此，遵循推理规则是法律推理的基本特征之一。

第三，法律推理活动就其实质而言是寻求正当性的一种证明。法律推理为司法实践中的法律问题提出必要而充分的理由，遵循着“理由优先于结论”的规则。司法逻辑的根本目的是说服，律师要尽力说服法官，法官则要说服自己，然后向律师和当事人解释他的决定，最后还可能要向受理上诉的更高级的法官说明为何要作如此决定。这种结论的形成需要由众多的个人和集团参与交谈、辩论，寻求讨论和理解的前提和方法。在司法判决中，只有坚持论证和说理，才能确保个人和集团在法律问题上做到自我理解，以及其他个人和集团对此问题的相互理解，直至达成共识，达到“定分止争”的目的。

三、法律推理的原则与方法

一般来说，法律推理应当遵循以下原则：其一，法律推理必须遵循推理规则。推理之所以是推理，是因为从前提到结论是遵循推理规则得出的。法律论证必须遵循一系列论证规则并且必须采取这些形式，以使其所提出的要求得到满足。当某个论证符合这些规则和形式时，通过它所达到的结果才可以被称为是正确的。其二，法律推理应当以法律及法学理论为基础，这是法律推理与纯粹的推理形式最大的不同之处。后者只关注推理形式的准确性和无矛盾性，而法律推理更关注推理的前提，即法律规范和法律事实。其三，法律推理应当寻求证明的正当性，其核心主要是为行为规范或人的行为是否正确或妥当提供正当理由。法律推理所要回答的问题主要是：规范的正确含义以及有效性即是否正当的问题、行为是否合法或是否正当的问题、当事人是否有权利、是否有义务、是否应负法律责任的问题。其四，法律推理应当具有实践性。法律推理旨在就现实问题形成结论，其思维过程以现实问题为导向，以实践理性为框架。换言之，法律推理总是结合案件事实及其所处的社会现实环境来判断结论的适当与否，而不只是纯粹形而上的逻辑推理。

《从案件事实之“是”到当事人之“应当”——法律推理机制及其正当理由的逻辑研究》_张继成

（一）形式推理

形式推理又称分析推理，即依形式逻辑规则进行推理。形式推理是法律推理的主要形式，具体包括演绎推理、归纳推理和类比推理三种形式。

1. 演绎推理。演绎推理是指从一般法律规定到个别特殊行为的推理。三段论是典型的演绎推理，它由大小两个前提和结论三部分组成，比如著名的“苏格拉底三段论”，它的大前提是：所有的人都是要死的；小前提是：苏格拉底是人；得出结论：所以苏格拉底是要死的。大陆法系传统从制定法的一般规则到个案结论的过程，常被看作典型的三段论式推理过程。其基本过程是：首先寻找和确定作为演绎推理大前提的法律规则，即确定可以适用于当前案件事实的法律规则。然后通过对于各种直接或间接的证据材料的收集、整理、分析、组合、证明，陈述或者确认作为演绎推理的小前提的法律事实。最后根据大前提和小前提之间的逻辑关联，作出确定的判断，得出确定的结论。当然，具体案件解决的过程要复杂得多，可能包括多个推理过程，特别是证明个案事实与法律规定的联系时，可能会碰到多个相互对抗的前提，而前提的选择对结论的作出有巨大影响。确定何种前提为正当的过程不仅包括举证，同时也包括推理。

2. 归纳推理。与演绎推理相反，归纳推理是指从特殊到一般的推理，即从个别事物或现象的知识推出该类事物或现象的一般原则的推理。法律适用过程中运用归纳推理的典型是英美国家的判例法制度，法官从个别案件中抽象归纳出一般性的原则，这一原则可适用于将来的同类案件。对大量个别的经验事实进行归纳，发现某种共同的特征、属性，并在思维中形成某种具有普遍性的判断。归纳推理是一种不断积累经验、修正错误的过程，但由于很难在事实上做到完全归纳，因此归纳推理的结论并不具有必然性。为使归纳推理的结论更趋于正确，在使用归纳推理时应做到：被考察的案件数量要尽可能多，案件范围要尽可能广，案件之间的差异要尽可能大。

3. 类比推理。类比推理在法学上也被称为类推适用或比照适用，是指在法律实践中对于法律所没有明确规定的事项，比照援引与此事项之性质最相类似的法律规定，加以适用处理的法律方法。英美法系的“遵循先例”原则体现了类比的法律推理，但在刑事法律领域，这种类推是严格限制的。类比推理的基本过程是：一个规则已经适用于甲案件，如果乙案件在实质上与甲案件相似，那么适用于甲案件的规则也可以适用于乙案件。由于绝对不存在两个案件在所有方面都同一的情形，因此在使用类比推理时，对于两个案件间的相同点要细致地考量，确定其与适用规则间的关联性。

形式推理的规则是客观的，但其只能解决形式上的正当性与合理性的问题，推论结果却并非必然正确。归纳推理及类比推理本身就是或然性的推理，存在前提为真结论也可能为假的情况。即使是演绎推理这种必然性推理，在完全遵守逻辑规则的情况下，也会受大小前提的不确定性或模糊性的影响，这必然会损害法律推理的结论的可靠性。因而，在进行法律推理的过程中，必须综合运用各种法律推理的方法，以验证、弥补和纠正单一方法的不足，同时运用基本的社会政策、社会共识性的伦理道德观念和价值准则，来甄别和选择法律规则、原则，法律事实等的相对分量或重要性程度，以便为法律推理的正当性与合理性确定实质性的判断依据。

（二）实质推理

实质推理，又称辩证推理，是指在司法实践中发生了法官难以通过一般的形式推理而简单作出裁决的疑难案件的情况下，法官运用道德的、经济的、政治的、习俗的或者其他社会因素来弥补现行法律的疏漏与不足，从而使司法行为及其结论获得确定性与正当性的法律推理过程与方法。实质推理主要用于：①填补法律漏洞，即以实质推理弥补法律中未有规定的部分；②纠正法律错误，由于立法者的疏漏，适用法律将产生不公法律后果或产生与立法者目的相反的结果时可用实质推理的方法予以纠正；③解决法律的不一致或在存在多种规范时选择最为恰当的规范。实质法律推理的一般推理路径为：首先，依据事物本身的性质，提出对于当前案件事实的法律处理的最终法律结论，然后从这一个模糊的结论反推，寻求支持或推导出这一模糊性的法律结论的同样模糊的逻辑大前提。其次，综合运用上述形式的法律推理的各种基本方法或手段所展示的法律材料和法律资源，证成或质疑这个比较模糊的逻辑大前提，使之在论辩中得到进一步的确证，并将之归于现实的法律制度的体系和框架中。最后，通过价值判断最终确证或在多个可能性的选择项中确证选择用来处理当前案件的法律推理的大前提。辩证的法律推理的实质并不是要获得一个对于当前案件事实具有正当性与合理性的终局性的法律处理结论，而是要构建或补充缺少或冲突的演绎推理的大前提，使之正当化与合理化。

法律解释与法律推理既有区别又有联系。二者所要完成的任务和针对对象不同，法律解释是对法律规定的含义进行说明，而法律推理则是在法律论辩中通过运用法律理由，以理服人。前者针对的是法律规定，通过研究法律文本，阐发其意旨得出法律结论；后者则不仅针对法律规定，还包括案件事实，通过演绎、归纳和辩证推理等方法得出令人信服的法律结论。法律解释与法律推理二者又具有有机的联系。一方面，它们都与具体的法律问题有关。另一方面，二者在很多情况下是不可分割的。在进行法律解释时，离不开推理方法的运用，而在法律推理过程中，常常需要对法律规范进行解释然后运用于具体案件事实，特别在法律规定不明确或含义有争议的情况下，法律解释更是法律推理过程中的一个十分重要的组成部分。

四、法律推理的价值

（一）法律推理的价值追求[1]

法律推理的价值追求主要有如下三个方面：

1. 正义是法律推理的核心价值追求。之所以将正义作为法律推理的核心价值追求，是从法律推理的最终目的来考虑的。法律推理是具有创造性的一种工具，不管是通过前提到结论的推理，还是通过实质推理，最终都是为了寻找答案。在答案寻找的过程中，从运用法律推理者的角度出发，结论的产生最终满足了人们的愿望，或者说是为

---

〔1〕 陈军："法律推理中的价值问题研究"，载《法制与社会》2009年第29期。

人们寻找到了一种慰藉，慰藉自己所得到的或所预料的事实，能获得有效的支持。但是，这个结论背后应当蕴含一种趋势，即我们所得到的结论它应当是正义的。这就和大多数人不愿意看见通过法律推理最终推导出一种反人类或反人权的结论一样。于是法律推理不仅仅是在寻找答案，更是在追求我们所期望的正义，并为正义的弘扬助一臂之力。但是，在这里值得注意的是，强调正义是法律推理的核心价值追求，并不是认为法律推理不需要逻辑，或者说并不是过分地夸大法官在推理中的个人作用，只是将其用作我们在进行推理的过程中更应当关注现实社会的具体实际的理由，因为正义的完全实现很大程度上是依赖法、道德、习惯甚至宗教信仰等各种社会条规综合作用的理想结果。这样，法官在司法判决中进行法律推理，就必须切实关注现实的问题，切不可使其对法律的推论和论证完全成为逻辑游戏或诡辩技术。

2. 效率是法律推理的基本价值追求。法律推理具有逻辑推导功能，这使得我们能够相对较快地获得结论，解决我们实际生活中的问题与矛盾，这对于我们树立法律权威起到了积极的作用。在司法活动中，刑事法律推理将案件的事实与具体的法律规则相结合，通过逻辑判断作出合法的司法判决，节省了时间，降低了成本，提高了效率。演绎推理方式能使简单的或事实清晰的案件在第一时间内获得符合法律的判决。归纳推理方法以及先例创造一般性的规则和原则，再结合案件事实作出判决。类比的推理方法则是同样案件同样处理，除了在寻找先例案例的过程中，需要点时间和成本外，似乎无需其他的工作了。实质推理通过法庭的辩论，权衡各种理由，通过论辩或对话获得合理理由，使诉（控）辩双方对最终司法判决结果能达成最大限度的一致。这种一致很大程度上降低了实际司法过程中执行难的风险，相对保证了判决能得到及时执行。因此，从实践的角度，这印证了法律推理天生就具有一种追求效率的特征，效率自然而然就成了法律推理的基本价值追求。但是，我们并不能刻意地将法律推理提速，使其成为解决法律案件处理效率低下的利器。不然，合法而不合理就有可能成为法律推理在法律适用中的另一特征了。这也就是说，效率只能作为法律推理的基本价值追求，而不能逾越正义成为一种终极追求。否则，我们无法排除出现专制主义的可能。

3. 秩序是法律推理的形式价值追求。法律推理的最显著特征就是其形式逻辑性，人们运用其作为基本方法用于法律适用中，可以说是有构建某种模式的意图。人们在这种模式下可以方便地运用逻辑和辩论，使得到的结果看上去是有保障的，因为它是安全的。同时，在这种模式下，人们可以心悦诚服地接受由法律推理产生的结果，因为它在人们所忍受的范围内并且可以是具体而明确的。于是我们发现法律推理意图构建的就是一种秩序，抑或更准确地说，法律推理的形式价值追求的就是秩序。这是因为法的秩序价值本身就是确认与维护某种一致性、连续性和稳定性，它具有工具性和非实质性的性质，与其他价值的关系如同形式和内容的关系。这就与法律推理的形式特征不谋而合。所以，秩序成为法律推理的一种形式上的价值追求。但是，法律推理毕竟还包含着正义的诉求。同时，法律推理还是形式逻辑与价值判断的一种统一，因而秩序只能成为其形式上的体现，对于实体上的判断其所起作用是有限的。总而言之，法律推理在很多人心目中还是严格的逻辑推理方式，但是，我们不能无视价值，尤其是正义、效率、秩序等价值在具体的法律推理实践中的作用，这是我们充分认清法律推理的一种合理路径。

（二）法律推理现实价值

法律推理作为指导法律实践的一种方法，具有如下的现实价值：

第一，法律推理的逻辑指导功能是法治原则的要求，是实现法治的基本手段。法治的核心是依据法律同等对待，反对差别对待，主张法律面前人人平等。法律推理真正体现了法治的这一基本原则，因为不管是演绎法律推理还是类比法律推理，都具有此功能，同样的事实通过法律推理会得出相同的结论。演绎推理是通过把不同的个案置于普遍法律规则之下来实现。类比推理通过严格遵循先例得以实现。形式逻辑的特征就是作为平等和公正执法的重要工具在起作用。

第二，法律推理的逻辑推导功能使得社会和当事人对法律问题的预测成为可能。可预期性是支持法治价值的一个较为关键的要素，从某种意义上讲，法治的要义是保证可预期性或可预期性的实现，并通过人们的预期性维护法治秩序和社会安定。

第三，法律推理或者法律论证，为司法实践中的法律问题提供必要而充分的理由。无论是司法审判还是行政执法，法律推理的根本目的都是进行说服。法官在审判中首先说服自己，然后再通过法律推理向律师和当事人解释他的决定，而且还要向受理上诉的更高级的法官说明为何要作如此决定，只有这样经过法律推理充分说明理由，才能做到案了事了。行政执法中执法者在执法过程中更是要向行政相对人说明理由，这也是行政行为必须遵守的说明理由制度。

第四，法律推理为立法、司法提供正当性证明。这种证明在法的创制活动中已成为民主政治的重要体现，没有科学完善的法律推理作保障，立法的质量就很难得到提高。在司法活动中，法律推理或者法律论证，增强了判决的一致性和正当性，可以为法律问题提供健全的、经过充分论证的答案，因而成为法治区别于人治的根本标志之一。法律推理是程序正义的体现和实现法治的手段，没有法律推理，就不可能有程序正义，从这个意义上说，法治要依靠法律推理来实现。

本章小结提升：法律解释与法律实践活动密切相关，它是法律实施的前提，也是法的发展的重要方法。在进行解释时应遵循合法性原则与合理性原则。为达到不同的目的，可以使用文义解释、目的解释、体系解释、历史解释等方法。根据解释主体和解释效力的不同，我们可以将法律解释分为正式解释与非正式解释，其中正式解释又包含立法解释、司法解释与行政解释。

法律推理是从已知的前提得出法律结论的富有理性、逻辑性、创造性和实践性的思维过程，是一种遵循推理规则的、寻求正当性的证明活动。法律推理可分为实质推理与形式推理，后者具体包括演绎推理、归纳推理和类比推理三种形式。法律推理所追求的价值是正义、效率和秩序。

本章提高研讨题:

1. 清华大学一大四学生为了考证黑熊嗅觉是否敏感，先后两次把掺有火碱、硫酸的饮料，倒在5只北京动物园饲养的黑熊的身上，导致黑熊身体大面积烧伤。在经历了长期的讨论与争议之后，北京市西城区人民法院判决该学生犯故意毁坏财物罪，但鉴于其一贯品学兼优，案发后有悔罪表现，决定免予刑事处罚。

请运用法律解释的方法判断该学生的行为是否构成犯罪？如果你认为他的行为构成犯罪，那么构成的是非法猎捕、杀害国家重点保护的珍贵、濒危野生动物罪，故意毁坏公私财物罪还是其他呢？

2. 朱某勇于2002年4月29日~5月10日期间，利用事先查获的陆某辉、赵某花夫妇在国泰证券上海营业部的资金账号和股票交易账户密码，非法侵入并篡改了股票交易账户密码，然后将陆、赵夫妇的股票、基金全部抛出，买进其他股票，并多次进行买进卖出的股票交易。2002年5月16日，当朱某勇再次侵入陆某辉的股票交易账户时，被发现抓获，朱某勇如实供认了全部的犯罪事实。案发时陆、赵夫妇账户内的股票市值为225.51万元，而陆、赵夫妇4月26日账户内的股票、基金如果不交易，保持到5月16日市值应为245.48万元，由于朱某勇的恶意交易共造成陆、赵夫妇资金损失达人民币19.7万余元。案发后朱某勇赔偿了陆、赵夫妇的经济损失。

请运用法律推理的方法判断朱某勇的行为是否可以构成故意毁坏财物罪？

本章推荐的阅读文献:

1. [美] 史蒂文·J. 伯顿著，张志铭、解兴权译:《法律和法律推理导论》，中国政法大学出版社1998年版。

2. [德] 卡尔·拉伦茨著，陈爱娥译:《法学方法论》，商务印书馆2003年版。

3. [英] 尼尔·麦考密克著，程朝阳、孙光宁译:《修辞与法治：一种法律推理理论》，北京大学出版社2014年版。

4. [德] 英格博格·普珀著，蔡圣伟译:《法学思维小学堂：法律人的6堂思维训练课》，北京大学出版社2011年版。

5. [德] 乌尔弗里德·诺依曼著，张青波译:《法律论证学》，法律出版社2014年版。

6. 张继成:"价值判断是法律推理的灵魂"，载《北京科技大学学报（社会科学版）》2001年第1期。

第十二章课后练习题

第十三章 法律的责任与监督

本章引例：全国人大常委会首次听取国家监委专项工作报告

2020年8月10日第十三届全国人大常委会第二十一次会议听取了国家监察委员会关于开展反腐败国际追逃追赃工作情况的报告。这是全国人大常委会首次听取国家监委的专项工作报告。

会议听取了国家监察委员会主任杨晓渡作的关于开展反腐败国际追逃追赃工作情况的报告。报告显示，2014年至2020年6月，共从120多个国家和地区追回外逃人员7831人，包括党员和国家工作人员2075人、“红通人员”348人、“百名红通人员”60人，追回赃款196.54亿元，有效削减了外逃人员存量；其中，国家监委成立以来，共追回外逃人员3848人，包括党员和国家工作人员1306人、“红通人员”116人、“百名红通人员”8人，追回赃款99.11亿元，追回人数、追赃金额同比均大幅增长，改革形成的制度优势进一步转化为追逃追赃领域的治理效能；新增外逃党员和国家工作人员明显减少，从2014年的101人降至2015年31人、2016年19人、2017年4人、2018年9人、2019年4人，有力遏制住了外逃的蔓延势头。

加强反腐败国际追逃追赃工作，是以习近平同志为核心的党中央立足新时代全面从严治党、党风廉政建设和反腐败斗争新形势新任务作出的重大决策部署。第十三届全国人民代表大会第一次会议通过《宪法修正案》和《监察法》，产生国家监察委员会，依法赋予其进行反腐败国际合作、加强对反腐败国际追逃追赃和防逃工作的组织协调等重要职责。同时，全国人大及其常委会制定完善相关法律，组织开展调研，实施有力监督，为反腐败国际追逃追赃提供重要法治和工作保障。根据《宪法》和《监察法》的规定，国家监察委员会对全国人民代表大会及其常务委员会负责，并接受其监督。国家监委向全国人大常委会作专项工作报告体现《宪法》要求、符合《监察法》规定，一方面体现出人民对权力的监督，另一方面也有利于进一步推动国家监察体制改革深化发展。阅读这份专项报告你会有什么样的感受，你是否知道国家监察委员会是基于什么规则和程序对每个国家机关实施监察，又是如何认定行政法律责任的？我国实施法律监督的主体都有哪些，法律监督体系是如何构建的？通过本章的学习我们将为你解答上述问题。

本章概述：本章主要阐述了法律责任的概念、法律责任的认定和归结以及法律责任的承担；法律监督的概念、分类、构成以及中国现行的法律监督体系。

本章的学习目标：通过本章的学习，你所要达成的学习目标如下：

1. 理解法律责任、法律监督的含义；
2. 明确法律责任、法律监督的种类；
3. 掌握法律责任的构成要件、归责原则以及承担法律责任的方式；
4. 掌握法律监督的构成及现行法律监督体系。

本章教学内容：

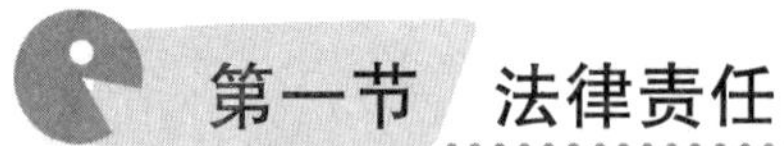

第一节 法律责任

一、法律责任的概念

（一）法律责任的定义

法律责任有广义、狭义两种理解。[1] 广义的法律责任就是一般意义上的法律义务的同义词，比如通常说到的人民警察有预防、制止和惩治违法犯罪活动的责任（义务），每个公民都有遵守法律的责任（义务），等等。狭义的法律责任是指由于违法行为、违约行为或者由于法律规定而应承受的某种不利的法律后果，如侵权责任、违约责任、渎职责任等。本节仅就其狭义使用法律责任一词。

与其他的社会责任（道德责任、政治责任等）相比，法律责任具有如下两个特点：

1. 法律责任具有法律性。法律责任的性质、范围、大小、期限等都是由法律明确规定的，认定与追究法律责任应合乎法律的要求。

2. 法律责任具有国家强制性。法律责任是由国家强制力保证实施的。当责任人不主动承担法律责任时，特定国家机关将依照法定职权和程序采取强制手段追究其法律责任。

（二）法律责任的种类

依据不同的标准，可以将法律责任划分为不同的种类。比如，按照责任承担的内容不同，可以分为财产责任与非财产责任；按照归责原则的不同，可以分为过错责任、无过错责任和公平责任；按照承担责任的主体不同，可以分为自然人责任、法人责任和国家责任。下面主要介绍刑事责任、民事责任、行政责任、违宪责任，这是按照引起责任的行为性质的不同而对法律责任所作的分类，也是最常见的分类方式。

1. 刑事责任。刑事责任是指责任人因其犯罪行为所必须承受的，由司法机关代表国家所确定的否定性法律后果。刑事法律是追究刑事责任的唯一法律依据。刑事责任是犯罪人向国家所负的一种惩罚性责任，是所有法律责任中最严厉的一种。

2. 民事责任。民事责任是指民事主体因侵权、违约或者基于民法规定的其他事由

---

〔1〕 根据《现代汉语词典》的解释，“责任”一词有两种含义：其一，分内应做的事；其二，没有做好分内应做的事，因而应当承担的过失。参见中国社会科学院语言所词典编辑室编：《现代汉语词典》，商务印书馆 2016 年版，第 1637 页。

而应当承担的对其不利的民事法律后果。民事责任是保障民事权利实现和民事义务履行的重要措施，其主要功能是对民事损害进行救济，使受害人被侵犯的权益得到恢复。

3. 行政责任。行政责任是指因违反行政法律或因行政法规定的事由而应当承担的法定的不利后果。行政责任是发生在行政主体之间或者行政主体与行政管理相对人之间的责任。前者称为内部行政责任，是行政机关及其公职人员因没有依法行政而产生的法律责任；后者称为外部行政责任，是公民、法人或其他组织违反行政管理法规而产生的法律责任。

4. 违宪责任。违宪责任是指因违反宪法而应当承担的法定的不利后果。违宪通常是指有关国家机关制定的某种法律、法规和规章，以及国家机关、社会组织或公民的某种行为与宪法的规定相抵触。在我国，有权监督宪法实施的国家机关是全国人民代表大会及其常务委员会。

二、法律责任的认定与归结

法律责任的认定与归结，是指由特定国家机关或国家授权的机关依法对行为人的法律责任进行判断和确认的活动。

（一）法律责任的构成

法律责任的构成是认定法律责任时所必须考虑的条件和因素。一般认为，法律责任的构成包括以下五个方面：

1. 责任主体。责任主体就是承担法律责任的人，它要解决的是法律责任由谁承担的问题，这是认定法律责任时首先要考虑的因素。法律上通过设置责任能力来判断违法主体是否具备独立承担法律责任的资格。就自然人而言，影响责任能力的因素有年龄、智力、精神健康状况。只有达到法定年龄，具有理解、辨认和控制自己行为的能力的人，才具有责任能力，才能成为责任主体，对自己的行为承担法律责任。

2. 违法行为、违约行为或者法律规定的造成损害的行为。引起法律责任的行为，一般都是某种具有危害性的行为。违法行为，是指违反法律规定不履行法定义务，损害他人合法权益或社会公共利益的行为。违约行为，是指违反合同约定义务的行为。一般情况下，有违法或违约行为才有法律责任，没有违法或违约行为也就无从谈论法律责任问题。但在特定情况下，即使没有违法行为或违约行为，基于法律的特别规定，当事人也需要承担相应的法律责任。如无过错责任、公平责任便是这种类型的法律责任。

3. 损害事实。损害事实是指一定的行为导致的损失或伤害，即法律所保护的合法权益遭受了侵害。在实际生活中，损害事实的表现是多种多样的：既可以是物质性损害如财产损害，也可以是非物质性损害如精神损害；既可以是已得利益的损失，也可以是预期可得利益的损失；既可以是已经发生的现实损害后果，也可以是尚未发生、但是有发生可能性的损害后果。但是，无论处于何种形态，损害都应当具有现实性，而不是推测的、臆想的、虚构的。

4. 因果关系。因果关系是指可归责的行为与损害事实之间的因果关联。只有当行为人的行为是导致损害事实的原因时，才能够追究行为人的法律责任。有关因果关系的认定有许多复杂的理论。一般而言，在确定因果关系时，首先应确定行为与损害事实之间有无条件关系，即该行为是否属于损害事实发生的必要条件。在确认了行为是损害事实发生的必要条件后，再判断是否存在相当性，即该行为是否属于损害事实发生的充分原因。如果是，则因果关系成立；如果否，则因果关系不成立。

5. 主观过错。主观过错表明行为主体的心理状态，与其是否应承担法律责任和承担何种法律责任有着密切的关系。主观过错包括故意和过失。故意是指明知自己的行为会发生危害社会的结果，而希望或者放任这种结果发生的心理状态。过失是指应当预见自己的行为可能发生损害他人、危害社会的结果，因为疏忽大意而没有预见，或者已经预见但轻信能够避免，以致发生这种结果的心理状态。主观过错在一般情况下是认定和承担法律责任的主观构成要件，无过错无责任，但也存在特殊情况。如《民法典》第1166条规定："行为人造成他人民事权益损害，不论行为人有无过错，法律规定应当承担侵权责任的，依照其规定。"

（二）法律责任认定与归结的原则

1. 责任法定原则。责任法定原则是法治原则在归责问题上的具体运用，它的基本要求是：①归责主体要合法，无法律授权的任何国家机关和社会组织都不能向责任主体认定和归结法律责任；②归责依据要合法，应当按照法律事先规定的性质、范围、程度、期限、方式追究责任人的责任，防止责任擅断、非法责罚；③归责程序要合法，有违反法律程序行为的机关，应依法承担相应的法律后果。

2. 因果联系原则。在认定和归结法律责任时，必须确认因果联系，具体包括：①确认人的行为与损害结果或危害结果之间的因果联系，即人的某一行为是否引起了特定的物质性或非物质性损害结果或危害结果。②确认人的意志、心理、思想等主观因素与外部行为之间的因果联系，即导致损害结果或危害结果出现的违法行为或违约行为是否是行为人内心主观意志支配外部客观行为的结果。③区分这种因果联系是必然的还是偶然的，直接的还是间接的。

3. 责罚相当原则。责罚相当原则是公平观念在归责问题上的具体体现，其内容包括以下三个方面：①法律责任的性质与违法行为或违约行为的性质相适应。不同性质的违法行为或违约行为表明了不同的社会危害程度，从而决定了法律责任的性质和大小。②法律责任的种类和轻重与违法行为或违约行为的具体情节相适应。不同的情节反映了不同的社会危害程度，在法律责任的归结方面就应有所不同。③法律责任的种类和轻重与行为人的主观恶性相适应。行为人的主观方面的故意、过失以及平时品行、事后态度等因素，对法律责任的归结都有一定影响。[1]

4. 责任自负原则。责任自负原则的要求是：在一般情况下，法律责任的主体只能

〔1〕 张文显主编：《法理学》，高等教育出版社2018年版，第174~175页。

是实施了违法行为或违约行为的行为人本人，不得任意地扩大归责的范围，杜绝归责上的株连或变相株连。当然，责任自负原则也不是绝对的，在某些特殊的情况下，基于社会利益保护的需要，也会产生责任的转移承担问题，如监护人对被监护人、用人单位对其工作人员承担的替代责任。

三、法律责任的承担

（一）法律责任承担的方式

法律责任承担的方式，是指承担或者追究法律责任的具体形式。法律责任承担的方式包括惩罚、补偿、强制三种。

1. 惩罚。惩罚即法律制裁，是国家通过强制对责任主体的人身、财产和精神实施制裁的责任方式。法律制裁是承担法律责任的重要方式。惩罚（法律制裁）具体包括以下四类：

（1）民事制裁。民事制裁是指依照民事法律规定对责任主体依其所应承担的民事责任而实施的强制措施。民事制裁通常是由于侵权或违约引起的，主要内容包括在国家的强制下支付违约金或赔偿等。如果责任人主动承担民事责任，是不存在民事制裁的。

（2）行政制裁。行政制裁是指依照行政法律规定对责任主体依其所应承担的行政责任而实施的强制措施，包括行政处分、行政处罚。其中行政处分包括警告、记过、记大过、降级、撤职、开除。行政处罚包括警告、通报批评；罚款、没收违法所得、没收非法财物；暂扣许可证件、降低资质等级、吊销许可证件；限制开展生产经营活动、责令停产停业、责令关闭、限制从业；行政拘留；法律、行政法规规定的其他行政处罚。

（3）刑事制裁。刑事制裁是指依照刑事法律规定对责任主体依其所应承担的刑事责任而实施的强制措施，通常称刑罚制裁。这是一种最严厉的制裁。我国法律规定的刑罚分为主刑和附加刑两类。其中主刑包括管制、拘役、有期徒刑、无期徒刑、死刑。附加刑包括罚金、剥夺政治权利、没收财产、驱逐出境。

（4）违宪制裁。违宪制裁是指依照宪法的规定对责任主体依其所应承担的违宪责任而实施的一种强制措施。违宪制裁的主要方式有：撤销同宪法相抵触的法律、行政法规、地方性法规；罢免国家机关的领导成员等。

2. 补偿。补偿是通过国家强制力或应当事人要求由责任主体以作为或不作为形式弥补或赔偿所造成损失的责任方式。补偿的作用在于制止对法律关系的侵害以及通过对被侵害的权利进行救济，使被侵害的社会关系恢复原态。在我国，补偿主要包括民事补偿和国家赔偿两类。

（1）民事补偿。民事补偿是指依照民事法律规定，责任主体承担的停止、弥补、赔偿等责任方式。具体包括停止侵害；排除妨碍；消除危险；返还财产；恢复原状；修理、重作、更换；继续履行；赔偿损失；支付违约金；消除影响、恢复名誉；赔礼道歉。承担民事责任的方式主要为民事补偿，法律规定惩罚性赔偿的，依照法律规定。

（2）国家赔偿。国家赔偿包括行政赔偿与刑事赔偿。行政赔偿是行政机关及其工作人员在行使行政职权时，因侵犯相对人的人身权、财产权造成损害而应给予的赔偿。刑事赔偿是行使侦查、检察、审判职权的机关以及看守所、监狱管理机关及其工作人员在行使职权时，因侵犯当事人人身权、财产权造成损害而应给予的赔偿。

3. 强制。强制是指国家通过强制力迫使不履行义务的责任主体履行义务的责任方式。强制的功能在于保障义务的履行，从而实现权利，使法律关系正常运作。强制包括对人身的强制、对财产的强制。对人身的强制有拘传、强制传唤、强制戒毒、强制治疗、强制检疫等方式。对财产的强制有强制划拨、强制扣缴、强制拆除、强制拍卖、强制变卖等方式。强制是承担行政责任的主要方式。如《行政强制法》第 9 条规定的行政强制措施的种类包括：限制公民人身自由；查封场所、设施或者财物；扣押财物；冻结存款、汇款等。

（二）法律责任的减轻与免除

法律责任的减轻与免除，即通常所说的免责，是指由于出现法定条件，法律责任被部分或全部地免除。从我国的法律规定和法律实践看，主要存在以下几种免责情况：

1. 时效免责。时效免责是指法律责任经过了一定的期限后被免除。时效免责反映了法律的及时性和效益性，对于督促法律关系主体及时行使权利履行义务，稳定社会生活秩序，提高司法效率和质量，促进社会经济的发展有着重要的意义。

2. 不诉免责。不诉免责即所谓的“告诉才处理”“不告不理”，多数民事、行政领域案件和刑法领域的一些自诉案件可依此免除责任。这意味着法律将追究责任的决定权交给当事人，如果当事人不起诉，国家就不去追究行为人的法律责任。

3. 自首、立功免责。这是一种将功抵过的免责形式。即行为人实施犯罪行为后主动向司法机关自首或犯罪后有立功表现，可以得到从轻、减轻或免除处罚。

4. 补救免责。补救免责是指对于那些实施了违法行为并造成一定损害，但在国家机关追究责任之前采取及时补救措施的人，免除其部分或全部责任。

5. 协议免责或意定免责。协议免责或意定免责是指双方当事人在法律允许的范围内协商同意的免责，即所谓的“私了”。这种免责只存在于私法领域，体现了私法的“意思自治”。

6. 自助免责。自助免责是对自助行为所引起的法律责任的免除。比如，我国《民法典》第 1177 条规定：“合法权益受到侵害，情况紧迫且不能及时获得国家机关保护，不立即采取措施将使其合法权益受到难以弥补的损害的，受害人可以在保护自己合法权益的必要范围内采取扣留侵权人的财物等合理措施……”

7. 人道主义免责。人道主义免责是指在责任主体没有能力履行部分责任或全部责任的情况下，有关国家机关或权利主体出于人道主义考虑免除或部分免除责任主体的法律责任。

第二节　法律监督

一、法律监督的概念

监督就是监察并督促。任何一种完备的社会管理系统都会有监督机制。法律调整的往往都是事关重大的社会关系，所以法律调整中的监督机制显得尤为重要。

法律监督有广义和狭义两种理解。广义的法律监督是指一切国家机关、社会组织和公民依法对国家的经济、政治、文化、社会等方面的各种法律活动进行的监察和督促。狭义的法律监督则专指由特定国家机关依照法定权限和程序对法律实施的合法性所进行的监察和督促。

二、法律监督构成

任何一种法律监督关系都由特定要素构成。法律监督的构成要素有四个，包括法律监督的主体、对象、内容和方式。

（一）法律监督的主体

法律监督的主体，是指法律监督行为的实施者，即依法享有法律监督权的国家机关、社会组织和公民个人。其中国家机关包括国家权力机关、行政机关、司法机关和监察机关，社会组织包括中国共产党的各级组织、人民政协、各民主党派、群众团体、事业单位、企业等。

（二）法律监督的对象

在当代中国，法律监督的对象主要包括进行各种法律活动的所有国家机关和武装力量、各政党和社会团体、各企业事业单位、全体公民。也就是说，任何人、任何组织都必须接受监督。其中对国家机关及其公职人员各种公务活动的监督尤为重要。历史经验表明，对宪政、民主和法治造成最大威胁和破坏的因素，不是来自社会团体和公民个人，恰恰来自运用国家权力的国家机关及其公职人员。权力易导致腐败，这是由权力的扩张性决定的。对权力运作的监督制约，是权力运作的内在要求，也是现代法治国家权力设置的普遍要素。

（三）法律监督的内容

法律监督的内容非常广泛，它的范围应当同法律的覆盖面相适应，内容包括法律的制定、适用和遵守，贯穿于法律运行的各个环节和整个过程。国家机关及其公职人员的各种职务活动及其行为的合法性是法律监督的主要内容。

（四）法律监督的方式

法律监督的方式，即监督权的运行方法、程序等。法律监督的方式依照法律监督主体的不同而有各自不同的方式。立法机关对立法的监督有备案、审查、发回修改等方式；司法机关对行政机关的监督通过行政诉讼程序以判决变更或撤销的方式进行；

国家监察委员会的监督方式有：监督、调查和处置，其中监督又分为党内监督（与党的纪律检查委员会合署办公）和党外监督。普通公民对国家机关的监督通过申诉、控告、检举及提起行政诉讼的方式实现；社会媒体的监督通过曝光事实和公众讨论的舆论压力方式进行。

其实，法律监督四要素即谁监督、监督谁、监督什么和怎样监督。它们相互依存、相互影响、相互统一，组成一个完整的法律监督体系。

三、法律监督的分类

根据不同的标准可以对法律监督作以下不同的分类：

1. 根据监督主体的不同，可以分为国家监督和社会监督。国家监督又可分为权力机关的监督、行政机关的监督、监察机关的监督和司法机关的监督；社会监督是由国家机关以外的其他社会关系主体如各政党、各社会组织、公民参与的监督。

2. 根据法律监督的阶段不同，可以分为事前监督和事后监督。它们在不同的阶段体现了法律监督的预防、控制和矫治功能。事前监督使权力的运行合法化，预防和避免腐败的发生；事后监督使权力的滥用得到纠正，并惩治腐败行为。

3. 根据监督主体和监督对象的地位和相互关系的不同，可以分为纵向监督和横向监督。监督主体与监督对象之间存在上下层级关系的监督是纵向监督，这种监督常常由于级权的差异而具有更大的权威性。在横向监督中，监督主体与监督对象处于同一层级，这种监督多依赖于权力分立和权力制衡制度上的设计。

4. 根据监督主体和被监督的国家机关是否属于同一系统，可以分为内部监督和外部监督。监督主体与对象共处于同一组织系统的监督为内部监督；监督主体与对象分别处于不同组织系统的监督为外部监督。

四、法律监督的功能

法律监督作为保证法律正确运行，防止运行过程中出现偏差，纠正运行中出现失误的一种控制性手段，对于监督制约权力运作，防范、控制和矫治权力的扩张和滥用具有重要的作用。法律监督主要有如下几种功能：

1. 评判功能。法律监督的评判功能主要是指对法律实施各个环节的状态、结果和影响进行判断和评价，包括合法性评判和合理性评判。从合法性方面来说，“合法性”具有普适性。就人们最重要的社会行为，特别是政治行为来说，无论是作为公民个人，还是作为国家和社会的管理者或统治者，抑或公权力的掌握者和行使者，都在宪法和法治之下，都有一个合法性问题。是否合法是判断国家和社会行为是否正当和被允许的首要标准。法律监督的合法性功能就是通过监督评判国家行为、社会行为和公民行为是否具有合法性。

从合理性方面来看，法律本就是各种社会关系综合作用的产物，它本身就是构成复杂社会关系的一个必要组成部分，并在获得稳固的社会地位以后，继续保持与其他社会关系和社会规范的千丝万缕的联系。其中，法律合理性的理念与实践，就是从法律与其他社会关系和社会规范的相互关系中衍生出来的。法律监督能自觉地坚持和体现法律的合理性原则，这无疑标志着国家法治的巨大进步。

2. 规范性功能。法律产生和存在的根本意义就在于它对国家和社会具有规范性的功能，为国家和社会进行各种行为提供行为规范。

法律监督的规范功能主要表现为两个方面：一是法律实体架构中的规范功能，即通过法律监督保证国家法律统一和一体地被遵循；二是法律程序架构中的规范功能，即通过法律监督功能的发挥，使法律特别是刑事法律的执行保持在稳定的、可预见的和可观察及监督的程序之内，对法律执行程序予以规范。

3. 协调疏通功能。法律监督是与其他运作机制共生互动的构成性机制，没有立法、执法、司法、守法的活动过程，便不会有法律监督。而完善的法律监督又成为立法、执法、司法、守法过程得以有效实现的前提。正是在法律监督既具有独特功能又与其他机制有机连接的意义上，我们说，没有法律监督，就没有完整意义的法的运作，就没有现代意义的法治。例如，为了保证法律正义的实现和保障人权，刑事侦查机关和审判机关以及行政执行机关的职权被严格区分开来。但在任何一个具体刑事案件的审判中，上述各个机关之间不仅不能相互隔离而且还要保持联系的密切和流程的顺畅，这就需要在它们之间建立联系的桥梁和疏通的渠道。在法治国家中这种建立桥梁和流通渠道的协调疏通功能便为法律监督所专有，如果没有这种协调疏通功能，无论是刑事侦查机关，还是审判机关或是监狱等执行机关，它们的职权便无法行使，各自的功能也就不能得到充分的实现。

4. 限制与惩戒功能。限制与惩戒功能与协调疏通功能如一枚硬币的两面，只是发挥功能的角度不同。如果说协调疏通功能主要是为了打通立法、执法、司法、守法活动之间连接的渠道，以保证法律实施顺利完成的话，那么限制与惩戒功能主要就是为了使这种连接能符合法律的要求，符合正义的要求。因为在这个连接过程中，一旦司法人员出现贪腐等行为造成伪造事实、枉法裁判乃至制造冤假错案等情形时，就必须由法律监督机关加以制止和纠正，直至对违法的司法人员予以法律责任上的追究。法律监督正是通过对立法、执法、司法和守法过程中可能出现的偏差和背离加以预防、控制和纠正，来保证国家立法的统一和法律体系的和谐一致，保证统一的法律在国家主权范围内统一、平等、无偏私地运行，维护法的至高无上的权威和尊严。

5. 救济功能。法律监督的救济功能主要是基于对公民的权利和自由的保护而设计的。法律和法治的根本要义之一就是“有权利，必有救济”，否则，权利就是写在纸上的空话，没有实际存在的意义。现代社会，由于国家机关管理活动的范围不断扩大，导致国家机关及其工作人员所作出的行为容易侵犯当事人的合法权益。因此，有必要建立法律监控机制，确保为公民、法人或其他社会组织提供更多、更有效的法律救济途径。

五、法律监督体制

法律监督体制是指由多种形式的法律监督组成的协调统一的监督系统，包括国家监督和社会监督两大系统。

（一）国家监督

国家监督是指国家机关以国家名义依法定职权和程序进行的具有直接法律效力的监督。依具体实施监督的机关不同，国家监督又可分为权力机关的监督、行政机关的监督、司法机关的监督和监察机关的监督四类。

1. 权力机关的监督。权力机关的监督，是指各级人民代表大会及其常务委员会所进行的监督。其中，全国人民代表大会及其常务委员会在整个法律监督体系中居于主导地位。国家权力机关的法律监督权是宪法赋予国家权力机关的重要职权。根据现行宪法和法律，我国权力机关的监督职能主要有两种：

（1）立法监督。立法监督是国家权力机关对享有立法权的国家机关的立法活动及其结果的合法性所进行的监督。在中央，全国人民代表大会及其常委会通过立法程序对某项法律、法规进行审查，确定其是否符合《宪法》的规定，对违反《宪法》的法律、法规予以撤销，从而实现监督。在地方，县级以上各级人大及其常委会监督地方性法规、地方政府规章和地方其他决议、决定的实施。县级以上各级人大有权改变或撤销本级人大常委会的不适当的决议，撤销本级人民政府的不适当的决定和命令；县级以上各级人大常委会有权撤销下一级人大及其常务委员会的不适当的决议，撤销本级人民政府的不适当的决定和命令。

（2）工作监督。工作监督的主要形式有：听取和审议人民政府、监察委员会、人民法院和人民检察院的专项工作报告；审查和批准决算，听取和审议国民经济和社会发展计划、预算的执行情况报告，听取和审议审计工作报告；检查法律法规实施情况；备案审查规范性文件；询问和质询；调查特定问题；审议和决定撤职案等。

2. 行政机关的监督。行政机关的监督是以各级国家行政机关为主体所进行的监督，既包括上级行政机关对下级行政机关的行政活动是否合法所进行的监督，又包括行政机关对社会组织和公民个人行为是否合法所进行的监督。

行政机关的监督可以分为两类：

（1）一般行政监督。一般行政监督是指行政隶属关系中上级行政机关对下级行政机关所进行的监督。常见的监督方法有行政复议，通过行政复议，上级行政机关对下级行政机关的具体行政行为进行审查，对下级行政机关违法或者不当的具体行政行为作出相应的纠正决定。行政复议是不当执法的一种救济方式，同样也是法律监督的一种重要方式。

（2）专门行政监督。专门行政监督是指行政系统内部设立的专门监督机关实施的法律监督。它与一般行政监督的主要区别是：它是由专门对行政机关及其公职人员进行法纪检查的职能机关作出的。在我国，它主要为审计监督。审计机关是依法设立的代表国家行使审计监督职权的专门机关，对有关国家机关、财政金融机构、企事业单位的财政财务活动、经济效益、财经法律法规遵守执行情况进行检查、审核、评价、鉴证，以判断其真实性、合法性和有效性。

3. 司法机关的监督。司法机关的监督是以检察机关和审判机关为主体所进行的监督。

（1）检察机关的监督。人民检察院是国家专门的法律监督机关。我国《宪法》第134条规定："中华人民共和国人民检察院是国家的法律监督机关。"检察院的法律监督体现在对刑事案件进行审查，批准或者决定是否逮捕犯罪嫌疑人；对刑事案件进行审查，决定是否提起公诉，对决定提起公诉的案件支持公诉；依照法律规定提起公益诉讼；对诉讼活动实行法律监督；对判决和裁定等生效文书的执行工作进行法律监督；对监狱和看守所的执法活动实行法律监督等。检察院行使法律监督职权，可以进行调查核实，并依法提出抗诉、纠正意见、检察建议。

（2）审判机关的监督。审判机关的监督即人民法院的监督，是纠正裁判不公、确保司法公正的重要措施。人民法院的监督主要表现在对自身审判活动、对检察机关、对行政机关的监督上。

人民法院对自身审判活动的监督主要通过二审程序、再审程序、死刑复核程序来完成。

人民法院对检察机关的监督体现在办理刑事案件的过程中，通过刑事审判职权来实现，在认为主要犯罪事实不清、证据不足或没有违法情况时，建议补充侦查或通知纠正。

人民法院对行政机关的监督主要表现为通过行政诉讼的审判活动，监督国家行政机关及其工作人员的具体行政行为的合法性与执法情况，确保行政机关依法行政，保护行政相对人的合法权益。

4. 监察机关的监督。按照2018年《宪法修正案》和《监察法》，国家建立监察制度。各级监察委员会是行使国家监察职能的专责机关，对所有行使公权力的公职人员进行监察，调查职务违法和职务犯罪，开展廉政建设和反腐败工作。

监察机关对下列公职人员和有关人员进行监察：①中国共产党机关、人民代表大会及其常务委员会机关、人民政府、监察委员会、人民法院、人民检察院、中国人民政治协商会议各级委员会机关、民主党派机关和工商业联合会机关的公务员，以及参照《公务员法》管理的人员；②法律、法规授权或者受国家机关依法委托管理公共事务的组织中从事公务的人员；③国有企业管理人员；④公办的教育、科研、文化、医疗卫生、体育等单位中从事管理的人员；⑤基层群众性自治组织中从事管理的人员；⑥其他依法履行公职的人员。

监察机关履行如下监督、调查、处置职责：①对公职人员开展廉政教育，对其依法履职、秉公用权、廉洁从政从业以及道德操守情况进行监督检查。②对涉嫌贪污贿赂、滥用职权、玩忽职守、权力寻租、利益输送、徇私舞弊以及浪费国家资财等职务违法和职务犯罪进行调查。③对违法的公职人员依法作出政务处分决定；对履行职责不力、失职失责的领导人员进行问责；对涉嫌职务犯罪的，将调查结果移送人民检察院依法审查、提起公诉；向监察对象所在单位提出监察建议。

（二）社会监督

社会监督是指国家机关以外的监督，包括各社会组织和公民以多种手段和途径对执法、司法和守法行为进行的督促。此种监督的目的在于保证法律实施的合法性。社会监督在我国法律监督体系中占有重要的地位，是人民群众当家作主、参与国家事务管理的重要手段。在我国，社会监督主要包括：

1. 公民监督。我国《宪法》规定国家一切权力属于人民，所以，人民群众有权通过各种方式和途径，对任何国家机关及其公职人员的活动进行直接的监督。公民监督具有广泛的群众性，是法律监督中的重要的普遍的力量。公民监督作为一种社会监督，虽然不具有法律效力，但这种监督却能在很大程度上引起社会组织和国家机关的注意，从而带动强制性监督手段的运行。

公民监督的实现途径是多种多样的，公民有权对国家机关和工作人员在工作中的缺点和错误提出批评和建议，对违法失职行为提出申诉、控告或检举；各级人大代表要受原选举单位或选民的监督，原选举单位和选民有权依照法律规定的程序罢免由他们选出的代表等。

2. 舆论监督。舆论监督是社会公众运用各种传播媒介（如广播、电视、互联网、报刊等）对国家和社会所进行的监督。舆论监督的重要任务是把各种违法乱纪行为予以“曝光”，对某些违法犯罪现象进行揭露和批评，使之成为众矢之的，监督国家机关有法必依、执法必严、违法必究。

舆论监督因其传播覆盖面大、传播速度快、影响范围广、可信度较高、社会反响强烈，而更具有特殊的威力。从某种意义上可以说，社会舆论是独立于立法权、行政权和司法权之外的“第四种权力”。近年来，随着互联网的快速发展，不少违法行为均是在网友举报、网络媒体的推动下被查处的。诸如，看守所躲猫猫事件、郭美美与红十字会案件、丰县生育八孩女子事件等。

3. 社会组织监督。社会组织是一个通称，范围较广，一般包括各民主党派、各政治团体、社会团体、群众组织和企业事业单位。在我国，人民政协、民主党派、工会、共青团、妇联以及许多行业自治组织，通过提出批评、建议，协商对话等形式，监督法律的实施。例如，中国人民政治协商会议是具有广泛代表性的爱国统一战线的组织，长期以来在政治协商、民主监督和参政议政方面发挥着重要作用。其中民主监督是对国家宪法、法律和法规的实施情况，重大方针政策、重大改革举措、重要决策部署的贯彻执行情况，涉及人民群众切身利益的实际问题解决落实情况，国家机关及其工作人员的工作情况等，通过提出意见、批评、建议的方式进行的协商式监督。

4. 执政党监督。执政党在国家政治生活中的地位，是任何其他组织所无法比拟的。中国共产党是我国社会主义事业的领导核心，对国家各方面的工作都起着监督作用。

中国共产党监督的主要对象是各级党政机关和在各级党政机关、企事业单位、社会团体中担任一定职务的党员干部。监督的内容主要包括：党员的言论行为是否符合党章要求；党员干部遵守党的政治纪律情况；对党员干部运用国家权力行为的监督；对党组织和党员贯彻民主集中制原则情况的监督；对党风廉政建设情况的监督。

本章小结提升：法律责任是指由于违法行为、违约行为或者由于法律规定而应承受的某种不利的法律后果。如果以引起责任的行为性质为标准，法律责任可以分为刑事责任、民事责任、行政责任和违宪责任。在我国，归结法律责任应当遵循的原则包括责任法定原则、因果联系原则、责罚相当原则、责任自负原则。由于出现法定条件，法律责任可以被全部或部分地免除，如时效免责，不诉免责，自首、立功免责，补救免责，人道主义免责等。

法律监督有广义和狭义两种理解。广义的法律监督是指一切国家机关、社会组织和公民依法对国家的经济、政治、文化、社会等方面的各种法律活动进行的监察和督促。狭义的法律监督则专指由特定国家机关依照法定权限和程序对法律实施的合法性所进行的监察和督促。法律监督的构成要素有四个，包括法律监督的主体、对象、内容和方式。法律监督具有评判功能（包括合法性评判与合理性评判）、规范性功能、协调与疏通功能、限制与惩戒功能和救济功能。法律监督体制是由多种形式的法律监督组成的协调统一的监督系统，包括国家监督和社会监督。

本章提高研讨题：

1. 一交警在执法时发现一货车司机涉嫌超载，于是拦下盘问。司机出示了驾驶证，没能出示行车证，表示忘带了。交警作出“暂扣车辆，司机回家取行车证”的决定。一听暂扣车辆，司机就不干了，开始破口大骂，什么难听说什么，持续了一个多小时，影响了交警的正常执法工作。

请结合本章法律责任的相关知识点，试分析司机是否要承担法律责任？如果要承担责任，是什么性质的法律责任？

2. 2019 年 10 月 12 日，网名为“李心草妈妈”的账号在微博上发文质疑公安针对其女儿李心草坠江身亡事件的最终判定，希望查出真相，并附上视频证据。微博发出后，事件热度迅速攀升，大部分网友选择站在“李心草妈妈”一方，要求警方给出回应。10 月 12 日 14 时左右，昆明市公安局盘龙分局发布通告称，会立即展开核查，但并没有给出具体行动和解释，进一步引起了公众的不满，质疑声愈高。10 月 14 日，昆明警方发布公告，称李心草溺亡事件由昆明市公安局审理，市级检察机关介入，监督审理过程。从整个过程来看，社交媒体将事件推到公众眼前，舆论放大了案件热度，社会公众的关注推动了相关机构采取行动和案件发展，使李心草母亲的诉求得到了回应。

舆论力量不容小觑，但与此同时，舆论失焦、情绪化舆论、媒介审判等问题仍然存在，请结合本章知识点，深入研究媒体、政府、平台如何发挥引导作用，改善舆论生态环境，引导舆论有效发挥监督作用。

本章推荐的阅读文献：

1. ［澳］皮特·凯恩著，罗李华译：《法律与道德中的责任》，商务印书馆 2021 年版。

2. 张智辉：《新时代法律监督理念与践行》，中国检察出版社 2021 年版。

第十三章课后练习题

第十四章　社会主义法治政府建设

本章引例：苏格拉底之死

苏格拉底是古希腊伟大的哲学家，主张无神论和言论自由，但当局统治者对此却不能相容。于是他被以亵渎神灵追究，并进行公开审判。苏格拉底被判处有罪以后，他的学生已经为他打通所有环节，可以让他从狱中逃走，并且劝说他，判他有罪是不正义的。然而苏格拉底却选择了慷慨走向刑场，视死如归。他的理由是：我是被国家判决有罪的，如果我逃走了，法律得不到遵守，就会失去它应有的效力和权威。当法律失去权威，正义也就不复存在。这不是悲剧的声音，这是一个智者在用生命诠释法律的真正含义，法律只有被遵守才有权威性，才是真正的法律，否则将形同虚设。因此，法律只有被信仰和遵守，才能真正树立起权威，才能有国家秩序与社会正义的存在。

不难理解苏格拉底之死对于人类法治文明建设的重大意义，法律难免会出现错误，会矫枉过正，但在现实社会里只有形成人人都自觉遵守法律、服从法律的氛围，国家和人民才有法治的保障。在这个意义上说，苏格拉底必须死，因为国家的法律需要生存。所以苏格拉底毅然选择了赴死，他的死是伟大的，为后世的人民树立起了遵守法律、信仰法律的光辉典范。

从苏格拉底之死中我们深切地领悟到什么是法治，也促使我们思考法治的精髓和要义究竟是什么？法治与法律是什么样的关系？我们该如何去建设法治国家？

本章概述：本章主要论述什么是法治，法治的精髓和要义是什么，揭示法治与法制，法治与德治的关系；通过对法治的论述进一步阐述法治原则、法治政府、法治社会的含义，从而揭示法治政府、法治社会建设需要的社会条件，建设的总目标和具体举措。

本章的学习目标：通过本章的学习，你所要达成的学习目标如下：

1. 掌握法治的概念，弄懂什么是真正的法治；
2. 厘清法治与法制以及法治与德治的关系；
3. 掌握法治的基本原则有哪些；
4. 理解什么是法治政府，其主要内涵是什么；
5. 理解如何建设法治政府，具体举措有哪些。

本章教学内容：

第一节 法治的概念

一、法治的含义

“法治”一词一般认为来自西方，英文中的表述是“the rule of law”，在德语中则表述为“rechtsstaat”。最早提出法治的是古希腊思想家亚里士多德，他提出的法治包括两点，一是有优良的法律，二是优良之法得到民众普遍遵守。他所提出的法治思想得到了后来者的继承和发扬，并构成了当代法治思想的核心与精髓。现代西方法治起源于英国，其基本含义是在亚里士多德思想的基础上发展而来的，主张法律至上或者法律具有最高权威。其所追求的目标是，任何人不论其社会地位、物质财富或者其他社会条件如何，都不能凌驾于法律之上，都必须服从法律的管辖。这是因为亚里士多德和他的继承者们都认为人是具有感情的，在感情、欲望的支配下使用权力容易导致滥用，所以社会治理应该置于理性之下，法律是由大多数人制定的，相对于个人来说是最具有理性的，所以社会治理最好的方式应该是法治，法律是构成文明社会的基本规范或者是维持社会文明的必要条件，没有法治社会就会陷入动荡或者专制状态。

中国传统文化中曾经提出“法治”这一概念，“法治”一词很早就出现在我国的古代文献中。《晏子春秋·谏上九》中指出，“昔者先君桓公之地狭于今，修法治，广政教，以霸诸侯。”《淮南子·氾论训》中再次讲到“知法治所由生，则应时而变；不知法治之源，虽循古终乱。”中国古代的思想家们虽然提出了法治的概念，但却没有对法治的内涵进行解释，从先贤们的具体论述中，我们认为中国文化中的“法治”，其基本含义相近于当代的“法制”，主要是用法治人，而不是用法治权，比如《史记·廉颇蔺相如列传》中记载，“（赵奢）收租税而平原君家不肯出租，奢以法治之，杀平原君用事者九人。”这是中西法治观在其源头上的一个区别，正是由于这样的理念差异，也导致了中西法治走上了两种不同的道路。在中国法治主要趋向于“德治”，是有道德的人用法进行社会治理，所以法的实质是用来管“民”，而非治“官”，也就出现了有些人超越于法律的现象，所谓“刑不上士大夫”就是如此。

从上述中西法治概念的分析，我们思考法治到底是指什么，或者说法治的具体内涵究竟是什么？思想家和法学家们并没有达成一致的观点，原因在于法治的概念是有双重性的，既有形式意义的法治，又有实质意义的法治，其背后又有关于人性是恶还是善的千古之谜。形式意义的法治和实质意义的法治，两者并不是绝对对立的，而是相互依存的统一体。形式意义的法治，强调“以法治国”“依法办事”的治国方式、制度及运行机制，看重的是法律形式的正义。实质意义的法治，强调“法律至上”“法律主治”“制约权力”“保障权利”的价值、原则和精神，看重的是法律内容的正当性，即法律必须是良法，“良法才能善治”。形式意义的法治应当体现法治的价值、原则和精神，实质意义的法治也必须通过法律的形式化制度和运行机制予以实现，两者均不可或缺。因此，只有既在形式上符合要求，又在实质内容上符合社会客观理性，与人们的权利一致，能够保证受影响个人的合理预期的法律，才是真正的良法。当然，在现实社会里由于法律的形式方面与实质方面具有矛盾性，在形式上如何判断法律内容的良善与否，并没有人提供（实际也无法提供）具体的标准，所以，在形式上符合标准的法律其内容不一定具有合理性，而实质内容合理的法律并不一定是符合形式标准的法律。

综上所述，我们认为法治是依据法律管理国家和民众的各种事务的一种政治结构，是指在某一社会中，任何人都必须遵守法律，包括法律的制定者和执行者本身。政府（特别是行政机关）的行为必须是法律许可的，而这些法律本身是经过某一特定程序产生的良法。即法律是社会最高的规则，没有任何人或机构可以凌驾于法律之上。

法治作为治国理政的一种方略，从来都不是一个简单的概念或者理念，更不可能轻易实现，法治的建设必须具有良好的社会土壤和相关制度配套的政治生态环境。因此，法治的实现不是一蹴而就的，而是一个漫长而持久的过程。

二、法治与法制

“法制”与“法治”是我们日常社会生活中常见的两个词，人们有时甚至不加区分地使用。实际上，“法制”与“法治”是有一定内在联系但内涵并不完全相同的两个词。“法制”与“法治”都是法律文化中的重要内容，都是人类文明发展到一定阶段的产物。

“法制”一词在我国古代文献中早就有记录，如“命有司，修法制，缮囹圄”，但是使用较少，其内容也并不明确，主要用于学术著作和某些机关的命名。中华人民共和国成立以后，“法制”一词成为常用政治术语，常被表述为“革命法制”或者“人民民主法制”。党的十一届三中全会后开始加强法制建设，通称为“社会主义法制”，当时还没有完全接受“法治”这个概念。1997 年党的十五大报告明确提出“依法治国，建设社会主义法治国家”，正式确立了“法治”这一通说概念。

传统意义的“法制”是国家法律制度的简称，从词源意义来看，法制仅指法律制度本身，不具有任何价值含义。但是从社会意义上来讲，任何法律制度都是为了维护自己的阶级统治，都是统治阶级统治目的和意志的表达，所以现在所使用的“法制”一词已经超出了词源本身的含义，具有鲜明的阶级价值取向。就我国现今的政治语境来说，法制具有如下三层含义：

第一，从词源意义上来理解，法制是指国家的法律和制度，这是法制的静态含义。从这个角度来看，一个国家只要制定了法律和相关制度，便是法制国家。

第二，从社会意义上来理解，法制不是法律和制度的简称，主要是指依照法律治国理政的一种治国方式、原则和制度，这是从动态意义上理解法制，其根本的要义是一个国家不仅要有法可依，而且所有的国家机关、政党和公民都必须依法办事，在宪法和法律之外没有任何的特权，这个意义上的“法制”与“法治”含义基本相同。

第三，从综合上来理解，法制兼具词源和社会两种含义，法制既包括国家制定的法律制度，又包括法律的实际运行过程，它是立法、执法、司法、守法和法律监督各个运行环节的一个有机统一体，其核心是依法执政、依法行政和依法办事。这是从动态和静态相结合的角度来理解法制，也是目前国内大多数学者所接受的通说观点。

“法制”与“法治”从含义上来看，两者是相互联系、密不可分的，但是两者又是有区别的，其区别主要如下：

第一，文化形态不同。法制是一种社会制度，属于法律文化中的器物层面；法治是一种社会意识，属于法律文化中的观念层面。与乡规民约、民俗风情、伦理道德等非正式的社会规范相比，法制是一种正式的、相对稳定的、制度化的社会规范。法治与人治则是相对立的两种法律文化，前者的核心是强调社会治理规则（主要是法律形式的规则）的普适性、稳定性和权威性；后者的核心是强调社会治理主体的自觉性、能动性和权变性。虽然法律也是由人来制定的，而且法治也不排斥人的能动性，但从法律的制定、执行到修改都必须按照法律本身制定的规则来进行，人的能动性只能在法律规定的范围内发挥作用，而不能超越法律，这正是法治内在的本质要求。

第二，形成的社会条件不同。在法律产生之前，当然也就没有法制，更不会有法治，调节、制约人们社会行为的是风俗习惯、伦理道德，这样的社会只能是人治社会。只有在人类文明发展到一定阶段之后，尤其是国家出现之后，法律才产生。但是，法制的产生，并不意味着法治的诞生。法治产生的前提是法律被人们普遍信仰，正如英国法学家阿蒂亚所说的那样，“只有当人们认为有某种道义上的义务遵守法律时，人们才有可能遵守法律。”所以，法治社会不仅是法治意识与法律制度相结合的产物，往往也是与民主制度相结合的产物。

第三，与法律结合的价值取向不同。法治与人治这两种治理社会的理念曾经同时在古希腊并存。柏拉图曾经热烈主张的“贤人政治”实际上就是人治。他的基本立场是人治优于法治。他认为，如果一个国家的统治者不是哲学家，则法治要比人治好。然而法治只能称为“第二等好的”的政治，终究不如贤人政治好。法治与人治实质上都是以法律为基础的治国方式，只是法律的价值取向不同而已。

作为一种社会制度，法律并不必然地排斥人治，法律既可以与法治相结合，也可以与人治相结合。当法律与人治相结合时，法律权威是第二位的，政府权威（在封建社会就是皇权）是第一位的，法律制度是为人治理念服务的。在这样的社会形态里，调节国家行为的主要是政府权威，调节民间行为的主要是道德权威，法律权威只是起一种补充和辅助的作用。当法律与法治相结合时，法律权威是第一位的，是一种超越所有权威（包括政府权威、道德权威在内）的社会权威，法律成了所有社会群体、社会个人的行为准则。在这样的法治形态的社会里，政府权威源于法律权威，服从法律权威，道德权威只是起一种补充和辅助的作用。在法治社会里，法律权威源于大多数社会成员对法律的“合法性”的认同。所谓合法性，是指人们对法律或规则或制度的一种态度，是对有关规则的产生或有关规则制定者及其权威的判断，实质就是对法律规则及其权威的认可。

三、法治与德治

法家提倡的“法治”是与儒家的“德治”相对而言的。当代的法学研究中有时把“法治”与“德治”相对立，这种提法并不准确。因为依法治国并不排除“德治”的成分，任何法律条文最终还是要人来执行，所以“法治”与“德治”并不对立。所谓的德治就是由道德高尚的“贤人”来治理国家和社会。其基本含义包括两个方面：一是高度重视执政者道德素养，极力推崇为政者的道德典范作用，并通过这种典范作用来治理国家和社会，因此，儒家特别强调要选道德高尚的人来当官为政，并用道德准则对官员为政进行约束。如《论语·子路》中指出，“其身正，不令而行；其身不正，虽令不从”。二是高度重视道德的教化作用，儒家先贤孔子早在《论语·为政》中就明确指出，“道之以政，齐之以刑，民免而无耻；道之以德，齐之以礼，有耻且格”，主张用道德的教化与规范作用来治理国家和社会。儒家的这种德治理念是通过一套非常完备的礼治规范得以实现的，所以德治的核心其实就是礼治。在德治的运行过程中特别强调为政者的道德素养以及为政者的道德典范作用，主张修身、治国、平天下。由于其过度强调道德的自律性在国家和社会治理中的作用和好处，因而德治也就非常具有理想主义的色彩。这种治国方式在一定时期尽管能够起到约束权力、实现国家和社会治理的目的，维持了国家和社会的稳定，促进了经济的发展和繁荣。但是在缺乏外在强制力约束的情况下，德治是很难行稳致远的，最终难免会蜕变为纯粹的人治。

通过对法治和德治的比较，我们发现两者既相互联系，又相互区别。法治与德治的区别主要有：一是产生的社会条件不同。德治是伴随人类的产生而产生的，以人性和自然规律为基础；法治则是在人类社会发展到一定阶段才产生的，以法律和民主制度为基础。二是行为的基本准则不同。法治社会人们的行为准则是法律规范，依法办事；在德治社会中人们基本的行为准则是道德规范，以道德来评价一切是非、善恶和美丑。三是解决纠纷的方式不同。在法治社会解决纠纷的方式主要是法律途径，人们会通过政府设置的行政纠纷解决机构或者人民法院来解决纠纷；在德治社会人们主要是寻求道德的力量来解决纠纷，具有道德话语权的权威者主要以道德规范来解决纠纷。四是约束的效力不同。法治是他律之治，即它仅仅约束人们的外在行为，通过约束人们的行为而实现治人，它对人们的内心世界无从干预，属于治外之治，效力的实现是以国家暴力为基础的。而德治则是自律之治，它不仅可以约束人们的行为，还可以约束人们的思想意识，并通过约束人们的思想意识来达到约束人们行为的目的，属于治内之治，效力的实现主要是依靠自律或者社会舆论的力量。

法治与德治并不是完全对立的关系，两者也是互相联系、密不可分的。其联系主要表现为：

第一，法治与德治相互配合和支持。法治与德治都是实现国家控制、促进社会发展所必不可少的两种手段，它们密切联系、相互支持，共同促进社会的进步。作为一种他律，法律的主要功能在于“惩恶”，而“扬善”则主要应依靠道德的自律来进行，因而在“劝善”方面，法律有着自身先天的缺欠与不足，需要道德来加以支持。同时，法律的创制和运作也必须要以正确的思想道德观念为指导。德治同样也离不开法治的支持与配合，道德作为一种规范，主要是依靠社会舆论、风俗习惯和人们的内心信念来推动的，其软弱与苍白无力是显而易见的。对于某些严重违反社会基本道德规范的行为，客观上也必然要求运用法律来加以制裁。在此种意义上，守法是最基本的道德要求，法律所维护的是最基本、也是最低限度的社会道德。

第二，法治与德治有着共同的价值追求：维护国家和社会秩序。法治与德治都以维护一定的社会秩序、促进社会发展为使命。秩序是法治与德治存在的价值基础，又是二者可以同步并举的理论依托。在某种意义上，我们甚至可以说，法治与德治之所以能够存在和为人们所认同，并可以成为并驾齐驱的两种治国理论和模式，主要就在于它们能够给人们带来安定的秩序。秩序的意义在于，它是人类得以生存和发展的前提和保障。因此，一旦脱离了秩序这一前提，无论是法治还是德治都将会失去其存在的合理性和必要性。

第三，法治与德治都是实现国家稳定和长治久安的需要和保障。社会主义现代化建设的顺利进行需要以稳定的社会秩序和团结的政治局面为前提，这两者的实现既离不开法律更离不开道德。法律可以利用其背后的国家强制力保证政治决策的民主化、科学化；可以合理地配置各种资源，及时解决市场经济发展过程中人民内部的各种矛盾和纠纷；可以有力地打击各种危害国家和社会的颠覆和破坏活动。而道德则可以利用其内在的意识制约力来防止各种邪恶思想的产生，防止社会混乱；可以限制人们的某些欲望，减少其利益冲突，以加强人们的团结，增强其凝聚力；还可以对法律的创制和实施提供有力的支持、配合和协调。可见，法治与德治都是实现国家稳定和长治久安的需要和保障。

在当代中国，社会主义法治和社会主义道德在本质上是一致的。它们是最广大人民群众利益的反映，是建立在社会主义经济基础之上的上层建筑，共同为社会主义经济基础服务。法治与德治是相辅相成、相互促进的，维护社会秩序、规范人们的思想和行为，离不开法律，也离不开道德。只有把“依法治国”与“以德治国”紧密结合起来，形成与社会主义市场经济相适应的法律体系和思想道德体系，才能保障社会主义市场经济健康有序地运行；也只有把“依法治国”与“以德治国”紧密结合起来，始终坚持法治和道德教育“两手抓”，才能有效地维护社会稳定。可见，“依法治国”与“以德治国”，是我国完整系统科学的治国方略。其所要实现的目标不仅是建设“法治政府”和“法治社会”，更是要建设“德治政府”和“德治社会”。

第二节　法治的原则

一、法治原则概述

法治的基本理念是强调平等，反对特权，注重公民权利的保障，反对政府滥用权力。由此，法治应有几个最基本的特征：其一，法治不仅是一种制度化模式或社会组织模式，而且也是一种理性精神和文化意识。其二，法治作为特定社会人类的一种基本追求和向往，构成了工业化和民主化的秩序基础。其三，法治的最重要的含义，就是法律在最高的终极的意义上具有规范和裁决人们行为的力量，法律既是公民行为的最终导向，也是司法活动的唯一准绳。如何把法治理念转变为法治实践，使法治理念真正得到实现，最为重要的就是对法治理念中具有重要意义的原则进行概括，用于指导法治实践，并且在具体法治实践中加以贯彻执行。

关于法治原则，有多种不同的概括和表述。最为我们所熟知的是戴雪提出的法治三原则：其一，除非明确违反国家一般法院以惯常方式所确立的法律，任何人不受惩罚，其人身或财产不受侵害；其二，任何人不得凌驾于法律之上，且所有人，不论地位条件如何，都要服从国家一般法律，服从一般法院的审判管辖权；其三，个人的权利以一般法院提起的特定案件来决定。戴雪的法治三原则对于反对封建特权，保护公民权利和自由具有重要价值，因而对西方乃至非西方国家的法治理论和实践都产生了重大影响。

当代另一位著名的法学家拉兹提出了法治八项原则：其一，法不溯及既往，应公开明确；其二，法律应相对稳定，不能频繁改变；其三，特别法的制定应受公开、稳定、明确的一般规则指导；其四，保障司法独立；其五，遵守自然正义原则：公开审理、不得以偏见司法；其六，法院应对于其他原则的执行握有审查权，即审查议会和行政立法等；其七，法院应易于接近，省时省钱；其八，预防犯罪的机构在行使裁量权时不得滥用法律。

1959 年印度德里法学家大会通过的《德里宣言》把法治原则概括为三条：其一，法治不仅要保障和促进个人的公民与政治权利，且应确保个人合法期望与尊严得以实现的社会、经济、文化条件；其二，规范行政权力，同时保证一个有效率的政府来维持法律秩序；其三，要有正当的刑事程序。

上述所列举的法治原则虽然是西方资本主义经济发展的产物，但却是具有人类共同的理性，对此我们不能一概排斥，应该坚持马克思主义辩证否定的观点，吸取其精华，去除其糟粕。

二、社会主义法治基本原则

法治原则是从法治理念到法律制度与法律秩序之间的基本环节。在基本意义上，法治原则旨在为法治理念通过法律制度予以实现提供基本的准则，这是当代中国法治建设的基本要求。从当代中国的法治实践出发，中国特色社会主义法治应该遵守的法治原则主要有以下几个方面：

（一）坚持党的领导原则

中国特色社会主义法治最鲜明的标志就是坚持党的领导。党的领导是中国特色社会主义最本质的特征，是社会主义法治最根本的保证，把党的领导贯彻到依法治国的全过程和各方面，是我国社会主义法治建设的一条基本经验。

（二）坚持人民主体地位原则

人民是依法治国的主体和力量源泉，必须坚持法治建设为了人民、依靠人民、造福人民、保护人民，以保障人民根本权益为出发点和落脚点，保证人民依法享有广泛的权利和自由、承担应尽的义务，维护社会公平正义，促进共同富裕。

（三）坚持依法行政原则

依法行政是指一切政府机关必须严格依照法律规定履行管理国家和社会事业的职责，一切行政行为必须有法律依据，依照法定程序进行，接受法律监督，既不失职也不越权，对违法失职行为依法承担法律责任。如我国《宪法》第 5 条第 3、4 款规定："一切法律、行政法规和地方性法规都不得同宪法相抵触。一切国家机关和武装力量、各政党和各社会团体、各企业事业组织都必须遵守宪法和法律。一切违反宪法和法律的行为，必须予以追究。"

（四）坚持尊重和保障人权原则

尊重和保障人权是现代社会的法律和道德对人的主体地位、尊严、自由和利益的最低限度的确认。人权来源于人的理性、尊严和价值。基本人权则是当代国际社会所确认的一切人所应当共同具备的权利。人的主体地位、尊严、自由和利益之所以被宣布或确认为基本权利，不仅是因为它们经常面临着被侵犯、被否定的危险，需要社会道德的支持和国家强制力量的保护，而且是因为保障基本人权是社会文明进步的标尺和动力。现代法律就是保护人权的一种制度安排和强制力量。确立基本人权体现了现代法律的精神，充分保障人权奠定了现代法律的合理性基础。我国 1982 年的《宪法》以专章的形式规定了公民的基本权利和义务，突出体现了我国《宪法》对公民权利的重视。根据《宪法》，我国公民不仅享有充分的政治权利，如选举权和被选举权，言论、集会、结社、游行、示威等自由，而且享有人身权利和人格权利，任何人不得未经法定程序而被逮捕，不得未经法庭审判而被确定为有罪。公民因国家机关或者国家机关工作人员侵犯其合法权利而受到损害时有权依照法律的规定获得赔偿。2004 年我国对 1982 年《宪法》进行了修正，修正案中首次将"人权"概念引入宪法，明确规定"国家尊重和保障人权"。把"人权"写入宪法，是社会主义人权发展的重大突破。并且将"人权"由一个政治概念提升为法律概念，将尊重和保障人权由党和政府文件的政策性规定上升为国家根本大法的一项原则，这是我国民主政治和文明建设的一件大事，是我国人权发展的一个重要的里程碑。

我国《宪法》不仅规定了公民享有广泛的政治、社会、经济和文化权利，而且也为权利的实现提供了物质和法律上的保障条件。比如我国制定了《行政诉讼法》和《国家赔偿法》等法律，为公民权利的实现和权利的救济提供了相应的法律保障。我国认真履行国际人权义务，已参加包括《经济、社会及文化权利国际公约》《儿童权利公约》《残疾人权利公约》《消除对妇女一切形式歧视公约》《消除一切形式种族歧视国际公约》《禁止酷刑和其他残忍、不人道或有辱人格的待遇或处罚公约》等26项国际人权公约，并积极为批准《公民权利和政治权利国际公约》创造条件。我国重视国际人权文书对促进和保护人权的重要作用，认真履行条约义务，及时向相关条约机构提交履约报告，与条约机构开展建设性对话，并充分考虑条约机构提出的建议与意见，结合中国国情对合理可行的建议加以采纳和落实。

（五）坚持法律面前人人平等原则

法律面前人人平等原则是我国宪法确立的一项基本原则，是我国法治的重要原则之一。《宪法》第33条第2款规定，“中华人民共和国公民在法律面前一律平等”；第5条第5款规定，“任何组织或者个人都不得有超越宪法和法律的特权”。按照这一原则，任何人都平等地受到法律的约束，不允许有超越法律之外的特权。从民众个人来说，所有人平等地享有宪法和法律规定的权利，平等地履行宪法和法律规定的义务；从法律适用机关来说，它们在适用法律时应一视同仁，相同情况应相同对待，任何人的合法权利都一律平等地受到保护，对违法行为也一律平等地依法予以追究。对法治原则而言，法律面前人人平等原则主要是针对法律适用机关，是法律适用机关适用法律的基本要求。法律适用机关在适用法律时，不得因公民民族、种族、性别、职业、家庭出身、宗教信仰、教育程度、财产状况、居住期限等原因而给予差别对待。例如，在行政执法领域，面对同样的违法行为，行政机关不应选择性执法，对一些人的违法行为进行追究，而对另一些人的违法行为视而不见，不予以追究。在司法领域，司法机关在依法审理案件时，应做到类似案件类似处理，实现公正司法。

（六）坚持司法机关依法独立行使职权原则

在现代社会，司法机关并非解决争端的唯一机制，但却是最基本的争端解决机制。法律要稳定、可靠地指引人们的生活，司法机关依法独立地行使职权便是应有之义。虽然司法机关依法独立地行使职权并非能够必然保证司法公正，但它是司法公正的制度前提。因此，我国《宪法》第131条规定：“人民法院依照法律规定独立行使审判权，不受行政机关、社会团体和个人的干涉。”司法机关依法独立行使职权，仅有宪法的原则性规定是不够的，还必须加大各项保障制度的建设。

第三节 法治政府建设

法治政府建设是全面依法治国的重点任务和主体工程，是推进国家治理体系和治理能力现代化的重要支撑。要在中国实现依法治国，建设和形成社会主义法治国家、法治政府和法治社会，其中关键是建设法治政府，所以就必须全面了解法治政府的含义，建设目标以及建设的具体措施。

一、法治政府的含义

（一）法治政府建设的历程

我国法治政府建设始于20世纪90年代初期，1993年国务院政府工作报告指出“各级政府都要依法行政，严格依法办事”，首次提出依法行政的概念，法治政府建设的“依法行政”之路正式启动。1997年召开的党的十五大正式提出了健全社会主义法制，依法治国，建设社会主义法治国家。1999年建设法治国家正式写入宪法。同年，国务院召开全面推进依法行政大会，出台首个专门性依法行政文件《国务院关于全面推进依法行政的决定》，法治政府建设正式启动。进入21世纪后，法治建设步入稳定发展的快车道。2004年国务院颁布了《全面推进依法行政实施纲要》，提出全面推进依法行政，经过10年左右坚持不懈的努力，基本实现了建设法治政府的目标。2007年党的十七大指出要全面落实依法治国基本方略，加快建设社会主义法治国家。2008年国务院颁布出台《关于加强市县政府依法行政的决定》指出，加强市县政府依法行政是建设法治政府的重要基础，提高市县政府依法行政的能力和水平是全面推进依法行政的紧迫任务。2010年，国务院出台了《关于加强法治政府建设的意见》，这是继国务院发布《全面推进依法行政实施纲要》以来，贯彻落实依法治国基本方略的又一重大举措，部署了全面推进依法行政、进一步加强法治政府建设的各项任务，再次加快了法治政府建设的步伐。2012年党的十八大明确提出把“法治政府基本建成”作为实现2020年全面建成小康社会目标过程中的一项重要任务。2014年，党的十八届四中全会通过的《中共中央关于全面推进依法治国若干重大问题的决定》明确提出了“建设中国特色社会主义法治体系，建设社会主义法治国家”的总目标。2015年中共中央、国务院发布的《法治政府建设实施纲要（2015-2020年）》（以下简称《新纲要》）明确提出，要“积极开展建设法治政府示范创建活动，大力培育建设法治政府先进典型”；党的十九大报告强调，到2035年基本建成法治国家、法治政府与法治社会。2019年中共中央办公厅、国务院办公厅联合印发的《法治政府建设与责任落实督察工作规定》强调，要“大力培育法治政府建设先进典型”。2021年中共中央、国务院再次发布《法治政府建设实施纲要（2021-2025年）》，规定了未来5年法治政府建设的目标，开启了法治政府建设的新阶段。

（二）法治政府含义

法治政府即政府法治化，概括地讲就是政府由法律而非人来治理，法治意味着政府的全部行为必须有法律依据，必须有法律授权。法治政府是一种与国家政治架构和法律运作紧密相关的制度设计，不仅意味着宪法和法律至上，政府服从法律，而且意味着政府所服从和遵守的法律是良法；不仅意味着政府服从良法，而且意味着政府切实履行其职能，对人民承担义务和责任。主要有如下四层含义：

《论新时代中国特色法治政府建设》
_ 姜明安

1. 法治政府是责任政府。这主要是指政府的职权必须由法律规定。政府既不能越权行使权力，出现万能政府、全能政府、无限责任政府，又不能推卸职权，不履行职责。政府必须按照法律规定的职权、程序依法行政。因此，政府行政要严格、公平、公正地实施宪法和法律。只有依法行政才能保证政府在法律界限范围内行使权力，保证政府有效履行职能。严格依法行政是法治政府的内在要求，也是法治政府的基本要素。如果无法做到依法行政，就根本谈不上是法治政府。

2. 法治政府是善治政府。主要有三个方面的要求：一是政府权力的运行要公开，权力的运行要置于人民的监督之下。二是政府必须守法诚信。任何政府，如果连法律都不能遵从的话，就谈不上法治政府。当然，法治政府也意味着必须得是诚信政府。政府要讲诚信，不能出尔反尔，变来变去。政府的领导可以变动，但政府的决策、决定，包括审批行为等不能随意变动。三是政府职能要科学配置，各个职能部门要合作共治。政府不能什么都管，也不能该管的不管。政府之间、上下级之间关系的配置必须科学、合理，相互之间要密切合作，共同治理。

3. 法治政府是服务政府。政府的权力来自人民，所以政府行政的宗旨必须是服务人民。政府制定一切法律和制度都要确立和保障人民的权利，政府在执法过程中一定要方便于人民，简化办事流程，精简办事机构，政府的决策要征求人民的意见，提供人民参政议政的制度保障，政府行政一定要接受人民的监督，政府行政的最终目的是增进人民的福祉。

4. 法治政府是效率政府。主要是要求政府行政应依法高效率、高效益地行使职权，以最低成本在最短时间内创造出更多成果。这是因为：一是政府系统及其运转是由纳税人通过税收供养的，纳税人有权要求尽可能减轻负担；二是在人民主权理念的支配下，现代行政被理解为服务行政，公众作为公共行政服务的受益人，有权要求以尽可能低的成本获得更多、更优质的公共服务；三是改变我国公共行政成本高、服务质量低的现实需要。

二、法治政府建设的前提条件

（一）要建立健全逻辑自洽的社会主义法律体系

法治政府建设的首要条件是必须要有一套完备的法律体系，做到有法可依，而且法律必须是良法。自改革开放以来，我国的立法工作取得了重大发展，以宪法为统帅和核心，以宪法相关法、民法、刑法、商法等多个法律部门的法律为主干，由行政法规、地方性法规等多个层次的法律规范构成的法律体系已经形成，为建设法治国家、法治政府和法治社会提供了良好的法律基础。但是也要看到，目前我们的法律体系尚不十分完备，还有不少重要法律没有制定，已经制定的法律还需要继续完善，法律之间还存在冲突，没有完全形成以宪法为核心的逻辑自洽的法律体系，还需要加大法律体系的建设。

（二）要健全民主制度和监督制度

建设法治政府就必须广泛建立社会主义民主制度，没有民主，就没有真正意义上的法治。建设法治政府的根本目的就在于，公民的民主权利得到充分的保障；国家权力的配置，包括中央与地方、领导者个人和领导集体、执政党和国家机构以及其他政党和社会组织的关系，都充分体现民主原则。要健全民主制度，丰富民主形式，拓宽民主渠道，依法实行民主选举、民主决策、民主管理、民主监督，保障人民的知情权、参与权、表达权、监督权，保障人民当家作主的权利。

民主制度的实现必须有坚强的监督制度作保障，所以必须加强人民对所有国家机关的监督，特别要强化对行政执法的监督，推行行政执法责任制，积极探索行政执法绩效的评估和奖惩办法；强化行政复议监督；加强监察、审计等专门监督；强化社会监督，完善群众举报违法行为的制度，高度重视新闻舆论监督；严格执行行政赔偿和补偿制度。

（三）要有完备的行政执法制度和公正的司法制度

法治政府必须坚持职权法定，必须建立健全行政执法制度。国家行政机关的行政行为必须在法律规定的范围内按照法定的程序实施，严格依法行政；行政权力不得滥用，必须接受法律的制约、人民的监督；必须为人民提供法律救济途径，保障公民在受到行政权力不法侵害时能得到及时救济，并给以行政赔偿，建立对违法行使职权的相关责任人进行追究的法律制度。

公正的司法制度是法治政府建设必不可少的关键一环，是维护社会公平正义、保障法律得以正确实施的最坚强的基石。健全我国司法制度应从如下几个方面着手：司法机关依法独立行使审判权，任何行政机关、社会团体和公民个人都不得进行干涉，并建立相应的制度保障司法机关独立审判；司法审判要保证公开、公平、公正，案件的审理要以事实为根据，以法律为准绳，在适用法律上坚持法律面前人人平等；要建立严格的冤案、错案责任追究制度；司法机关的人员配置、工作条件必须建立制度性的保障。

（四）要培养一支高素质的执法队伍

建设法治政府，必须下大力气提高所有国家机关工作人员的法律素养，国家机关工作人员尤其是领导干部的法律素养，关乎依法行政进程，关乎国家机关的形象，关乎国家权力的行使是否符合人民的意愿，关乎整个社会法律意识的养成，关乎民主法制建设的进程。客观地说，法律素养的提高是一个漫长过程，在我们这样一个封建传统比较多、民主法制传统比较少的国家更是如此。当前，培养国家机关工作人员的法律素养需要把握以下几点：其一，要掌握法律知识，包括宪法和宪法性法律知识，规范行政机关共同行为的法律知识，自己所从事专业的法律知识等。通过掌握这些知识，使国家机关工作人员知道手中的权力从哪里来，权力边界在哪里。其二，要增强法律意识，培养国家机关工作人员对法律的信仰与忠诚。法律不仅是解决问题的工具，而且是人们追求美好生活的组成部分。在我国，国家机关工作人员对法律的信仰就是对党和人民的信仰，对法律的忠诚就是对党和人民的忠诚。其三，要培育法律思维和能力，使国家机关工作人员能用法律思维来研究情况、分析问题、提出解决问题的办法。法律思维就是一种权衡利弊、瞻前顾后、照顾其他的思维方法。这种思维方法既要考虑解决眼前问题，又不能给将来埋下隐患；既要考虑解决实际问题的效果，又要顾及所支付的成本；既要考虑当事人的利益，也要考虑其他相关人员的利害得失。越是情况紧急，越是问题突出，就越要用法律思维、法律手段来解决问题，这是每一个国家机关工作人员具备较高能力的标志。

（五）培养公民的法治意识

法律的权威源自人民的内心拥护和真诚信仰。让广大人民群众树立起对法律的真诚信仰是实现国家治理法治化的基石，是建设法治政府不可或缺的必要条件。要想让法律走进每一位公民的心里，坚定他们对法律的信仰，主要的途径一是开展普法宣传教育，特别是要加大加强对领导干部的法治意识的培养，把法律知识作为公务员考试、领导干部考核晋升的重要内容，充分发挥领导干部的典范作用。二是建立健全法律服务体系，为公民提供良好的法律服务。只有这样才能真正形成人人信法、遵法、守法的法治局面，为法治政府建设打下良好的社会基础。

三、法治政府建设的目标和举措

（一）法治建设的总目标

2014 年党的十八届四中全会通过的《中共中央关于全面推进依法治国若干重大问题的决定》提出，全面推进依法治国，总目标是建设中国特色社会主义法治体系，建设社会主义法治国家，促进国家治理体系和治理能力现代化。这就是，在中国共产党领导下，坚持中国特色社会主义制度，贯彻中国特色社会主义法治理论，形成完备的法律规范体系、高效的法治实施体系、严密的法治监督体系、有力的法治保障体系，形成完善的党内法规体系，坚持依法治国、依法执政、依法行政共同推进，坚持法治国家、法治政府、法治社会一体建设，实现科学立法、严格执法、公正司法、全民守法，促进国家治理体系和治理能力现代化。实现这个总目标，必须坚持中国共产党的领导，坚持人民主体地位，坚持法律面前人人平等，坚持依法治国和以德治国相结合，坚持从中国实际出发。

（二）法治政府建设的具体步骤与举措

2021 年国务院颁布的《法治政府建设实施纲要（2021-2025 年）》提出，到 2025

年，要实现政府行为全面纳入法治轨道，职责明确、依法行政的政府治理体系日益健全，行政执法体制机制基本完善，行政执法质量和效能大幅提升，突发事件应对能力显著增强，各地区各层级法治政府建设协调并进，更多地区实现率先突破，为到2035年基本建成法治国家、法治政府、法治社会奠定坚实基础。其具体举措如下：

1. 加强党的领导，完善法治政府建设推进机制。党的领导是全面依法治国、建设法治政府的根本保证，必须坚持党总揽全局、协调各方的地位，发挥各级党委的领导作用，把法治政府建设摆到工作全局更加突出的位置。

2. 健全政府机构职能体系，推动更好发挥政府作用。坚持法定职责必须为、法无授权不可为，着力实现政府职能的深刻转变，把该管的事务管好、管到位，基本形成边界清晰、分工合理、权责一致、运行高效、法治保障的政府机构职能体系。

3. 健全依法行政制度体系，加快推进政府治理规范化、程序化、法治化。坚持科学立法、民主立法、依法立法，着力实现政府立法质量和效率并重并进，增强针对性、及时性、系统性、可操作性，努力使政府治理的各方面制度更加健全、更加完善。

4. 健全行政决策制度体系，不断提升行政决策公信力和执行力。坚持科学决策、民主决策、依法决策，着力实现行政决策程序规定严格落实、决策质量和效率显著提高，切实避免因决策失误产生矛盾纠纷、引发社会风险、造成重大损失。

5. 健全行政执法工作体系，全面推进严格规范公正文明执法。着眼提高人民群众满意度，着力实现行政执法水平普遍提升，努力让人民群众在每一个执法行为中都能看到风清气正、从每一项执法决定中都能感受到公平正义。

6. 健全突发事件应对体系，依法预防处置重大突发事件。坚持运用法治思维和法治方式应对突发事件，着力实现越是工作重要、事情紧急越要坚持依法行政，严格依法实施应急举措，在处置重大突发事件中推进法治政府建设。

7. 健全社会矛盾纠纷行政预防调处化解体系，不断促进社会公平正义。坚持将矛盾纠纷化解在萌芽状态、化解在基层，着力实现人民群众权益受到公平对待、尊严获得应有尊重，推动完善信访、调解、仲裁、行政裁决、行政复议、诉讼等社会矛盾纠纷的多元预防调处化解综合机制。

8. 健全行政权力制约和监督体系，促进行政权力规范透明运行。坚持有权必有责、有责要担当、失责必追究，着力实现行政决策、执行、组织、监督既相互制约又相互协调，确保对行政权力制约和监督全覆盖、无缝隙，使党和人民赋予的权力始终用来为人民谋幸福。

9. 健全法治政府建设科技保障体系，全面建设数字法治政府。坚持运用互联网、大数据、人工智能等技术手段促进依法行政，着力实现政府治理信息化与法治化深度融合，优化革新政府治理流程和方式，大力提升法治政府建设的数字化水平。

本章小结提升：建设法治政府必须首先了解和知道什么是法治。我们认为法治是指依据法律管理国家和民众的各种事务的一种政治结构，是指在某一社会中，任何人都必须遵守法律，包括法律的制定者和执行者本身。政府（特别是行政机关）的行为必须是法律许可的，而这些法律本身是经过某一特定程序产生的良法。即法律是社会最高的规则，没有任何人或机构可以凌驾于法律之上。在了解法治概念的基础上我们还要进一步知道法治与法制，法治与德治之间的关系。这三者之间是既相区别，又相互联系的，在法治建设的历程中都是不可或缺的基本要素。

法治是一种理念的存在，要实现法治就必须把法治理念转化为法治实践。所以我们要继续学习把法治理念转化为法治实践的法治基本原则：坚持党的领导；坚持人民主体地位；坚持依法行政；坚持尊重和保障人权；坚持法律面前人人平等；坚持司法机关独立行使审判权。在坚持法治原则把法治理念转化为法治实践的过程中，最为关键的一环就是法治政府建设。法治政府即政府法治化，概括地讲就是政府由法律而非人来治理，法治意味着政府的全部行为必须有法律依据，必须有法律授权，法治政府必须是责任政府、善治政府、服务政府、效率政府。法治政府建设需要建立逻辑自洽的法律体系；要健全民主制度和监督制度；要有完备的行政执法制度和公正的司法制度；要培养一支具备法律素养的执法队伍；要培养全体国民的法律意识。在此基础上确立我国法治建设的总目标是全面推进依法治国，总目标是建设中国特色社会主义法治体系，建设社会主义法治国家，促进国家治理体系和治理能力现代化。法治政府建设是要有一个过程的，不可能一蹴而就，必须下大力气，采取切实可行的实际措施才能完成，为此国务院提出了建设法治政府的九大具体措施。

本章提高研讨题：

1. 某公司接待了一位美国的客户尼尔森，他一直生活在美国。谈判结束后，公司宴请尼尔森，了解到尼尔森喜欢吃鱼，接待人员就点了一道清炖虹鳟鱼。这道菜上来以后，尼尔森眼睛一亮，连说“谢谢”。看得出，他真的很喜欢这道菜。在礼仪性谦让后尼尔森夹了一块鱼肉。然而，肉还没有送到嘴里，就被他放回了盘子里。他很失望地对我们说：“很抱歉，我不能吃这条鱼了。”接待人员十分惊诧，很担心是卫生方面出了问题，引起了他的警觉。尼尔森却解释说：“根据我们美国的法律规定，为了保护生态环境，不能吃有籽的母鱼。你们看，这条鱼有籽啊，我不能吃。”公司的老总忙说：“没关系，这是在中国，中国没有这样的法律，你可以尽情品尝。”尼尔森却说：“在哪里不重要，重要的是我是美国人，我要遵守我们的法律。”尼尔森自始至终没有吃一口鱼肉。他的行为让在座的每一位都肃然起敬。一名普普通通的美国商人，在异国他乡都能够不受主人热情的影响，如此遵守法律、敬畏法律，这就是一个法治国家在自己公民身上打下的烙印。

请你根据这则典型事例，结合本章所学知识回答什么是法治？法治建设需要什么样的条件和措施？

2. 请你根据下列几则事例总结提炼提出法治的核心要义是什么？怎样才能保证法律的良性运行？

(1)《列宁的故事》有一次列宁去克里姆林宫理发室理发。当时，这个理发室只有两个理发师，忙不过来，很多人都坐着排队，等候理发。列宁进去后，大家连忙让座，并且请列宁先理，可是列宁却微笑着对大家说：“谢谢同志们的好意。不过这样做是要不得的，每个人都应该遵守公共秩序，按照先后次序理发。”他说完后，就随手搬了一把椅子，坐在最后一个位置上。

（2）《我也要遵守制度》在延安的时候，毛主席去医院看望关向应政委。两人愉快地在病房里交谈起来。护士进来说：“同志，医生吩咐，病人要安静，不能会客。”毛主席谦和地说：“对不起，小同志。”随即辞别关向应离开了病房。

（3）《无论谁都要遵守制度》周恩来去北戴河休养时，需要看世界地图和一些书籍。工作人员给北戴河文化馆打电话，说有位领导要看世界地图和其他一些书籍。接电话的小黄回答：“我们有规定，图书不外借，要看请自己来。”周恩来便冒雨到图书馆借书。小黄一见是周总理，心里很懊悔，总理和蔼地说：“无论谁都要遵守制度。”

（4）《这个战士应该表扬的》刘少奇同志在一次散步时，走到某炮兵阵地，想进去看看。站岗的战士不让进。随行人员上前对战士说：“少奇同志想去看看阵地。”战士认真地说：“上级有规定，要有上级指示才能看。”随行人员很生气，少奇同志却没有生气。反而笑着说：“回去吧！”说着就往回走。一边走一边告诉随行人员：“回去告诉那个战士的领导，不要批评他，他做得很对。”后来部队领导知道了，要批评那个战士，少奇同志再次让工作人员转告部队领导：“这个战士认真执行规定制度，不但不应批评，还应该表扬。”

（5）圣安东尼奥市的市长卡斯特罗有个不良的嗜好，就是抽烟。他来中国访问时，中方的接待人员正在前台办理住宿手续，卡斯特罗的烟瘾上来了，坐卧不安。他的助手说：“再忍耐一会，等到自己房间里就可以抽烟了。”中方接待人员看了看酒店的大堂，没有发现禁止抽烟的提示牌，就说：“在这里可以抽，这里没有禁止吸烟的规定。”卡斯特罗说：“这是酒店大厅，公共场合是不能抽烟的，这是法律规定的。”我没有再解释，之前尼尔森的行为已经告诉了我，即使在中国，卡斯特罗也会遵守美国的法律。之后，我通过卡斯特罗的助手了解到，美国许多州都将公共场合禁止抽烟纳入到法律条文中，对违法者最高可判处 15 天监禁。

本章推荐的阅读文献：

1. 习近平：《习近平谈治国理政》，外文出版社 2014 年版。

2. 刘海年、李步云、李林：《依法治国　建设社会主义法治国家》，中国法制出版社 1996 年版。

3. 蒋立山：“中国法治道路初探（上）”，载《中外法学》1998 年第 3 期。

第十四章课后练习题

第十五章 法治建设与宪法

本章引例：马伯里诉麦迪逊案

在1800年的美国总统大选中，联邦党人遭到惨败，但即将卸任的联邦党人总统约翰亚当斯利用仍然在职的机会任命了42名联邦党人担任哥伦比亚特区的治安法官。不过时任亚当斯总统国务卿的约翰马歇尔却没有把委任状全部发出。当新总统托马斯杰弗逊继任总统以后，他命令其国务卿詹姆士麦迪逊不向其中的17人颁发委任状，其中包括威廉马伯里的委任状。马伯里决定提起诉讼。他所依据的理由是1789年《司法法》第13条的规定，即“最高法院有权在法律制度和习惯授予的权限范围之内向在合众国任职的人员发布法院的命令状”（命令状是法院签发的一种要求具有法律责任的官员履行职责的命令）。马伯里通过他的律师向最高法院提出申诉，要求最高法院向国务卿麦迪逊发布一道命令状，命令他发放委任状。但最高法院的发言人约翰马歇尔（当时已经成为最高法院首席大法官）则认为，1789年《司法法》第13条与《美国宪法》第3条第1款相抵触，因为宪法本身把最高法院的初审权限制在“涉及大使、公使、领事以及以州为当事人的案件”。由于马伯里不属于以上的任何一类，最高法院不愿意受理此案，尽管《司法法》第13条与《美国宪法》相抵触。

通过著名的马伯里诉麦迪逊一案请大家思考，宪法的法律地位是怎样的？

本章概述：本章宏观讲述了宪法的社会基础，此后进一步阐述我国宪法产生及发展的历程；微观明确了宪法的最高法律地位，并介绍了宪法的主要内容（公民的基本权利义务、国家机构、基本制度等）、宪法的社会作用，以及宪法的渊源与分类，宪法制定、修改与解释的相关规定。

本章的学习目标：通过本章的学习，你所要达成的学习目标如下：

1. 了解我国宪法是如何产生并发展的；
2. 明确宪法的最高法律地位；
3. 掌握宪法的基本内容（公民的基本权利义务、国家的机构与基本制度）；
4. 了解宪法的渊源与分类；
5. 掌握宪法制定、修改和解释的过程及相关规定。

本章教学内容：

第一节 法治建设的宪法保障

宪法是国家的根本法律，外国宪法所阐述的内容几乎都是围绕法律层面的问题，我国宪法以法律为核心，同时还提出了国家的发展目标、道路及根本任务，这是我国宪法的特色。事实上，国内宪法所涵盖的内容远不止于此，在宪法中针对经济、文化、政治、生态文明、社会制度等这一类作用于国家发展的重要因素，也提出了相应的要求。这种系统性的规划极大地提高了我国宪法对国家发展的指导作用，中华民族的伟大复兴也有赖于此。时代在发展，国家在进步，宪法也要根据新的发展需求作出一定的修改，以根本法的形式重新定义国家在新时代的发展道路、领导核心、根本任务、建设目标以及战略实施等内容。修改宪法意义重大，直接影响着十九大精神在全党和全国各族人民中的贯彻执行，修改宪法始终为国家发展而服务，在修正后的宪法的指导下，习近平新时代中国特色社会主义指导思想将会得到全面落实，国家的中长期经济建设目标，包括全面小康社会（2020 年）、初步的社会主义现代化（2035 年）以及全面的社会主义现代化（21 世纪中叶）均会得到宪法的支持，直到彻底实现。

一、宪法是法治建设的根本保障

人民群众是国家的主人，这是我国政权的特点，这一点从我国的国体（人民民主专政）和政体（人民代表大会制度）即可判断。宪法是保证人民地位的根本性法律依据，我国的政治制度具有充分的民主性，以宪法的形式加以保护，人民群众在政治生活中具有充分的发言权，主人翁的地位是宪法赋予的权利，宪法是实现这一局面的重要基石，为社会主义民主和法治建设提供了坚实的法律基础。[1] 宪法在序言中对其地位作出了明确的阐述，其中指出宪法在国家法律体系中具备最高的法律效力，各族人民在国家建设中创造的成果都受到宪法的保护，并且宪法中还明确指出了国家的根本任务和制度。关于宪法和其他法律之间的关系，宪法总纲中给出了说明，宪法之外的其他法律制度都不可与宪法产生抵触，宪法以及与宪法相符合的其他法律制度对国家的党政机关、武装力量、社会团体、个人等产生约束力，任何人不得违背宪法，否则要承担一定的法律责任。我国是法治国家，法律的地位高于权力和个人，其权威性和崇高性不容侵犯。依法治国是我国的基本国策，党的十五大中阐述了依法治国的内涵，那就是在宪法和其他法律制度的规范下，在党中央的领导下，将国家的经济建设、政治建设、文化建设等全都纳入法制体系之下，让法律制度成为国家各项事业向前推进的主要依据。宪法和法律具有稳定性、普遍性的约束力，国家领导人的更替和领导人

---

〔1〕 田雷："奠定'法制建设的基础'——'八二宪法'与五届全国人大的历史行程"，载《地方立法研究》2021 年第 6 期。

的个人观念均不能凌驾于宪法和法律之上。[1] 由此可见，宪法是依法治国的核心依据，依法治国的首要任务是确保宪法的全面落实。

二、宪法产生的社会基础

（一）宪法社会基础的概念

宪法自颁布以来，并非一成不变，而是处于一种不断革新的过程中，每一次修改宪法都是为了使其更好地适应新的社会实况，因而在研究宪法变迁的问题时不可忽视其社会基础。国内的学者已经开始关注和研究这些问题，并且提出了一些理论观点，例如，有学者认为经济与政治、国家与社会的分离是导致宪法形成的重要社会发展基础。虽然关于宪法的理论日趋丰富，但是一些重要的概念还没有形成清晰的界定，如“宪法的社会基础”。

要正确把握“宪法的社会学基础”这一概念，首先要正确理解“社会”这一概念。“社会”是一个内涵丰富的概念，其中涵盖的要素具有多元化、多层次的特点，分析“社会”这一概念时应该从社会结构出发，剖析构成这一概念的各种要素，只有掌握这些基本情况，才能对“宪法的社会基础”这一概念做出正确的判断。在社会学中对“社会结构”这一概念作出了界定，其指出社会结构是一种通过有机方式将社会要素联系在一起的系统化网络。本质上看，建立在生产关系上的各种社会关系的总和是社会的本质，因此在分析社会结构时，也应该重点把握其社会关系结构。但是由于人们考察社会关系的角度各不相同，因而也就形成了立体丰富的社会结构理论，但最重要的社会结构包括三类：一是“经济—政治—文化”结构体系；二是“生产方式—人口—自然环境”结构体系；三是“生产力—生产关系—上层建筑”结构体系。第一种结构形态涵盖了后面两种结构形态，并且还囊括了一些其他的社会构成要素。在分析研究社会结构时，将经济、政治、文化综合起来考虑是一种非常典型的思路，并且在社会科学研究中，这种考察方式应用广泛，当前社会学、历史学的研究中都会频繁运用。在界定“宪法的社会学基础”这一概念时，将文化、经济和政治所构成的综合性结构界定为社会结构，宪法的社会学基础也是以此为前提。[2] 由此可见，宪法产生、存在和运行所依赖的社会经济、文化和政治因素共同构成了一种有机联系的综合性结构，而这种结构就是宪法的社会学基础。

（二）宪法社会基础的特征

第一，宪法的社会基础具有客观性。特定的社会结构是宪法产生和运行的基础，但社会结构的形成是社会自然发展的结果，同时也遵循着一定的客观规律，人的意志不会改变社会发展的方向。社会形态的发展是在动态的、循序渐进的过程中完成的，经济、文化和政治的发展也符合这一规律，因而形成了独特性。每一个社会的经济结

---

〔1〕 江必新、戢太雷：“中国共产党百年法制建设历程回顾”，载《中南大学学报（社会科学版）》2021年第4期。

〔2〕 马瑜浠：“论潘念之的新时期宪法观”，上海社会科学院2021年硕士学位论文。

构、政治结构以及文化结构是相互契合的，不可将不同社会的经济结构和政治结构拼接在一起，这是违反社会规律的情况，会造成一定的混乱。经济、政治和文化在社会的每一个发展阶段都是存在的，但只有当社会发展较为成熟时，才会产生宪法，由宪法协调运行社会基本职能。以上三种社会因素相互作用和制约，当任意一种因素没条件或尚未成熟时，都会阻碍宪法的孕育和运行。条件不成熟的情况下所制定的宪法通常也不会产生有效的社会影响力。例如，清末制定的《钦定宪法大纲》就是典型的反面教材。显然，脱离社会基础，盲目照搬或者主观臆想都不是制定宪法的正确路径。只有在符合客观实际的基础之上才能建立起“内生型”宪法，避免“外生型”宪法。

第二，宪法的社会基础具有结构性。宪法社会基础的一个重要特征是结构性，而社会结构中包含了多种因素，这就决定了宪法中的结构性因素存在多种类型，最基本要素是社会思想文化、政治以及经济。同时还需认识到，某个单一的社会基础或者各方面基础的简单叠加并非宪法的社会基础，只有将社会的各种结构性因素有机地综合在一起，把握其结构特征，才能建立正确的宪法社会基础。宪法社会基础具有较为复杂的结构性特点，主要原因在于各种要素之间相互关联和组合，形成了多样性的组合及结构。当某种社会基础要素强于其他类型的要素时，其产生的社会制约力也更为突出，例如在经济力量比政治力量更为突出时，个人的自主性将会得到更加全面的发展，文化会进入一种多元共生的局面，社会结构也会因此而呈现出多元互动的特点。相反地，当政治力量在社会结构中占据统治力量时，经济力量的独立性被严重制约，并且依附于政治力量，进而催生出具有专制特点的政治制度，甚至激发出独裁文化。宪法产生并运行的社会条件和多元互动式的社会结构密不可分，中国的宪法产生的时间滞后于西方国家，在很大程度上是因为西方国家孕育宪法的同一时期，中国没有形成多元互动的社会结构，不具备产生宪法的社会基础。要形成建立在宪法社会基础上的宪政系统，就必须先掌握宪法社会基础的结构性特征，并且只有在这一前提条件下，宪法的思想文化基础、政治基础和经济基础这些概念才能逐渐界定出来。[1]

第三，宪法的社会基础具有动态性。宪法的社会基础总是处于一种动态演进的状态之下，其主要原因在于构成宪法社会基础的要素不断地发展变化，例如社会基础中的经济发展水平、政治制度等。在宪法没有孕育出来之前，社会结构呈现出单一化的特点，经济和政治相互融合。此时，政治力量的影响力尤为突出，国家统治阶层作为政治力量的代表，其他的社会力量不能与之抗衡，在这种情况下，权力无需保障，也不存在权力的制约。等到生产力进一步发展，经济逐渐繁荣时，依靠经济力量发展出市民社会阶层，他们和政治国家相分离，形成独立的阶层，并促使经济和政治形成相对分离的局面，进而形成了二元化的社会结构。通过经济力量壮大起来的阶层对自己的个人权利提出了诉求，他们要求对政府的权力进行一定程度的制约，宪法正是在这样的背景下被制定出来的。宪法社会基础中的经济因素导致了政治和经济的分离，但

〔1〕 王志豪：“中国共产党百年法治探索研究”，兰州大学 2021 年硕士学位论文。

是当经济发展到一定程度之后，二者之间的融合程度又会有所回升，此时，社会更加关注公共权利。

西方国家制定宪法的时间更早，其宪法历史对中国具有一定的借鉴意义。从西方的宪法史中可知，在西方宪法诞生前后，社会结构的特点发生了明显的转变，在未制定宪法的时代，社会结构呈现出“国家强，社会弱”的特点，宪法运行之后，社会结构呈现出“国家弱，社会强”的特点。实际上，社会结构特点的变化是客观规律所致，而宪法的产生和运行有赖于这种社会结构。宪法诞生之后也会不断变迁，因为宪法运行的社会基础也处于动态变迁的客观规律中，由此可见宪法的稳定性中蕴含着发展性，这种稳定是二者动态统一的过程。宪法稳定的前提条件是其必须和社会现实保持一致，当社会现实出现明显的结构性变化时，宪法也要作出合理的调整和转变。[1]

三、新中国宪法的产生与发展

《百年中国共产党与中国宪法的发展历程》全国人大常委会法制工作委员会宪法室_黄宇菲

封建君主专制在中国历经数千年，中华民族通过新民主主义革命，以百年的艰苦抗争，最终赢得人民革命的胜利，整个过程可用“凤凰涅槃”来形容，中国政府用“解放”二字来形容这一伟大的过程。但是在世界文明的主流文化中，这些奋斗历程往往和民主、自由、宪法等词汇紧密地联系在一起，但这些词汇在中国封建统治的历史上并非主流文化。改革开放激发了社会经济的活力，人们将更多的目光投向经济发展，忽略了法律和政治的意义，实际上正是后者确定了人们的政治地位。

（一）《中国人民政治协商会议共同纲领》

宪法的基础是政权，政权以宪法作为重要的保障。在中国共产党的领导下，中国的人民革命推翻了封建主义、官僚资本主义和帝国主义。在革命取得胜利之后，另一个问题立即进入政府的视野，那就是国家的建设方向。法律的强制力量可保护来之不易的革命成果，成为全国各族人民、各类团体共同遵循的制度、准则，这是对革命成果的有效保护，因而制定一部具有根本性法制作用的宪法就成了关键。中华人民共和国成立初期，在宪法制定之前，国家组织建立了中国人民政治协商会议，其参与人员达到了635人，包括解放军、民主党派、人民团体、海外华侨等社会各团体的代表，这种制度和组织是人民代表大会制度的前身，起到短期过渡的作用，直到宪法颁布，人民代表大会制度经普选成立。政治协商会议在中华人民共和国成立初期发挥了非常重要的作用，临时宪法（《中国人民政治协商会议共同纲领》，以下简称《共同纲领》）和中央人民政府委员会都是在这一会议的主动主持下完成的。1949年，中华人民共和国中央人民政府成立，这一切都离不开政治协商会议的贡献。

《共同纲领》的制定主体、基本政策以及基本原则都和正式的宪法高度一致，因而

---

〔1〕 张清颖儿：“弘扬宪法精神 推进法制建设”，载《兵团工运》2019年第12期。

其性质是临时性的宪法，其法律效力和法律特征完全不受其临时性作用的制约。宪法的制定是一项严谨审慎的工作，中华人民共和国成立初期百废待兴，中央人民政府正是借助《共同纲领》这部临时性的宪法来指导国家经济发展、巩固人民政权以及建立法制国家的。之后在1954年制定国家第一部正式的宪法时，《共同纲领》中的很多基本原则也沿用下来。

（二）1954年《宪法》

中华人民共和国成立初期的人民政权在《共同纲领》的指导下得到了有效的巩固。为了建立全面的民主化，国家在1953年到1954年8月期间，开展了全面的普选工作，几乎涵盖了全国，基于省（包括自治区和直辖市）、市、县的各级人民代表大会制度也逐步建立起来，民主化进程在基层单位全面推进和落实。同期开始推进计划经济，国家在过渡时期的发展路线也于1953年12月提出，其中提出了改造农业、手工业和资本主义工商业的战略方向，使其符合社会主义的要求，并且提出了国家的工业化方向。国家建设任务相较于中华人民共和国成立初期产生了显著的变化，彼时，《共同纲领》已经显示出不符合发展实际的一面。建立一部真正意义上的宪法在当时成为一项紧迫的任务，于是在1953年1月宪法起草委员会成立，毛泽东也是委员会的成员之一，并起到领导作用。同年3月，宪法草案初稿完成，并提交给委员会，经过审核之后，决定将毛泽东拟定的宪法初稿作为正式宪法的基础。全国范围内的8000多名代表经过2个多月的论证，对宪法草案提出了大量重要的修改意见，据当时的资料记载，总计达到了6000多条。

综合考虑了各种修改意见，最后由宪法委员会对其拟定的宪法作出修改。1954年6月，修改后的宪法在全国范围内发布，经过两个多月，全国范围内超过1.5亿人口对修改后的版本展开了讨论，又提出了一些修改意见，并由宪法委员会再次实施修改，后来又由全国人民代表大会对修改后的版本进行审议。1954年9月，第一届全国人民代表大会第一次全体会议全票通过了新中国第一部《宪法》，史称“五四宪法”。

（三）1975年《宪法》

从中华人民共和国成立到1956年，随着正式《宪法》的颁布和执行，其中提出的社会主义改造任务全面落实，农业、资本主义工商业以及手工业融入社会主义体制，社会阶级中存在的剥削情况也逐步被消除。国家所强调的人民民主专政在宪法的支持下得到了坚实的巩固。在政治稳步之后，新的任务进入党中央的视野，那就是必须改变新中国成立初期物质短缺、国家贫困的状况，通过社会主义现代化建设提高全社会的生产力和物资供应水平，满足人民群众的生活需求。在这一阶段也确定了更加全面的国家发展战略，其中涉及法制建设、政治建设、经济建设等各个方面的内容。1954年制定的《宪法》在1975年时已经不再具备良好的适用性，而“文化大革命”也在一定程度上促进了1975年《宪法》的编制，因为有些人期望通过宪法的强制力来确定“文革”中的“成果”。于是在1975年，我国的第二部《宪法》通过审议。

1975年颁布的《宪法》一共包括四个章节（序言除外），涵盖了30条内容，其中首都、国徽、国旗、公民的权利和义务、国家机构等都包括在内。但是仅仅 30 条内容显然不足以治理国家方方面面的事务，其完备性严重不足。实际上“阶级斗争”是 1975 年《宪法》的内在运行逻辑，就连“党的基本路线”也建立在“阶级斗争”的基础之上，其中存在较多的“左倾”主义思想，例如，这部宪法中强调了“全面专政”，错误的指导思想必然会导致不合理的宪法内容。

总而言之，受到“文革”中左派思想的影响，1975 年《宪法》呈现出时代特殊性，存在重大缺陷，思想路线、内容完备性、文字措辞等都过于简单，且存在较多疏漏。但是在看到其缺陷的同时也要注意到一些基本事实，那就是无产阶级专政和公有制在 1975 年《宪法》中继续沿用和继承，其社会主义特点依然没变。这部《宪法》在颁布后的 3 年多时间内根本没有实施，也谈不上对国家发展的积极作用。[1]

（四）1978 年《宪法》

随着“四人帮”的粉碎（1976 年）和“文化大革命”的结束（1977 年），国家的发展路线重新回到经济建设，为了纠正 1975 年《宪法》的问题，国家于 1978 年颁布了新的《宪法》，史称 1978 年《宪法》。

1978 年《宪法》在结构上与 1975 年《宪法》基本一致，章节依然为四个，但是其中涵盖的条文扩展到了 60 个。《宪法》的基本原则是一贯的，从 1954 年到 1975 年，再到 1978 年，这些原则基本没有变化。但是 1978 年《宪法》根据当时的国情增加了一些新的原则，例如，将国家建设的总任务设定为建设农业、工业、国防和科学技术现代化的伟大的社会主义强国，同时 1975 年《宪法》中存在的“左倾”思想也被删除了，如“全面专政”。因此，1978 年《宪法》起到了“拨乱反正”的作用，重新确定了社会主义民主的地位，将科学、文化、法制等内容重新突出出来。

但需要说明的是，1975 年《宪法》中“左”的思想非常明显，1978 年《宪法》虽然对其实现了一定程度的纠正，却依然不能完全摆脱“左倾”思想的影响，这是由当时的社会条件所决定的。鉴于此，国家两度对 1978 年《宪法》作出修正，使其更好地满足当时的社会发展需求。

中央政府为了促进《宪法》的修改和执行，于 1979 年决议通过了《第五届全国人民代表大会第二次会议关于修正〈中华人民共和国宪法〉若干规定的决议》，和该决议同时形成的制度包括设定地方人民政府、设定地方各级常委会，将原本由政府直接任命的人大代表改为由人民群众选举产生。在 1980 年 9 月国家又一次通过一项宪法修改决议，原版的宪法中规定公民具有“大鸣、大放、大辩论、大字报”的权利，经过这次修改之后，取消了这一权利。这一修改的目的是更好地维护全社会安定团结的局面。

（五）1982 年《宪法》

中国共产党第十一届三中全会于 1978 年 12 月顺利召开。会议明确否定了“以阶级斗争为纲”的口号，明令停止使用。国家发展的重心也从阶级斗争转化为现代化建

---

〔1〕王欣阳：“新中国成立初期法制建设研究”，长春理工大学 2019 年硕士学位论文。

设，会议重新强调了建设社会主义法治国家的目标，进一步巩固和扩大人民民主的地位。

中国共产党第十一届六中全会于 1981 年 6 月召开，全面总结了中华人民共和国从成立到 1981 年 32 年的社会主义革命和建设的经验教训，特别是“文化大革命”的经验教训，反思错误，再一次明确了国家发展道路，确定了建设社会主义强国、提高人民群众的物质生活水平的根本路线。

国家在经济方针上也作出了明确的指导，提出三个关键词：“改革、开放、搞活”，将原本的单一经济结构转化成多元经济结构，突出公有制经济的主体地位，同时兼顾其他经济形式，整体上呈现出开放多元的结构特点。这些内容在 1978 年《宪法》中完全缺失，所以在当时的情况下必须对《宪法》重新加以修正。1980 年 9 月，第五届全国人民代表大会第三次会议接受中共中央建议，决定修改《宪法》，并成立了宪法修改委员会。1982 年 2 月提出了《中华人民共和国宪法修改草案》讨论稿，经过充分讨论后于同年 4 月提交第五届全国人民代表大会第五次会议进行审议，并于 12 月 4 日正式通过并公布实施。史称“八二宪法”。

（六）对现行《宪法》进行修改

我国对《宪法》的修改都是局部性的，根据中国宪法历史，修改过的内容涵盖了序言和具体的条文，并且修改方式均为决议通过专门的宪法修正案。1988 年至今已经实施了 5 次宪法修改，其中有两处针对《宪法》中的具体条文，分别为《宪法》第 11 条，确定了私营经济的合法地位，将其作为公有制经济的重要补充，使其受到国家的保护。另一条修改是《宪法》的第 10 条第 4 款，主要是明确了土地使用权转让方面的制度和要求，提出依法执行转让的规定。

中共“十五大”于 1997 年 11 月召开，为了贯彻落实会议精神，修改《宪法》的建议于 1999 年 1 月再次被提出，并且这次修改还积极促成人民群众的参与性，在全社会形成广泛的讨论。历史上著名的“三确立宪法修正案”正是在这次修改中提出并落实的，《宪法修正案》是在第九届全国人大第二次会议中通过的。具体修改的内容如下：其一，修改了《宪法》中的序言部分，明确指出我国社会主义初级阶段的长期性，将邓小平理论加入《宪法》序言的第 7 段。其二，在治国方针方面确立了“依法治国”的地位，通过宪法确立我国建设社会主义法治国家的基本国策。其三，在经济方面，首先确定了公有制经济的主体地位，然后在这一基础之上提出了多种所有制经济共同发展的经济制度。收入分配制度影响着人民群众的切身利益，在这次修宪中确定了按劳分配的基本制度，同时指出兼顾其他的分配方式。通过这些修改，基本上完善了国家发展方向、经济制度、法制建设方面的核心内容，其意义和作用非常显著。

第二节 宪法的地位与内容

宪法的地位决定了其在国家法制建设、发展道路、公民权利保护等方面的根本性作用，宪法具有巩固国家政权的重要作用，统治阶级通过宪法的强制性维护核心利益，体现统治阶级的意志。每一个国家都具有庞大的法律体系，但居于主导地位的是宪法，任何其他法律都不能和宪法产生冲突，国家治理以及公民在社会活动中的行事依据都要以宪法为总章程，社会中不同阶级之间的关系也都体现在宪法中。

一、宪法的地位

政党这种社会组织诞生至今已经经过了很长一段时间，政党在一个国家的政治治理中表现出高度的活跃性，并且的确发挥了显著的作用。但是关于政党的地位，通常不会以法律条文的形式来加以确定，尤其在宪法中，这种情况一直延续到第二次世界大战结束之前。

第二次世界大战结束之后，世界各国明显分为社会主义阵营和资本主义阵营，尤其是强大的社会主义国家苏联，使西方国家产生了强烈的恐慌感。西方国家为了限制共产主义政党的发展，采用法治化的措施确定了资产阶级政党的地位。此后，世界各国为了巩固本国的政治稳定性，纷纷将本国中占据主导地位的政党法治化，进而在宪法中以明确的文字性说明规定了政党的作用和地位，这种实践最早起步于欧洲国家。阅读意大利、法国及德国的宪法，都会看到这种规定，例如，《意大利宪法》规定公民可通过组织政党的方式自由参与国家决策，实现民主治理（原文可参考第 49 条）。《德国宪法》中指出只要符合民主性的基本原则，具有合理的经费来源，人民群众可自由建立政党，借助政党来体现其政治意志（具体可参考第 21 条）。类似的规定在一些民族主义国家的宪法中也有所体现，典型的例子是缅甸的宪法，该国在二战结束之后，在其宪法中规定了一党制，目的是通过宪法确定政党地位。但是这一制度在缅甸并没有长久地维持下去，后来还是从一党制转变为多党制。同样在宪法中规定实施一党制的国家还包括阿尔及利亚。

社会主义国家在维护巩固政党地位时也运用了宪法明文规定的方式，其中规定的内容大体上分为两个方面：其一，领导国家的政党代表广大无产阶级的利益，或者称之为无产阶级政党。典型例子是 1977 年的《苏联宪法》（全称为《苏维埃社会主义共和国联盟宪法》，1977 年 10 月 7 日苏联第九届最高苏维埃第七次非常会议通过），这一版宪法中的第 6 条指出苏联社会的核心领导力量是苏联共产党，无论是社会团体，还是国家机关，都要将苏联共产党作为领导核心。具有类似表达的还包括前南斯拉夫和罗马尼亚，以后者为例，其在 1975 年《宪法》中规定该国具有领导地位的政治力量是罗马尼亚共产党。我国的宪法中同样确定了中国共产党的领导地位。其二，如果一个国家除了无产阶级政党，同时还存在其他类型的民主政党，那么也会通过宪法明示或者暗示其他政党的存在具有合法性，但是只能居于次要地位。我国在处理多党派问题时，始终强调中国共产党居于领导地位，各党派在政治上建立协商制度，这是 1993 年的《宪法修正案》中作出的规定。

法律体系庞大繁杂，而宪法是其中的一种，也是核心的组成部分。凡是法律都是由国家强制力来保障其落实效果的，宪法处于核心地位，其权威性不容挑战，其他法律在制定时也不能和宪法相违背，因此，在整个法律体系中，具有最高法律效力的始终是宪法。

保证宪法的最高法律地位存在几个客观性的原因：

第一，影响国家发展的一系列关键性、根本性问题在宪法中都作出了明确的规定。例如，公民的个人权利和义务、国家的政治制度、经济制度等。从宪法规定的内容来看，各种根本性问题几乎全部都涵盖其中，因而宪法具有广泛的指导性，但普通的法律制度仅仅针对特定的领域，如刑法重在管理刑事犯罪案件。因而宪法的等级和优先级都尤为突出。[1]

第二，宪法和一般性的法律相比，其法律效力最高。具体体现在两个方面：其一，宪法是其他一般性法律的总纲领，在制定一般性的法律时应该完全遵循宪法的基本精神，只有这样才能保障一般性法律的顺利实施，凡是违背宪法的一般性法律条文，都必须修改或者废除。其二，社会中的组织和个人在开展社会活动时都必须以宪法中的要求作为行动准则，这种组织和个人具有全面性，国家领导人、人民军队、政治团体等全部都在宪法的约束范围之内，因而这种广泛的约束力也是提高宪法地位的客观原因之一。

第三，由于宪法对社会发展有着重要影响，因而在制定或者修改宪法时都要遵循最高等级的程序，这是一般性法律制度不可比拟的。不同国家在宪法管理制度方面存在一定的差异，但在其整个立法体系中，宪法的程序总是最为严谨的。在立宪方面，有些国家设置有专门的会议制度，称之为立宪会议，制定及审核都是通过这种会议来实现的。还有些国家将宪法的起草与最终的审核权限分配给两个不同的政府部门，前者通常为起草委员会，后者是国家的最高权力机关。再如，修改宪法可谓牵一发而动全身，因而在修改宪法中的某项条文时，应该对其产生的潜在影响作出全面的评估，参与者是立法机关的全体工作人员，但同意修改的人数必须占到总人数的大多数，如大于 3/4。在修改一般性的法律条文时，只要有超过 1/2 的立法人员通过相关提案即满足修改的条件。根据我国的宪法修改制度，修宪的提议者分为两种主体，要么是全国人大代表中 20%以上的人员，要么是全国人大常委会委员。而修宪通过的条件是 2/3 以上的全国人大代表通过相关提议。

通过以上三点即可判断出宪法的重要地位，没有哪一种法律体系可代替宪法的作用，并且国家的上层建筑中也涵盖了宪法。

---

〔1〕 何勤华、齐凯悦："法制成为法治：宪法修改推进社会主义法治建设"，载《山东社会科学》2018 年第 7 期。

二、宪法的主要内容

国家的经济、文化等社会基础要素随着时间的推移而不断变化，很多新的社会问题和社会矛盾会因为社会基础的变化而产生和暴露出来，法律制度始终要和社会实际保持高度的契合性，否则就会形成法律漏洞。如果宪法中存在缺陷，必然会造成严重的社会影响，因而必须根据社会实际的变化及时弥补宪法中的不足。在此之前，应该先掌握当前正在实施的宪法中主要涵盖了哪些内容。

宪法中首先要说明的问题是国家的性质，中国的宪法中自然要说明国家的社会主义性质，然后还要清楚地阐述国家的统治者是谁。我国是人民当家作主的社会主义国家，因而全体人民是国家的统治者。另外，宪法中还要规定出一系列社会运行所需的制度，如政党之间的合作制度、经济制度、人民群众参与选举的制度等，并且我国的政治制度还存在一定的特殊性，港澳地区和祖国大陆实行不同的社会制度体系。

（一）公民的基本权利与义务

公民的基本权利和义务是宪法最重要的内容，宪法中对公民的宪法权利和宪法义务作出了明确的要求，前者是公民个人必不可少的一些基本权利，如选举权、人身自由权等。后者是公民作为国家的一分子，必须履行的一些根本责任，如遵守宪法。以下对宪法权利、宪法义务作出分析。

1. 公民与国籍。公民是指具有某一国国籍，并根据该国法律规定享有权利和承担义务的人。那么什么是国籍？国籍又是如何取得、如何丧失的呢？

（1）国籍概述。国籍是一种法律身份，表明一个人与一个国家的隶属关系。一个国家的宪法对拥有该国国籍的公民具有全面的约束力，宪法中规定的权利和义务都适用于该公民。公民的含义就是指具有一国国籍的人。如果公民因学习、工作或者其他原因离开自己的国家，成为侨民，那么国家应该为其提供外交保护，在存在危险的情况下应该将侨民安全接送回国。

（2）国籍的取得。一国公民获得国籍的方式主要有两种：一种是出生国籍。出生国籍是指因出生而取得国籍。我国采血统主义为主、出生地为辅的原则，具体如下（《国籍法》第4~6条）：

第一，父母中的一方具有中国国籍，或者双方都具有中国国籍，如果本人出生在中国，那么国籍属于中国。

第二，父母中一方或者双方都具有中国国籍，本人出生在国外，但国籍属于中国；父母双方或者一方具有中国国籍，并且定居在国外，本人出生时即具有外国国籍的，不具有中国国籍。

第三，父母定居在中国，但是双方都不具备中国国籍，或者双方国籍不明确，本人出生在中国时自动获取中国国籍。

另一种是继有国籍。继有国籍指的是原本不具有本国国籍，但是后来加入本国，进而获取国籍。我国为外国人或者无国籍人士提供了加入中国国籍的机会，只要达到相关条件，个人具有加入中国国籍的意愿，并且愿意将中国法律作为自身的行为准则，即可申请加入中国国籍，具体应该以《国籍法》第7条为依据。

（3）国籍的丧失与恢复。国籍的丧失主要是指公民自愿放弃中国国籍，根据中国《国籍法》，中国不支持公民拥有双重国籍，如果公民个人加入外国国籍，那么会自动失去中国国籍。虽然公民个人具有退出中国国籍的权利，但前提是理由正当，如果公民个人当前或者曾经担任过国家公职类工作，或者公民是现役军人，那么不可退出中国国籍。

国籍的恢复主要是指退出中国国籍的人员，如果具有正当理由，可向国家提出申请，再次获得中国国籍；同样地，由于中国不支持双重国籍，重新获得中国国籍之后自然要放弃外国国籍。

（4）受理国籍申请的机关和审批机关。国内的市、县公安局是受理国籍更改的主要机关，无论是退出、加入还是恢复中国国籍，在国内都是由市、县公安局来办理。如果要在国外办理国籍事宜，应该前往领事机关和中国驻外代表机关。公安部负责审批中国国籍的退出、恢复或者申请业务。

2. 公民基本权利和基本义务。

（1）公民基本权利的特征。宪法中对公民的基本人权、基本权利等作出了明确的规定，此处所说的基本权利是公民个人必不可少的一些权利，其特征如下：

第一，公民在国家中的法律地位由其个人的基本权利所决定；

第二，基本权利对公民的社会生活影响巨大，因而不可缺失，否则公民将无法开展正常的社会活动；

第三，公民的权利不仅仅局限于基本权利，但基本权利是母体，其他权利派生于这些基本权利；

第四，公民在法律上的平等地位以及公民资格是确保其基本权利的重要前提，并且这种权利是一贯的、稳定的，具有显著的排他性特点。

（2）公民基本权利的分类。根据国家在权利保护中参与程度的不同可以把公民基本权利划分为消极的防御权和积极的受益权。

消极防御权体现出国家在权利保护中的参与程度，消极就是不主动积极参与其中，只确保相关权利不会被国家侵害即可。与此同时，国家有义务在这类权利受到侵害时提供适当的救济，宗教自由、人身自由是典型的消极防御权。

积极受益权是指在积极受益权方面，国家对公民的响应程度大幅提高，此类权利要求国家积极地为公民创造条件，典型的如劳动权。

根据权利的属性不同，可以把基本权利划分为人权与公民权。人权主要具有如下四层含义：一是人权是指作为一个人应该享有的权利；二是人权不是抽象的，不是天赋的，是在社会生产力发展到一定阶段以后，通过斗争取得的，因此在阶级社会里，人权总具有阶级性；三是人权实践总要受到一国历史、社会、经济、文化等条件的制约；四是对于一个国家和民族来说，生存权是首要人权，而国家的独立权和发展权是生存权的保障。

公民权是宪法和法律所规定的本国公民所享有的权利，包括基本权利和普通权利两种。人权是公民权的基础和源泉；公民权是人权的体现和保障。

（3）公民基本权利的内容。我国宪法所规定的公民基本权利主要有如下几大类别：

1）平等权。平等权的基本含义有如下几个方面：一是指公民依法平等地享有权利，不受法律之外的差别对待，要求国家给予同等法律保护的权利（《宪法》第 33 条第 2 款）。二是指以法律规定的同等对待，不是指权利、义务的对等。三是指平等并不绝对排斥差别对待，只不过该差别对待必须有适当理由，并且其差别对待必须保持在合理限度内。四是指“在法律面前一律平等”包括司法平等和守法平等。最早确认“公民在法律面前一律平等”原则的是《人权宣言》。

2）政治权利和自由。公民是国家的政治主体，公民所享有的权利和自由中就涵盖了政治上的权利和自由，例如，公民具有选举和被选举的权利，公民具有言论自由的权利，公民有实施示威、游行、出版等活动的自由。[1]

第一，选举权和被选举权（《宪法》第 34 条）。大量的国家机关公职人员是通过选举产生的，而公民具有参与投票的权利，公民个人也可以参与竞选；被选举权指的是公民个人表现优异，被其他公民举荐。选举权是以上两种权利的结合。

特别注意：选举权利也包括对村民委员会、居民委员会组成人员的选举权和被选举权。

第二，诉愿权（参见《宪法》第 41 条）。诉愿权通过两个途径得以实现：一是通过行政层级进行监督控告。国家管理活动的重要对象是公民，但并非所有的国家管理活动都是合理合法的，诉愿权是公民和违法失职行为开展对抗的一种权利，常见的形式包括检举、批评、控告等。二是通过司法诉讼进行维权。当公民受到国家工作人员的不公对待时，即可通过诉愿权开展防御，并且这种权利可作为公民监督国家机关工作人员的合法依据。

第三，政治自由（《宪法》第 35 条）。政治自由是公民表达自己政治意愿的自由，包括言论、示威、集会、出版、游行、结社。国家的政治主体是公民，公民可自由地参与国家的政治生活，政治自由就是公民可自由参与其中的保障。公民表达自己的意见可以采取以下渠道：其一，经过合法程序申请集会、游行和示威。《集会游行示威法》规定集会、游行、示威的负责人必须在举行日期的 5 日前向主管机关递交书面申请。其二，可以向政府信访办公室或人大信访办公室提出自己的意见。其三，可以通过行政诉讼制度解决。

3）宗教信仰自由（《宪法》第 36 条）。宗教信仰自由是指公民个人完全按照自己意愿，选择信仰或者不信仰宗教，任何权力不得无端干涉的自由。宗教信仰是公民个人在精神层面的行为，属于公民的私事，是一个公民最基本的权利之一，无论是党政

---

〔1〕 王清林：“建国初期党的法制建设与经验研究”，云南大学 2018 年硕士学位论文。

机关，还是社会中的团体，都应该按照法律要求，不干涉这种自由。

是否信仰宗教不会影响到公民的权利、义务和社会地位，无论是哪一种选择，公民都一律平等。宗教活动在实施时也要完全符合国家的法律要求，合法的宗教活动应该受到国家的保护。一是宗教活动应该合法、合理，不可将宗教作为幌子，行危害国家、社会、教育以及公民健康的事情。二是外国势力不得支配国内的宗教团体和事务。

4）人身自由（《宪法》第37~40条）。从广义的定义来看，公民的人格尊严、身体权、通信自由以及住宅权等全部都属于人身自由的范畴。狭义来看，人身自由指的是公民在身体和行动上的自由。人身自由包括以下内容：

第一，人身自由不受侵犯（《宪法》第37条）。公民享有多种基本权利，而这些权利的基础是人身自由权，显然，这种权利是一种必不可少的权利。但是人身自由权也是有条件的，必须严格遵守中国法律，获得合法的身份。如果违反法律，有可能被剥夺人身自由权，国家的司法、执法和检察机关负责完成剥夺人身自由权的法制管理活动。

第二，人格尊严不受侵犯（《宪法》第38条）。每一个公民都是平等的，其拥有的权利和资格是一致的，这是公民人格尊严的含义，并且国家和社会应该保护这种权利。我国1982年宪法规定公民人格尊严不受侵犯。人格尊严权利主要有：公民姓名权、公民肖像权、公民名誉权和公民荣誉权。

第三，住宅不受侵犯（《宪法》第39条）。住宅权是公民的一项重要基本权利，公民的合法住宅应该受到法律保护，不得非法占有、侵入、损毁居民的住宅。实际上居民的人身自由权中延伸出了住宅权。

第四，通信自由和通信秘密受法律保护（《宪法》第40条）。中华人民共和国公民的通信自由和通信秘密受法律的保护。除因国家安全或者追查刑事犯罪的需要，由公安机关或者检察机关依照法律规定的程序对通信进行检查外，任何组织或者个人不得以任何理由侵犯公民的通信自由和通信秘密。

5）社会经济权利（《宪法》第42~45条）。社会经济权利是指公民依照宪法的规定享有的物质利益和社会保障方面的权利。社会经济权利是公民享有其他基本权利的物质基础，而一个国家的经济发展状况又决定了社会经济权利的内容。从我国社会现阶段的基本国情出发，我国宪法规定的公民社会经济权利包括如下内容：一是公民有劳动的权利；二是劳动者有休息的权利；三是退休人员的生活保障权；四是请求物质帮助的权利。

6）文化教育的权利（《宪法》第46~47条）。文化教育权利是指公民在接受教育和从事文化活动过程中所享有的权利。对于国家而言，其具体的文化教育状况表明了一个国家的文明和发达程度，是国家发展经济、提高综合国力的基础。对于公民而言，其个体文化教育状况表明了一个公民自身在品德、智力、技能、体质等多方面的综合素质和修养，是公民立足于社会，实现自我价值的基础。因此，宪法赋予并保障公民享有充分的文化教育权利，具有重要的意义。文化教育权利是一个综合权利体系，具体包括以下内容：一是公民受教育的权利，二是文化权利。公民的文化权利主要包括以下几项：科学研究的自由；文艺创作的自由；其他文化活动的自由。

7）特定主体的权利。我国宪法除了对所有公民都普遍享有的权利和自由作出明确规定外，还根据实际情况对某些特定主体的权利和自由予以专门的保护，主要包括下述几项：

第一，国家保护妇女的权利和利益。我国《宪法》第 48 条规定："中华人民共和国妇女在政治的、经济的、文化的、社会的和家庭的生活等各方面享有同男子平等的权利。国家保护妇女的权利和利益，实行男女同工同酬，培养和选拔妇女干部。"

第二，婚姻家庭方面的权利。我国《宪法》第 49 条第 1 款规定："婚姻、家庭、母亲和儿童受国家的保护。"第 4 款规定："禁止破坏婚姻自由，禁止虐待老人、妇女和儿童。"婚姻是男女双方基于自愿结合并经依法登记而形成的夫妻关系，是家庭产生的基本条件。家庭是基于婚姻、血缘和收养关系而形成的共同生活的群体，是构成社会的基本单位。婚姻必定对家庭产生影响，而家庭又必定对社会发生作用。宪法保护公民在婚姻家庭方面的权利，是对合法的婚姻家庭关系的确认，也是对国家和社会秩序的保护。

宪法规定禁止虐待老人、妇女和儿童，是因为这些权利主体在家庭和社会生活中往往处于弱者的地位，其权益极易受到侵犯，所以必须予以特别的保护。

第三，保护华侨、归侨和眷属的权利和利益。我国《宪法》第 50 条规定："中华人民共和国保护华侨的正当的权利和利益，保护归侨和侨眷的合法的权利和利益。"

第四，外国人的合法权益。这里的外国人是指不具有中国国籍，但在中国境内居住或停留的人。外国人并非我国公民，因此其合法权益和利益不是在宪法第二章规定的，而是在宪法总纲中规定的。我国《宪法》第 32 条规定："中华人民共和国保护在中国境内的外国人的合法权利和利益，在中国境内的外国人必须遵守中华人民共和国的法律。中华人民共和国对于因为政治原因要求避难的外国人，可以给予受庇护的权利。"根据上述规定，外国人的合法权益主要包括两方面内容：一个是国家保护在境内外国人的合法权利和利益；另一个是外国人受庇护权。

第五，刑事被告人有获得辩护的权利。刑事被告人是指被指控实施了犯罪行为并正式被检察机关或者自诉人向人民法院提出控诉，要求追究刑事责任的人。公民被指控实施了犯罪行为，作为刑事被告人接受人民法院的审理，其已经处于不利的地位，合法权益可能受到损害。为了维护刑事被告人正当合法的权益以及正确及时地查明案件的事实，《宪法》第 130 条第 2 句规定，"被告人有权获得辩护"，从宪法的基本精神出发，有权获得辩护的主体除被告人之外，还应包括犯罪嫌疑人。

（4）公民基本义务的内容。宪法中对公民的基本义务作出了明确要求，这种义务是一种根本性的职责，每一个公民都要严格落实。公民作为国家的一分子，应该承担起对国家应尽的义务；而公民在国家中的地位取决于两方面的因素，一是公民的基本权利，二是公民的基本义务。根据《宪法》第 42、46、52～56 条的规定，我国公民的基本义务包括以下内容：

第一，公民有劳动的义务。从公民对国家的角度来说，《宪法》第 42 条第 3 款规定：“劳动是一切有劳动能力的公民的光荣职责……国家提倡公民从事义务劳动。”因此，劳动也是公民的一项义务。

第二，公民有受教育的义务。从国家角度而言，公民是否接受教育，不仅仅是公民个人的事，还会影响到整个国家和民族的科学文化水平，是关系到国家发展、民族兴亡的大事。国家有权力要求公民接受各级各类和各种形式的教育，特别是接受全民的义务教育，因而受教育又是公民的一项义务。

第三，公民有维护国家统一与民族团结的义务。我国《宪法》第 52 条规定：“中华人民共和国公民有维护国家统一和全国各民族团结的义务。”国家统一与民族团结是国家繁荣、民族昌盛的重要标志。只有国家强盛，国家才有实力保障公民充分享有各项基本权利和自由。因此，任何公民都负有这项义务。

第四，公民有遵守宪法和法律等方面的义务。我国《宪法》第 53 条规定：“中华人民共和国公民必须遵守宪法和法律，保守国家秘密，爱护公共财产，遵守劳动纪律，遵守公共秩序，尊重社会公德。”

第五，公民有维护祖国的安全、荣誉和利益的义务。我国《宪法》第 54 条规定：“中华人民共和国公民有维护祖国的安全、荣誉和利益的义务，不得有危害祖国的安全、荣誉和利益的行为。”本条规定以命令性规范和禁止性规范两种法律规范反复确认了公民的同一个义务，突出强调公民维护祖国安全、荣誉和利益义务的重要性。

第六，公民有保卫祖国、依法服兵役和参加民兵组织的义务。我国《宪法》第 55 条规定：“保卫祖国、抵抗侵略是中华人民共和国每一个公民的神圣职责。依照法律服兵役和参加民兵组织是中华人民共和国公民的光荣义务。”“国家兴亡，匹夫有责”，若国家灭亡，则公民必然沦为亡国奴。因此，保卫祖国、抵抗侵略是每一个中华儿女神圣的职责。

第七，公民有依法纳税的义务。我国《宪法》第 56 条规定：“中华人民共和国公民有依照法律纳税的义务。”纳税是指纳税义务人依法向国家税务部门缴付税款的行为，具有强制性和无偿性的特征。税收是我国财政的主要收入来源，是国家进行宏观调控的重要经济杠杆。税收的特点是取之于民，用之于民，税收主要用于国家的公共开支。因此，依法纳税是公民的基本任务。这就要求每个公民都要树立依法纳税的意识，杜绝偷税、漏税、欠税和抗税。

（二）国家机构与基本制度

以中国共产党作为领导核心，以人民代表大会作为最高权力机构，构建多党合作与政治协商制度，以民族区域自治制度促进各民族的统一，这些构成了中国政治制度的基本结构。

1. 人民代表大会制度。全国人民代表大会以及地方各级人民代表大会是中国公民行使国家权力的机关。因此，我国的根本政治制度是人民代表大会制度。从特点来看，这种制度全面体现了民主集中制的原则，人民群众的权利和制度的民主性会因此而得到有效的保障。同时，人民代表大会制度还在很大程度上提高了国家权力在行使过程中的统一性和集中性；国家的武装力量领导权、审判权、检察权以及行政权要实施明确的划分，而行使这些权力的国家机关之间也会形成协调统一的工作机制。

人民代表大会的代表涵盖了社会各阶层，并且囊括了不同民族、不同地区、不同社会身份的人群，代表经选举产生。这些代表可在人民代表大会上自由地发表与议题相关的意见，或者通过质询案的方式向所属工作部门和本级政府部门反映某种社会情况，而这些被质询的国家机关必须对代表提出的问题作出回应。如果人民代表不称职，其代表资格可被罢黜。

2. 多党合作和政治协商制度。国家在发展过程中要根据现实需要制定出一系列重大的决策，而这些决策具有广泛的影响力，作用于全国各族人民。我国多党派的客观实际要求中国共产党必须发挥自身的领导作用，积极和其他党派及无党派人士开展协调，形成共识，并在这一过程中听取各方的积极意见，进而采取正确的决策，这一过程就是我国的多党合作与政治协商制度。

从形式上来看，多党合作与政治协商制度包括两种类型，第一种是全国范围内的中国人民政治协商会议；第二种是在中国共产党的领导下与各民主党派以及无党派人士召开的政治协商会议。中国共产党、少数民族、人民团体、无党派人士、各界代表以及各种民主性党派等共同构成了中国人民政治协商会议的全国委员会，每隔五年换届一次。委员会的每一位成员按照国家相关制度落实参政议政、民主监督等方面的职责，既要参加人民代表大会，同时也要每年参加政治协商会议。通常情况下中共中央领导人每一年都会至少举行一次和无党派人士及民主党派的协商会议，座谈会的举办频率较高，达到了两个月一次。这两种会议形式的作用也存在一定的差异，前者的主要作用是对国家的大政方针开展协商，后者的主要作用是由党中央将某些具体情况通报给各个参与方，然后共同讨论、交流相关政策内容以及提出改进的策略。

3. 民族区域自治制度。少数民族具有自己的文化习俗和事务处理机制，中国共产党充分尊重少数民族的风俗习惯和自主权，因而实行了民族区域自治制度，国家在少数民族聚居区建立起以少数民族同胞为主的自治机关，本民族的内部事务由这些自治机关来处理，借此来实现少数民族自主管理其内部事务的目的。党中央也要参与到少数民族地区建设中，在政策、资金等方面为少数民族地区提供支持。国家还通过法律的形式进一步保护民族区域自治制度，除了《宪法》之外，《民族区域自治法》可作为这方面的专门性法律，早在 1984 年就已颁发并执行。现阶段国内形成了包括自治区（5 个）、自治州（30 个）、自治县（120 个）在内的完备管理体系。当地的人民政府和人民代表大会是实施民族自治的机关。民族自治区域的公民成为民族自治机关的主要领导人，如自治区主席、州长等。

在民族自治地区，自治机关的职能和非自治地区的同级地方国家机关保持一致，并且自治机关的自治权利是广泛而充分的，具体涵盖了制定条例，自主使用自治区财政收入，自主管理民族自治区内的经济、文化、科学、教育等事业，并且在这一过程中保护民族文化特色、文化遗产，促进当地在经济、文化等各方面的全面繁荣。

4. 全国人民代表大会。我国的最高权力机关是全国人民代表大会，每一位人大代表都要经过严格的选拔，省、自治区、直辖市以及军队都可推选人大代表。人民代表大会主要决定国家的重大政治决策以及制定法律规范。具体职责如下：制定法律和修改法律；对国家预算、经济和社会发展规划等开展编制、审查和批准，并且定期通报这些事业的具体落实情况，发出报告；决定国家的军事事务，包括战和问题；最高国家机关领导人员的任免权也是由人民代表大会来决定的，如国务院总理、国家主席、中央军委主席等。[1]

5. 国家主席。在我国的制度体系下，国家元首的职权由全国人大常委会和国家主席共同执行。法律的制定和修改、国务院成员的任免由全国人民代表大会来决定，国家主席负责宣布相关结果以及发布命令；国家主席还要代表国家接待外国使节、开展国事活动、批准或者废除涉外条约、派遣或者召回驻外代表。

6. 国务院。国家权力机关涉及众多人员，因而设置了专门的执行机关。作为国家权力机关的代表，这一执行机关就是国务院，其直接负责的对象是全国人大及其常务委员会。国务院的职权范围主要是制定和发布行政法规和行政措施。从人员构成来看，国务院中除了总理、副总理、秘书长、国务委员，还包括了审计署的审计组长以及中国人民银行行长。

7. 中央军事委员会。国家的军事领导机关对全国范围内的武装力量进行统帅管理，核心的领导机关是中央军事委员会。中国人民解放军、武警部队以及民兵共同构成了中国的武装力量。国家的主要常备军是中国人民解放军，国家的安全保卫工作主要由武装警察部队来完成，民兵主要作为后备军事力量，平时以生产为主，民兵属于群众武装。主席、副主席以及委员共同构成了中央军事委员会。

8. 地方各级人民代表大会和地方各级人民政府。人民政府和人民代表大会按照行政区划分级设立，例如省政府、市政府以及县政府。前文已经说明国家最高权力机关是全国人民代表大会，在某个行政区域内，负责日常重大事务的主要权力机关是当地的人民代表大会。地方性法规只对地方适用，其立法机关中包括了本级人民代表大会。地方各级人民政府主要负责行政事务的管理，其最直接的负责对象是本级人民代表大会常务委员会，当然，国务院的领导权是最高级别的，地方人民政府及人民代表大会要接受国务院的全面领导。

9. 人民法院。法治国家建设离不开审判机关，在我国由人民法院负责审判事务。法院系统按照行政区划分级设置，在国家层面设置了最高人民法院，省、直辖市以及自治区设置高级人民法院，市、县、区设置中级人民法院和基层人民法院。全国人民代表大会及其常务委员会通过最高人民法院管理国家的审判机关，后者要对前者负责，

---

〔1〕 邓雯：“中国宪法的人权条款与人权法制建设研究”，湖北大学 2015 年硕士学位论文。

按照上级督促下级的模式形成人民法院体系。

10. 人民检察院。检察权是人民检察院的主要权力，检察权的行使范围包括监督检查破坏国家经济秩序、危害公共安全或者国家安全、损害公民民主权利和人身权利的重大案件，也包括一些其他类型的重大案件；公安机关在办理案件的过程中要根据违法犯罪嫌疑人的具体情况，经过检察院的审查，最终决定是否要对其实施逮捕和起诉；检察院有权对刑事案件提起公诉，并且积极推动此类案件的公诉；检察院还具备监督执法审判部门的职责，无论是案件的办理过程，还是案件的审判过程，抑或是监狱等场所的日常管理，都应该遵守法律规范，接受检察院的监督。

（三）国家权力

国家权力是一种特殊的社会权力，其作用是完成阶级统治，由国家机器保障其落实，因而又称为国家政权。国家权力主要包括国家主权、立法权、司法权以及行政管理权。国家权力具有两种突出的性质。其一，强制性。国家机器中存在武装力量、司法机构、执法机构等，这些重要的国家机器构成要素是保障国家权力强制性实施的条件。其二，主权性。国家权力是任何一个国家都具备的自主性权力，其他国家不得横加干扰，不得侵犯别国主权。与此同时，也不得对其他国家的主权指手画脚，而是应该给予充分的尊重，国家权力是对统治阶级自由意志的充分表达。简单来说，国家权力对外具有自主性，对内存在完全的统治权。国家政权在漫长的历史中不断发生更迭，这是由社会及历史条件所决定的。

1. 立法权。立法权是以法律的形式反映统治阶级意志的权力，新法律的创制称为立法，既有法律可修改或者废止，法律在体现统治阶级意志的基础上对其核心利益加以保护。“三权分立”的制度模式在资本主义国家应用广泛，在这种制度模式下，议会是行使立法权的主要方式，但容易受到行政机关的干扰，甚至完全被操纵。我国作为社会主义国家，由国家最高权力机关落实立法权。全国人民代表大会及其常委会代表广大的人民群众行使立法权。地方性法规由当地最高权力机关——地方人民代表大会及其常委会来行使，其中包括省、直辖市以及自治区，但是这些权力的行使需向最高权力机关报备具体情况。

2. 行政权。行政事务是国家的重要管理内容，行政权顾名思义，指的是国家行使管理国家行政事务的权力。在资本主义国家中，行政权、立法权以及司法权相互分离，行政权掌握在政府手中，但是根据资本主义国家的实际情况来看，这三种权力并不能做到彻底的分离，相互之间存在掣肘和干扰，例如，行政部门有可能干扰司法和立法。在国内，国家最高行政机关是国务院，国务院直接对全国人民代表大会负责，受到全国人大及其常务委员会的监督管理。

3. 司法权。司法权包括两个层面，一是对司法案件的审判权，二是对公民及社会团体守法的监督。资本主义国家通常是由法院独立行使司法权，由于采用了“三权分立”的制度，各种权力之间相互制衡，理论上可起到良好的平衡效果。但在实际操作时经常出现行政干扰司法的现象。我国是人民民主专政国家，一切权力属于人民群众，审判权由各级人民法院独立负责，并且接受人民检察院的监督。国家权力机关对司法机构和检察机构开展监督和管理。

4. 主权。国家权力独立存在，并且不依附于其他任何形式的权力。每一个国家在处理自身的对内、对外事务时都应该具备充分的自主权，这都是其作为一个国家的最基本权力，这种权力不容侵犯。主权涵盖了两个方面：①国内主权。其含义是国家权力高于国内其他任何类型的权力，具有至高无上的特点；②国际法主权。在国际法层面，国家与国家之间相互平等，相互独立，每一个国家的主权不容其他国家的干扰和侵犯。在国际交往中，国家之间应该做到主权上的相互尊重。自卫权、独立权以及管辖权共同构成了一个国家的主权。属地管辖和属人管辖共同构成了管辖权。凡是在一个国家的领土范围内发生的人和事，依照属地管辖权，该国的法律对这些人和事产生约束力。属人管辖权是根据个人的国籍来判断管辖权，国家有权按照本国法律管辖具有本国国籍的公民，并且这种管辖权不受地域的影响，哪怕公民身处国外。独立权是指一个国家在处理其内政和外交事务时具有完全的自主性，以自身的意志来开展各项事业，其他国家无法对其形成干涉。独立权更多的是体现在对外关系上，其中包括两层含义，分别是经济和政治。例如，在政治层面，一个国家可以完全自主地制定法律、改变其政体；在经济层面可独立地制定本国的经济政策。自卫权包含防御和自卫两个层面的含义，其中防御主要指国防建设，以军队、军事装备、防御工事、军事科技等为主，依靠自身的力量、采取合适的方法抵御外来侵犯。自卫指的是以武力方式攻击外来侵略者。自卫权在行使过程中不得过当，不能对其他国家产生威胁或者侵略感。主权关乎一个国家的尊严，具有最高的权威性，而自卫权是保障这种权威性的核心手段，失去足够的自卫权，国家主权将无所依附。

（四）国家标志

1. 国徽。我国的国徽中包含了天安门、齿轮、谷穗以及五角星这几种元素。《国徽法》于 1991 年 10 月 1 日开始施行。而我国的国徽图案是在 1950 年通过决议的。国徽中的每一种图案都含有深刻的寓意，农民阶级的代表图案是国徽中的谷穗，工人阶级的代表图案是国徽中的齿轮，民族精神的代表图案是国徽中的天安门。五颗星寓意着中国共产党领导下的各民族之间的团结，并且人民群众成为国家的主人，掌握国家的权力。各种图案中体现出中国的民主政权依赖于广大的工人阶级和农民阶级。中华人民共和国之国徽在下列机关悬挂：

第一，中央机关：中央人民政府委员会；外交部及其直属机关；中央人民政府政务院；中国人民政治协商会议全国委员会。

第二，地方机关：省市县人民行政公署及人民政府；民族自治区的人民政府；各大行政区人民政府。

第三，领事馆及驻外使馆。

国徽之悬挂的要求：机关大门上方正中、礼堂主席台上方正中处；不适宜悬挂和使用国徽的场合是私人婚丧吊礼、广告、图案、产品商标、日常生活用品等。

2. 国歌。我国的国歌是《义勇军进行曲》，由聂耳作曲、田汉填词，以抗日战争为背景，展现出中华民族抵御侵略、不屈不挠的精神，在民族危难时刻能够团结一致，永不磨灭。周恩来总理是最早建议将《义勇军进行曲》作为国歌的国家重要领导人。

中华民族在二战期间遭受了很大的威胁，国家和民族甚至处于生死存亡的关头，日本侵略者在中华大地上烧杀抢掠，正是在这样的背景之下，《义勇军进行曲》诞生了，曲调激昂凝重，显示出中华民族面临的严峻局面，歌词鼓舞人心，号召全国各族人民众志成城，以血肉筑长城，不畏牺牲，为民族的生存和侵略者血战到底。

《义勇军进行曲》诞生的时间较早，新中国成立之后，党中央开始认真开展国歌的遴选工作。《人民日报》在 1949 年 11 月 15 日还专门对国歌遴选问题作出了回应，当时指出将这首曲子作为国歌的原因是它已经具备广泛的群众基础和影响力，虽然当时新中国已经成立，但是日本侵略者造成的伤害是永不磨灭的，也不能忘记，这首曲子可以唤醒人民群众的民族精神和爱国热情。直到 1978 年，第五届全国人大一次会议简单修改了《义勇军进行曲》中的部分歌词，然后将其定为国歌。宪法中规定国歌具有宪法地位，其重要性与国旗、国徽是相同的。

3. 国旗。五星红旗是中华人民共和国的国旗，以红色为主背景，五颗黄色的五角星位于国旗左上方，四颗较小的五角星环绕着一颗较大的五角星，红色是炙热的，黄色象征着光明，国旗图案中蕴含着丰富的意义，是全国各族人民团结一致的象征。

五星红旗被确定为国旗是在 1954《宪法》中，在第 104 条。后来我国《宪法》经过了多次修改，但五星红旗作为国旗的地位始终是一成不变的。1990 年 6 月 28 日召开了中华人民共和国第七届全国人民代表大会常务委员会第十四次会议，在这次重要的会议中通过了《国旗法》，在当时的国家主席签发主席令之后，这部法律于当年的 10 月 1 日起开始执行。

《国旗法》中提出了升降国旗的一些基本要求，例如，升旗时国旗必须达到旗杆的顶部，在降国旗时要保护好国旗，不能使国旗落在地面上。正是因为这些要求，国旗手在升旗的过程中形成了一整套规范化的动作要领，体现出升降国旗时的庄严感。例如，在降国旗的过程中，下降到一定的高度时，由一名国旗手迅速将国旗双手托住，然后再将国旗整齐地折叠起来。

国旗代表着国家，国旗不得受到污染，也不能出现破损或者褪色之类的情况，以上任何一种情况的出现都不符合升国旗的标准，对于这些受到污损的国旗应该予以更换。天安门广场的升旗仪式是一项长期化的仪式，为了体现出国旗的崇高，几乎做到每次升旗都会更换一面新的国旗，确保国旗的整洁。

根据《中华人民共和国国旗法》的有关规定，国旗的升挂使用有以下几种情况：

每日升挂国旗。要求每日升挂国旗的场所包括外交部、北京天安门广场、出入境机场、边防哨所等重要的党政机关、军事设施以及大型公共基础设施，主要是一些有可能接待外国人口的场所。

工作日和学习日升挂国旗。在工作日应该升国旗的机构或者场所包括了国务院各部门、政协地方委员会、地方各级国家机关等。在全日制学校中也应该通过每日的升国旗仪式培养学生的爱国意识，当然，寒暑假除外。[1]

节庆日升挂国旗。各级国家机关和人民团体在国家法定节庆日中应该组织升国旗仪式。还有一些单位或者行政机构鼓励在节庆日升挂国旗，如企事业单位、城市中的广场、居民委员会等。升挂国旗还可和国家的重大文体活动、庆祝活动等结合在一起，如国家级的体育赛事。

下半旗志哀。国家重要领导人、科学家等对中国乃至世界做出了重要的贡献，这些伟大人士逝世时应该下半旗默哀，如国务院总理、国家主席等。对于因自然灾害、突发公共卫生事件等造成的重大人身伤亡事故，可通过下半旗默哀的方式予以祭奠，以表达崇敬或者惋惜。

4. 版图。中国的地理位置在太平洋西海岸，亚洲的东部地区。最北端位于漠河，以黑龙江的江心为地标，曾母暗沙（位于南沙群岛）是我国的最南端。乌苏里江和黑龙江的汇合之处是中国的最东端。帕米尔高原是中国的最西部地区。我国的国土面积超过了 960 万平方千米。

我国的领海分为内海和边海，边海包括了南海、东海和黄海，内海指的是渤海。海域总面积达到了 470 万平方千米，我国面积最大的岛屿是台湾岛，同时还分布着其他 7599 个大小不一的岛屿。

与我国接壤的国家达到了 14 个之多，如朝鲜、吉尔吉斯斯坦、尼泊尔、蒙古、哈萨克斯坦、越南、不丹、老挝、缅甸、塔吉克斯坦、印度、巴基斯坦、阿富汗、俄罗斯等。在海上与我国相邻的国家达到了 8 个，分别是朝鲜、马来西亚、印度尼西亚、日本、文莱、韩国、菲律宾、越南。省级行政区划为 23 个省，4 个直辖市，5 个自治区，2 个特别行政区，首都是北京。

三、宪法的社会作用

（一）宪法在组织国家政治权力方面发挥的作用

宪法作为一个国家的根本大法，其首先起到的就是授权委托书作用。具体而言，就是广大人民群众通过宪法，委托国家机关依据宪法所赋予的国家权力为人民服务。颁布宪法的首要任务是组织国家政权体系，而享有国家权力的主体即制定宪法的人民。从抽象层面看，国家权力机关并不享有国家权力，而是依据宪法相关规定行使国家权力。因此，国家机关不能违背宪法，滥用国家权力。

从国家政权组织形式方面来看，基于宪法所构建的国家政权体系分为两大类：第一类为三权分立制度，即立法权、司法权、执法权相互分立、相互监督，是一种建立在权力制衡原则上的国家政治体系。第二类为人民代表大会制度，该制度以民主集中制原则作为基础，国家最高权力机关为人民代表大会，国家权力机关依据宪法所行使

---

〔1〕 李世安："浅析改革开放前后两个历史时期我国的人权法制建设"，载《人权》2014 年第 1 期。

的国家权力是一种集合性权力。在我国，各级人民代表大会所享有的国家权力主要由四个部分构成：立法权、任免权、决定权、监督权。国家机关，诸如行政机关、检察机关、审判机关等，均由人民代表大会选举产生，国家权力机关向人民代表大会负责。

国家政权制度，需要以宪法的两项基本原则作为基础。第一项基本原则是合宪性，所有的国家机关必须以宪法内容作为开展活动的依据。如果国家机关在没有宪法作为依据的情况下，随意使用国家权力，就构成了违宪行为，对于国家权力机关的违宪行为，要坚决禁止并予以取缔。第二项基本原则是合目的性。国家机关在依据宪法所赋予的权力开展活动时，其权力的行使必须满足为人民服务这一根本目标，国家机关不能以谋求自身利益为目标行使国家权力。

（二）宪法在保障公民权利方面发挥的作用

制定宪法本身并不是宪法制定者的最终目的，制定宪法的最终目的是通过宪法尽可能实现人民群众的共同利益。所有社会成员所追求的幸福以及利益，是通过个体方式或集体方式存在的，因此制定宪法的首要目标是保障所有社会成员的最大幸福与最大利益。从微观方面来看，宪法在保障公民权利方面所发挥的作用主要基于三个原则：一是国家利益、集体利益与个人利益协调原则；二是保障全体公民基本权利原则，公民基本权利多种多样，而基本人权是最为重要的公民基本权利；三是权利与义务相一致原则。这三项基本原则一方面是对于所有社会成员的要求，另一方面也是对国家权力机关基于宪法规定行使国家权力的基本要求。特别是在宪法框架下，对于行使公民权利所作出的限制规定具有双重的立宪目的：一是要引导全体公民树立权利与义务相统一的意识，公民依照宪法享有相应权利的同时，也要承担相应的社会责任与义务。二是国家权力机关在行使国家权力的过程中，禁止越过宪法中对于公民基本权利的规定，限制公民基本权利的实现。

（三）宪法在维护和确认我国基本经济制度方面的作用

在经济方面，作为上层建筑的宪法由经济基础决定，但宪法对自己的经济基础又有积极的保护作用和促进作用。宪法对经济基础的这种反作用主要通过以下三个途径来实现：其一，通过宪法规范确认其赖以存在的经济基础；其二，通过宪法规范使特定的所有制转化为所有权，从而促进经济基础的发展；其三，通过宪法规定国家的基本经济政策，从而促进国家经济的发展。我国宪法公开确认生产资料公有制是社会主义经济制度的基础，并且宣布社会主义公有财产神圣不可侵犯，同时明确规定了各种所有制形式的法律地位以及国家经济发展的基本政策，从而有力地促进了社会主义经济基础的发展。

（四）宪法在评价法律和传播法治思想方面的作用

宪法是我国的根本大法，具有最高的法律效力，对其他一切法律具有判断、衡量其是否良善的作用。我国宪法的评价作用具有以下鲜明的特色：其一，宪法评价具有广泛性。国家和社会生活的各个方面都能在宪法中找到评价的依据和标准，而其他法律则不具备这样的作用。其二，宪法评价具有集中性。既然宪法集中表现统治阶级意志，那么，宪法评价实际上是统治阶级的评价。其三，宪法评价具有最高性。宪法具有最高的法律效力，一切机关、组织和公民个人都必须以它为根本的活动准则。因此，宪法的评价具有至高无上性。

宪法不仅是评价法律良善和人们社会行为的标准，而且它还具有传播法治思想的作用，它对于增强公民的法律意识、传播社会主义法治思想具有极为重要的作用。我国宪法是社会主义类型的宪法，我国宪法可以对人民群众进行革命历史的宣传教育，因为在序言中叙述了我国近百年来的历史；我国宪法可以对人民群众进行四项基本原则的宣传教育，因为在宪法中对坚持四项基本原则作了完整的规定；我国宪法可以对人民群众进行社会主义精神文明建设的宣传教育，因为在宪法中对社会主义民主与法治的基本原则作了明确的规定。我国宪法在思想建设方面规定了国家对公民进行普及思想、道德、文化、纪律和法治的教育；国家对人民进行爱国主义、集体主义和国际主义、共产主义的教育，进行辩证唯物主义和历史唯物主义的教育；国家提倡爱祖国、爱人民、爱劳动、爱科学、爱社会主义的公德；国家在思想战线上反对资本主义的、封建主义的和其他一切腐朽反动的思想。

第三节 宪法的渊源与分类

宪法是一个国家的根本大法，那么，宪法为什么具有根本大法的效力，宪法一定是写在纸上的成文宪法吗？不成文宪法到底存不存在，宪法惯例、宪法学说属于宪法吗？宪法都有哪些种类？这就是我们要学习的宪法的渊源和分类的问题。

一、宪法渊源

（一）宪法渊源概述

宪法渊源是指宪法的效力来源，包括制宪主体、制宪权限、制宪程序和制宪方式等内涵要素。它追求的是宪法的根源，即研究宪法是怎么来的。宪法来源不同的宪法，就会有不同的宪法渊源形式。例如，由专门机关制定的宪法，表现为成文宪法典的形式。由普通司法机关在判例中形成的宪法，则以宪法判例的形式出现。

宪法形式是指宪法的外部表现形态，既包括宪法的渊源形式，又包括宪法的结构形式。宪法的渊源形式是指基于不同的效力来源所形成的宪法外部表现形式，包括成文宪法典、宪法性法律、宪法惯例、宪法判例、宪法解释、国际条约和国际习惯以及权威性宪法著作等。我国宪法的渊源形式，没有宪法判例和权威性宪法著作。

宪法的结构形式，包括宪法体系和成文宪法典。其中，宪法体系是由不同渊源形式所构成的整体架构；成文宪法典的结构形式，是由不同构成要素的组合方式所体现的外部形态。宪法形式和宪法内容是不同的概念，它们既有区别又有联系。宪法内容具体表现为国家的根本制度、基本国策、公民的基本权利和义务、国家机关的组织、权限、活动原则等。因此，两者的关系表现为：

第一，宪法内容决定宪法形式。宪法的本质内容决定宪法作为一种规范性文件的形式而出现。宪法内容的根本性、全面性和宏观性，决定宪法规范结构形式的最高性和原则性。宪法内容的发展变化决定宪法形式的发展变化。如修正案附于宪法典之后，便改变了宪法原有的存在形式。

第二，宪法形式服务宪法内容，但具有相对性。宪法形式是宪法内容的存在方式。反过来，任何内容都需要一定的形式来表现。宪法形式具有相对的独立性，即同一内容的宪法在不同国家或同一国家的不同时期，由于文化传统、政治习惯、社会环境和法治水平的不同，采取的形式也不一样。英国和日本都是君主立宪制国家，但宪法存在的形式不同，一个是不成文宪法，另一个则是成文宪法。

（二）宪法渊源形式

通观世界各国宪法，宪法的渊源形式主要有成文法典、宪法性法律、宪法惯例、宪法判例、宪法解释、国际条约和国际习惯、权威性宪法著作等。

1. 成文宪法典。成文宪法典是指一国最根本、最重要的问题由一种有逻辑、有系统的法律文书加以明确规定而形成的宪法。它一般由特定制宪机关采用特殊制宪程序制定，在一国法律体系中具有最高法律效力。现代民主国家大多采用成文宪法典形式，其特点是形式完整，结构严谨，内容明确，条款原则，相对稳定，便于适用。

2. 宪法性法律。宪法性法律是指一国宪法的基本内容不是统一规定在一部法律文书之中，而是由多部关联的法律文书表现出来的宪法，具体又分为宪法本体法和宪法关联法。宪法本体法是指一国的根本制度由多部单行法律文书表现出来的宪法，多为不成文宪法国家采用。例如，英国是采用不成文宪法国家的典型。英国的宪法本体法主要有1679年的《人身保护法》、1689年的《权利法案》、1701年的《王位继承法》和1911年的《议会法》等。宪法关联法是指由普通立法机关为实施宪法而制定的宪法性法律，具体包括组织法、选举法、代表法、议会（代表）机关议事规则、立法法等，其效力低于宪法，但属于宪法范畴。世界各民主国家均有宪法关联法，其特点是由国家立法机关制定，涉及国家根本问题的某一方面。宪法关联法制定程序普通，效率低于宪法典。其作用是作为宪法性法律在成文宪法国家为宪法典提供补充，在不成文宪法国家，是宪法结构的成文形式，具有重要意义，承载着大多数宪法规范、宪法原则和宪法指导思想。

3. 宪法惯例。宪法惯例是指宪法条文无明确规定，但在实际政治生活中存在和通行并经国家认可，具有宪法效力的习惯和传统。宪法惯例一般由代议机关国家元首、政府首脑或政党领袖等在实际政治生活中开创先例，并为后人所效仿而逐渐形成。例如，英国关于“内阁首相自行组阁”的宪法惯例，就是1834年首相罗伯特·皮尔（Robert Peel）为保持内阁稳定自行组阁，并获得英王默许而逐渐形成的。宪法惯例多见于不成文宪法国家，但在成文宪法国家也不少见。其作用和意义在于能适应国家形势的发展变化，同时也充实并丰富了一国宪法的内容，便于宪法功能的充分发挥。但宪法惯例属于政治性规则，一般不适用于普通案件的审判之中。

4. 宪法判例。宪法判例是指宪法条文无明文规定，由司法机关在审判实践中逐渐形成并经国家认可，具有宪法效力的判例。宪法判例一般存在于以判例法为主要渊源的普通法系国家，如英国、美国等，其特点是针对性和可操作性较强。例如，美国司法审查制的确立就是通过“马伯里诉麦迪逊一案”（见本章引例）的判决而形成的。

5. 宪法解释。宪法解释就是对宪法条文含义进行的释义和说明。从解释主体、对象、原则、方式等方面来看，对于宪法解释，人们有多种不同的理解。李步云教授主编的《宪法比较研究》一书中将宪法解释分为立宪解释、行宪解释、违宪司法审查解释和监督解释四种类型。我们认为作为宪法渊源形式之一的宪法解释主要是指立宪解释。具体来说，就是指在制定和修改宪法过程中，对宪法条文、规范、原则、结构、功能及其相关法律关系所作的分析、说明和补充。

立宪解释也可称为补充解释，其特点是以宪法文件为根据，围绕宪法条文的内涵和外延进行释义和补充，同被解释的宪法条文具有同等效力。宪法解释一般附于宪法正文之后，如 1979 年的《印度宪法》随后所列的十个附表就属此类。也有的专列一章出现在宪法正文中，如 1973 年的《巴基斯坦伊斯兰宪法》，专设一章“解释”，对宪法条文中名词术语的含义进行了专门的解释。

6. 国际条约和国际习惯。国际条约是指国际法主体之间就权利义务关系缔结的一种书面协议；国际惯例则是指各国在相互交往中形成的一种有法律约束力的行为规范。“条约必须遵守”是国际法的一项基本原则，国际习惯一旦被各国所接受，就应该具有普遍的约束力。

国际条约和国际习惯是国际法的主要渊源，但能否成为国内法的渊源以及宪法的渊源，取决于一个国家的参与和认可。西方有些国家在本国宪法中对国际条约和国际习惯在国内法中的地位和效力问题有专门规定，如 1787 年的《美国宪法》第 6 条规定，合众国已经缔结的和即将缔结的一切条约，皆为合众国的最高法律，每个州的法官都应受其约束；又如 1949 年的《德国基本法》第 25 条规定，国际公法的一般原则是联邦法律的组成部分，它们的地位优于法律，并直接创制联邦境内居民的权利和义务；再如，1958 年的《法国宪法》设专章“国际条约和协定”，具体规定了国际条约和协定的签订、批准程序，并在第 55 条规定，依法批准的条约和协定自公布后即具有高于各种法律的权威。显然，国际条约和国际习惯在这些国家已成为国内法和宪法的主要渊源。

国际条约和国际习惯成为国内法和宪法渊源，是现代国家之间交往与合作的基本条件和必然结果。在当今世界，即使有些国家在宪法条文中对国际条约和国际习惯在国内法中的地位和作用没有明确规定，但它们参与缔结条约的行为和参与国际合作的行为已经得到充分承认和认可。

7. 权威性宪法著作。权威性宪法著作作为宪法的一种渊源形式，并不是一种普遍现象。在采用成文宪法体系的国家，以及宪法监督和宪法解释制度比较健全的国家，权威性宪法著作只能作为制宪机构和宪法监督与解释机关的参考。因此，在这些国家，权威性宪法著作不能作为宪法的渊源。但在少数不成文宪法体系的国家，如英国在没有宪法规定以及宪法判例尚未形成时，权威性宪法著作往往在不违背宪法精神的前提下，被作为司法判决的依据来引用。例如，关于英国皇家特权在国外的行动范围及保卫国家的行动范围，就曾经求助于 A. V. 迪赛和梅特兰的著作。在英国，自 18 世纪以来，每一时代都有著名的法学家，如布莱克斯通、白芝浩、戴雪、恩逊、詹宁斯等，他们的著作对于宪法惯例和宪法判例做了大量的总结、归纳和解释，往往被作为司法判例的依据。

（三）我国宪法的渊源形式

我国宪法的渊源形式和国际宪法的渊源形式大体相同，但也有自己国家的特色，大致包括成文宪法典、宪法性法律、宪法惯例、宪法解释、国际条约和国际习惯。

1. 成文宪法典。1949 年我国解放战争取得基本胜利之后，于 9 月召开了具有广泛代表性的中国人民政治协商会议，制定了《共同纲领》。尽管它还不是一部社会主义类型的宪法，但它规定了我国的基本政治、经济和文化制度，为我国社会主义成文宪法典的制定奠定了基础。1954 年 9 月 20 日，中华人民共和国第一届全国人民代表大会第一次会议，通过了我国第一部社会主义宪法，标志着我国社会主义成文宪法典的正式产生。之后随着社会主义建设的不断发展变化，我国宪法的发展也经历了一个曲折发展的时期（参见本章第三节之三），至今已形成了我国的宪法体系，所以，我们认为成文宪法典是我国宪法的主要渊源形式。

2. 宪法性法律。在我国，国家最根本、最重要的问题大多通过宪法典的形式确认和规定，所以我国的宪法性法律主要是指为实施宪法，而由全国人大等制定的宪法关联法。例如 1995 年的《全国人民代表大会和地方各级人民代表大会选举法》，1982 年的《全国人民代表大会组织法》，1982 年的《国务院组织法》，1983 年的《人民法院组织法》，1995 年的《地方各级人民代表大会和地方各级人民政府组织法》，1984 年的《民族区域自治法》，1990 年的《香港特别行政区基本法》，1993 年的《澳门特别行政区基本法》，1992 年的《全国人民代表大会和地方各级人民代表大会代表法》，1980 年的《国籍法》，1990 年的《归侨侨眷权益保护法》，1992 年的《未成年人保护法》，1991 年的《残疾人保障法》，1992 年的《妇女权益保障法》和 1996 年的《老年人权益保障法》，还有 2000 年 3 月通过的《立法法》等。

3. 宪法惯例。我国是否存在宪法惯例以及有哪些宪法惯例的问题，目前理论界没有统一的说法。有人认为，宪法惯例只存在于英美法系国家，大陆法系国家没有宪法惯例，我国基本上接近大陆法系国家，所以从法理上讲，不存在宪法惯例。但我们认为，宪法惯例是一种通行的政治习惯和传统，因而一般国家都存在。在我国国家领导人、最高国家机关和执政党中央委员会的行为中，一些不成文的习惯做法确实存在。例如关于宪法修正案的提案问题，现行宪法规定全国人大常委会或 1/5 以上的全国人大代表才有权提出宪法修正案的议案，但在实践中，一般由执政党中央委员会首先以建议案的形式提出来。又如每届全国人大开会时，全国政协会议也同时进行，并且，政协全国委员会委员全体列席全国人大的有关会议。再如，中华人民共和国中央军事委员会主席，习惯上由中国共产党中央军事委员会主席兼任。这些习惯做法已经起到了宪法惯例的作用，从实践上讲，也可以说它们就是中国的宪法惯例。

4. 宪法解释。根据我国现行《宪法》第 67 条第 1 项的规定，解释宪法的权力属于全国人民代表大会常务委员会，也就是说，只有全国人大常委会对宪法条文进行的书面解释，才能作为我国宪法的一种渊源形式。如第六届全国人大常委会第二次会议通过的《关于国家安全机关行使公安机关的侦查、拘留、预审和执行逮捕的职权的决定》，就对现行宪法第 37 条、第 40 条的内容作了新的说明。尽管宪法解释在我国政治实践中并不多见，但宪法解释已经成为我国宪法的一种渊源形式。

5. 国际条约和国际习惯。关于国际条约和国际习惯在国内法中的地位和效力问题，我国宪法没有明确规定。但中国是联合国安理会常任理事国成员之一，于 1945 年组织起草并参与签订了《联合国宪章》（以下简称《宪章》），享有《宪章》赋予的各种权利，并积极履行宪章规定的各种义务。新中国成立之后，我国先后参与签订和认可的国际法文件很多，尤其是近年来，我国又认可了《经济、社会及文化权利国际公约》和《公民权利和政治权利国际公约》两个著名的人权公约。应该说，我国参与签订和认可的国际文件，无疑是我国现行法律的渊源之一。其中，关于人权等问题的规定，当然也是我国宪法的一种渊源形式。

二、宪法的分类

自宪法产生以来，宪法学者就根据不同的标准，对宪法进行了分类研究，近代以来出现的各种宪法分类归纳起来主要有两种，即形式分类和实质分类。

（一）宪法的形式分类

近代资产阶级学者根据宪法的某些外部表现特征，对宪法作了多种分类。这主要有以下三种：

1. 成文宪法与不成文宪法。这种分类的依据和标准是宪法是否具有统一的法典形式。成文宪法是指由一个或者几个规定国家根本制度和根本任务的宪法性法律文件所构成的宪法典。世界上最早的成文宪法是 1787 年的《美国宪法》。现代世界上，绝大多数国家的宪法是成文宪法。不成文宪法是指既由书面形式的宪法性法律文件、宪法判例，又由非书面形式的宪法惯例等构成的宪法。英国宪法是典型的不成文宪法，主要由宪法性法律文件、法院判例、宪法惯例构成。

2. 刚性宪法与柔性宪法。这种分类的依据和标准是宪法的制定、修改程序的不同。刚性宪法是指制定和修改的程序比普通法律严格的宪法。当今世界上绝大多数国家的宪法属于这种类别的宪法。柔性宪法是指制定和修改的程序、法律效力与普通法律完全相同的宪法。如作为英国宪法的重要组成部分的宪法性法律文件，是在不同历史时期由议会以一般立法程序制定和修改的。

3. 钦定宪法、民定宪法和协定宪法。这种分类的依据是制定宪法的主体不同。钦定宪法是指由君主自上而下地制定并颁布实施的宪法。如 1889 年日本明治天皇颁布的日本《明治宪法》，还有 1908 年中国清末的《钦定宪法大纲》等。钦定宪法是封建君主迫于社会要求民主的压力而制定的，对于民权作了点缀式规定，而主要是以宪法的形式规定了至高无上的君权。民定宪法是指由民选议会、制宪会议或公民投票表决制定的宪法。当今绝大多数国家的宪法属于这种类型。协定宪法是指由君主与人民或民选议会进行协商共同制定的宪法。

（二）宪法的实质分类

马克思主义承认从形式上对宪法进行分类的意义，同时也看到了其局限性，因而从实质上对宪法进行了分类，主要分为以下几类：

1. 资本主义类型的宪法与社会主义类型的宪法。这是根据宪法赖以产生和存在的经济基础的性质以及国家政权的性质所进行的分类。资本主义类型的宪法，又称资产阶级类型的宪法，是指建立在资本主义私有制基础之上和确认资产阶级专政的宪法。资本主义类型的宪法建立在生产资料资本家私有制的基础之上，为资本主义的经济制度服务，确认和保护资产阶级专政。社会主义类型的宪法，又称无产阶级类型的宪法，是指建立在社会主义公有制基础之上和确认由人民当家作主的宪法。社会主义类型的宪法是建立在生产资料社会主义公有制的基础之上，为社会主义经济制度服务，并公开确认工人阶级在整个国家中的领导作用。

2. 近代宪法与现代宪法。它是按历史阶段和内容来划分的。二者在时间上区分的主要标志是 1918 年《苏俄宪法》和 1919 年《魏玛宪法》，前者是社会主义类型宪法，后者是资本主义类型宪法。但凡这两部宪法之前的宪法一般都是近代宪法，这两部宪法本身及其后制定的宪法，大都属于现代宪法。就实质意义而言，近代宪法立足传统的自由主义，比较倾向于保护传统的自由，尤其是经济自由。在国家组织方面，它比较注重严格意义的分权，实行权力的分立，但这只是横向的分权。此外还有纵向的分权，比如采取联邦制。而现代宪法则在此基础上有所发展，具有新的内涵。这些新的内涵也比较丰富，简单地说，一般是更加注重平等，重视社会权利的保障。因此，出现了一些社会政策、福利政策，有些国家被称为福利国家，或者也叫“社会国家”，它吸收了社会主义的一些政策，但没有把这些社会主义政策上升为社会主义制度，或者说没有像我国《宪法》第 1 条第 2 款的规定的这样，把社会主义制度作为国家的根本制度。还有就是出现了现代型的多党制，这是一个非常重要的现代分权方式，不同政党之间相互竞争、相互监督、相互制约，实现新的横向分权，这就是现代宪法。

3. 规范宪法、名义宪法和语义宪法。规范宪法指的是为政治权利所能适应并服从的立宪主义意义上的宪法，这种宪法最典型地存在于西方成熟的法治国家。名义宪法指的是只在名义上存在，但在现实中不能发挥其规范性的宪法，这样的宪法主要存在于当时的拉美、亚非等新兴国家。语义宪法指的是即使被使用，也是掌握权力者的宣言手段或点缀品的那种宪法，这种宪法主要出现在专制主义国家或者发展中国家。就我国宪法而言，我国宪法从根本上来说属于规范宪法，但还不成熟，有待继续发展和完善。

4. 革命宪法与改革宪法。这是现代中国具有本土性质的分类，是完全从中国角度出发的，而且跟现实有密切关系的分类。革命宪法是指革命时期制定的或者反映革命时期目标的宪法；改革宪法是改革时期制定的反映了改革时期内容和要求的宪法。当今中国的宪法很显然属于改革宪法，它始终处于变动之中，且行且修改，它为改革服务又推动改革实践不断向前发展，并且从宪法高度为改革实践赋予了正当性和合法性。

第四节 宪法的制定、修改与解释

宪法的制定、修改与解释主要面临两个问题：①谁有权制定宪法、修改宪法？如何解释宪法？②宪法是怎么制定的？又是怎样进行修改和解释的？这一节我们主要就是学习这些相关知识。

一、宪法的制定

1. 宪法制定权。宪法的制定权简称制宪权，是指制宪主体按照一定原则创造作为国家根本法的宪法的一种权力。宪法制定权是宪法制定行为的根据和前提，因此，宪法制定不等于宪法成立，没有制宪行为的合法化就没有宪法的成立。关于宪法制定权的含义，有两种观点：一是权力说，认为制宪权就是对固有政治实体和形态作出根本判断的权力，具体表现为创造宪法、维护宪法以及废止宪法的一种权能，优于国家权力。二是活动说，认为制宪权是指统治阶级按照一定的法律程序，通过立法机关创造宪法的活动。

制宪权、修宪权与立法权是不同层次的权力形态。修宪权是依据制宪权而产生的一种权力，可以理解为是制度化的制宪权，是一种源于制宪权的权力。因此，即使制宪权与修宪权的行使主体一样，但它们的行为性质也不同。而立法活动则要遵从制宪权宗旨，不能脱离制宪的目的与原则。

制宪权理论源于古希腊、罗马的法治思想以及中世纪的根本法思想。系统提出这一理论的是法国的著名学者西哀耶士，他在《第三等级是什么》中指出，唯有国民拥有制宪权，国民意志永远是最高法律。由此看来，制宪权不等于修宪权和立法权。

2. 宪法制定权的性质。关于制宪权的性质或者说来源，目前有两种不同的主张：一是自然法观点。该观点认为制宪权是不以国家权力或任何意义上的实定法存在为其条件的，国家权力是依据制定权而产生的“形成的权利”，制宪权是国家权力存在的前提。这种观点是不正确的，它混淆了制宪权的理论形态和实践形态的界限，把制宪权理解为纯自然的权力。事实上，我们应区分根源意义上的国家权力与具体组织化的国家权力，否则会导致制宪权和国家权力的冲突。二是国家权力观点。制宪权是国家最高决定权的具体体现，换句话说，它是国家权力中的最高权力。这一观点我们认为是较为正确的。

3. 宪法制定权的界限。制宪权主体在运用制宪权时是否应受限制，制宪权是否存在“绝对意志的自由”，这就涉及制宪权的界限问题。制宪权作为国家最高的权力，实际上也是一种受到制约的权力，主要表现为：一是受宪法目的的制约；二是受法的理念制约，主要是指法理论、法正义、法稳定等理念；三是受国际法的制约；四是受自然法制约，比如人生而平等的自然法则。上述四个方面，从不同程度上制约着特定国家制宪权的运行与使用。

4. 宪法的制定机关。

（1）制宪主体。制宪权主体是制宪权得以运行的首要因素，只有国民才能构成制宪权主体，但在历史上，君主、少数者组织、一定团体等也在一定条件下成为制宪主体。享有制宪权主体地位与具体行使制宪权是不同的概念，为使国民有效地行使制宪权，各国建立了不同形式的制宪机关，并赋予它们相对独立的职权。在我国制宪主体是全国人民，制宪权行使主体则是多样的。

（2）制宪机关。制宪机关是指由国民选举的能够独立制定宪法的机关。为了使制宪权的实现具体化，各国通常根据制宪的需要，成立各种形式的制宪机关，如制宪会议、国民会议、立宪会议等机关。制宪机关依据民意行使制宪权，具体负责宪法的制定。实际行使制宪权的议会或代表机关，一般是由国民经过选举产生的。制宪议会不同于一般国会或民意机关，可不受旧宪法的约束，具有政治议会的性质。中华人民共和国的成立意味着中国人民成为制宪权主体，有权独立自主地行使制宪权，但作为制宪权主体的人民，通过选举把制宪权赋予全国人民代表大会来具体行使。我国第一部宪法就是由第一届全国人民代表大会制定、通过的“五四宪法”。

制宪机关与宪法起草机构是不同的。制宪机关是行使制宪权的国家机关，而宪法起草机构是具体工作机关，不能独立行使制宪权。制宪机关一般是常设的，而宪法起草机构是临时的，起草任务完成后便解散。前者有权批准通过宪法，而后者则无此权。制宪机关由公民选举产生，而后者由任命方式产生。对制宪机关的规定，各国宪法不尽相同，我国宪法虽然未明确规定，但实际上全国人民代表大会是我国的制宪机关。

5. 宪法的制定程序。宪法的制定程序是指制宪机关制定宪法时所经历的阶段和具体步骤。宪法制定程序的科学性和民主性，是判断一部宪法价值的指标。由于宪法是根本法，因而其制定程序不同于普通法律，程序比较严格。综合来看，它主要包括：一是成立制宪机构（不是制宪机关），如我国的宪法起草委员会，由民主产生的各方面高素质的代表组成。二是提出宪法草案，目的是征求意见、充分讨论。三是宪法草案的通过，制定机关或全体国民，通过严格的程序表决通过草案。四是宪法公布。

二、宪法的修改

1. 宪法修改的概念。宪法修改是指一个国家的宪法在实施过程中，因为政治经济形势发生重大变化或者由于宪法自身条款的某种缺陷，致使宪法继续执行遇到困难时，由有权的机关依照法定程序对其内容和条款作出书面变更的修正。

2. 宪法修改的方式及其特点。

第一，全面修改。它是指依法对原宪法进行大部分内容的修改。其特点是国家性质和制宪权根源未变，以原宪法规定程序进行。修宪机关整体通过并重新公布宪法。修改的原因一般是由于指导思想、基本原则和大部分内容不适应现实，例如 1975 年的《宪法》、1978 年的《宪法》、1982 年的《宪法》修改都是如此。

第二，部分修改。它是指依法对宪法的部分内容的调整或变动。包括两种情况：其一，通过修改决议进行的部分修改，如 1979 年《第五届全国人民代表大会第二次会议关于修正〈中华人民共和国宪法〉若干规定的决议》，实现了对 1978 年《宪法》的部分修改，即县级和县级以上地方各级人大设立常委会，将地方各级革命委员会改为地方各级人民政府，扩大直选范围等。又如 1980 年《第五届全国人民代表大会第三次会议关于修改〈中华人民共和国宪法〉第四十五条的决议》，即取消该条关于“大鸣、大放、大辩论、大字报”的权利，也属于部分修改。其特点是变动原文，即以新内容代替旧内容或者废除某些规定，重新公布宪法。其二，通过修正案进行的部分修改，即以宪法修正案的方式增删宪法的内容，附于宪法典之后，如我国于 1988 年、1993 年、1999 年、2004 年、2018 年进行的五次修宪。其特点是用法律补充宪法（不变动原文）；后法优于前法；不重新公布宪法。

第三，无形修改。它是指在宪法条文未作变动的情况下，由于社会的发展、国家权力的运作等，使宪法条文本来的含义发生了变化。1984 年中国共产党提出实行有计划的商品经济，显然也是对宪法上“计划经济”的无形修改。直到 1993 年，全国人大才通过《宪法修正案》，将第 15 条修改为“国家实行社会主义市场经济”。无形修改不是宪法修改机关依据宪法规定程序而进行的一种有意识的活动，而是非真正意义上的修改，但却具有相同的效果，因而属于广义的宪法修改。

3. 宪法修改的程序。目前，世界上绝大多数国家都在宪法中规定了比普通法更为严格的宪法修改程序，虽然规定各不相同，但通常都包括以下几个阶段：

程序一：提出提案。

提议主体提出建议和草案。提议主体分为三类。一是代表机关或国会议员。多数国家采用这一方式，例如我国《宪法》第 64 条规定，全国人大常委会或者 1/5 以上人大代表具有建议权，但实践中通常由中共中央委员会提出建议案，全国人大常委会或者 1/5 以上人大代表接受，再向全国人大提出正式宪法修正草案。再如，美国是国会在两院 2/3 议员或者 2/3 州议员提议后才提出修正案。二是行政机关。极少数国家规定行政机关具有提案权，如 1958 年《法国宪法》规定总统和议会议员具有提议权；《多哥宪法》第 52 条也有同样的规定。三是混合主体。提议主体涉及多种性质的机关或组织，有的国家宪法规定，提议由国会、修宪大会和一定数量的公民提出，如菲律宾；有的国家由政府和议员提出，如泰国、缅甸；有的国家规定由总统和议会提出，如叙利亚等；少数国家的政党也有提议权，如多哥。总体来看，多数国家由立法机关和行政机关共同提出。

程序二：先决投票（针对提议是否成立）。

这是指提议之后，议决之前，对宪法修正案进行的决定。约有 30 多个国家实行先决投票，如叙利亚、希腊、巴拿马等国。先决投票的目的在于使宪法修改的条文和内容明确具体。行使先决投票权的机关在各国并不相同，但多数是由公民、州议会、多数议员等决定提议是否可以提出。在不实行先决投票的国家，提议机关在提出修改宪法的动议时，一般同时提出宪法修正案的草案，从而使修改的内容具体明确。

程序三：公告（草案予以公告）。

提议成立后，由立法机关或行政机关将宪法草案予以公布，20 多个国家规定了公告程序，如荷兰、比利时、卢森堡等。公告的目的在于让公民知晓宪法草案并予以讨论。我国《宪法》虽然没有规定公告程序，但每次修宪草案都进行了公布，并经全体人民充分讨论。

程序四：议决。

议决机关包括立法机关（如中国）、行政机关（极少数国家）、特设机关（少数国家）和混合机关（70 多个国家）四类。议决机关必须以高于通过其他普通议案的出席和同意人数，即两个 2/3 或一个 2/3、一个 3/4 才能予以通过。其中，个别国家还附加了其他条件。联邦制国家需要州议会的批准，如美国；有些国家需要相隔一定时间的两次审核才能通过，如意大利；有些国家需要国家元首批准后才能生效，如约旦、荷兰等；有些国家需要全民公决半数以上通过才能生效，如日本，丹麦等；有些国家的全面修改和部分修改的议决程序不同，如西班牙。

程序五：公布。

宪法修改草案通过后，由法定机关以一定形式予以公布，才能发生效力。公布机关有国家元首（多数国家如爱尔兰）、代表机关（少数国家如巴西）、行政机关（主要指美国国务卿）。我国在实践中，一般由人大主席团以全国人大公告的方式公布。宪法修改草案公布后的生效时间也不一致，有批准之日、公布之日、公布一定时间后。我国采取后两种方式。

三、宪法的解释

1. 宪法解释的概念。宪法解释是指为了正确理解和统一实行宪法，维护法律的统一性和宪法的尊严，弥补宪法因时代变迁而产生的不足，依据一定的标准或原则对宪法条文所作出的说明。

宪法解释和法律解释既有区别又有联系。一方面，宪法是法律，因此宪法解释是一种广义上的法律解释，宪法解释的原则、方法、程序以及运作的一般原理，都应遵循法律解释的一般规律。另一方面，宪法是法律的法律，是一种特殊的法律。因此，宪法解释与普通法律解释有所不同，比普通法律解释更加严格，例如，顾及整体性，

解释程序严格等。

2. 宪法解释的功能。宪法解释的作用主要有如下五点：其一，使条文意义更加明确化，实现规范之析出；其二，补充宪法中的漏洞；其三，是宪法适用的必要条件；其四，可以推动宪法发展，是宪法规范继续形成的重要途径；其五，可以促进宪法解释学的发展。

3. 宪法解释的类型和方法。依据解释的主体和效力，宪法解释可分为正式解释和非正式解释，也可以称为有权解释和无权解释两种；依据解释的方法可将宪法解释分为语义解释、逻辑解释、历史解释、系统解释、全面解释和补充解释；依据解释的目的可以将其分为立宪解释、行宪解释、违宪解释、监督解释等。

有权解释是指由宪法授权的机关或宪法惯例所认可的机关，依据一定的标准或原则对宪法条文所作的具有法律效力的说明。有权解释的特点是特定主体、具有效力。其中特定主体主要有四类：一是司法机关；二是立法机关；三是专门机关；四是国家元首（如美国）和公民团体（如日本）。

无权解释是指非特定的机关、团体和个人对宪法条文所作的说明，没有法律上的约束力，有人又称为学理解释。如宪法学对宪法所作的解释，即为宪法的学理解释，它是非正式解释的一种，其性质属于学术探讨，没有法律效力，但它是一定宪法要求、宪法评价的表现方式。

本章小结提升：法治建设离不开宪法，宪法是我国社会主义法治建设的根本保障和坚实基础。因此，要想建设法治国家就必须有统一的至高无上的宪法，但是宪法不是凭空产生的，宪法的产生和发展是由一个社会的政治、经济和文化各项条件，即社会的物质生活条件所决定的。新中国宪法的发展由于受到当时社会条件的制约，经历了曲折发展的历程。1949 年 9 月中国人民政治协商会议第一届全体会议通过了具有宪法性质的《共同纲领》，1954 年 9 月第一届全国人民代表大会第一次会议通过了《中华人民共和国宪法》，是新中国成立后第一部社会主义类型的宪法，具有重大的历史意义。此后宪法发展出现反复，经历了 1975 年《宪法》、1978 年《宪法》，直到 1982 年进行拨乱反正，于当年 12 月由第五届全国人大第五次全体会议通过了新的《宪法》，即现行《宪法》，是新中国成立以来最好的一部宪法。我国宪法主要规定了国家的根本性质、组织形式、权力分配、各项基本制度等有关国家的根本性问题，同时，更为重要的是宪法规定了公民的基本权利和义务，旗帜鲜明地规定了国家尊重和保护人权，保护和维护人的尊严。宪法是一国的根本大法，在国家政治、经济、文化生活中起着主导地位，是构建国家法律体系的核心和根本遵循。因此，随着社会的不断发展，宪法也要随时作出调整和解释，这就是宪法的修改和解释，它必须遵循一定的原则和严格的程序由有权的机关进行，才能保证宪法得到良好的运用。

本章提高研讨题：

1. 20 世纪 50 年代，美国堪萨斯州奥利弗布朗夫妇要求当地学校允许他们的孩子在专门为白人子女开办的学校上学，但遭到拒绝。于是他们根据美国第 14 条宪法修正案关于平等保护的原则，向地区法院提起诉讼。结果，地区法院以“隔离但平等”原则为依据，判决布朗夫妇败诉。后布朗夫妇上诉至联邦最高法院胜诉。请思考“隔离但平等”原则是否有违宪法？为什么？

参考答案：“隔离但平等”原则是违反宪法平等权的，在公立教育领域中，“隔离但平等”没有理论依据，隔离的教育设施实质上就是不平等的。其剥夺了美国第 14 条宪法修正案赋予公民的法律平等保护权利。

2. 某市政府为了整顿城市道路交通秩序的混乱状况，在多方的建议下，欲出台关于限行摩托车的规定。公民甲某在得知这一消息后，认为出台这样的规定不合理、不合法，于是联合了近百人到市政府门前游行示威，要求市政府不要作限行摩托车的规定。公民甲某的行为是否合法？为什么？甲某如何正确表达自己的意见？

参考答案：

（1）市政府为维持公共秩序保障交通，有权出台有关交通管理的行政措施。应考量其目的是否合法；手段是否必要且有效；有无其他对公民权利限制更小的措施等各种因素来决定。所以在理论上市政府既可以限行摩托车也可以完全禁止摩托车，也可以限制其他车辆，这些是市政府的职权范围。

（2）公民甲某的行为是违法的。虽然根据我国《宪法》规定，公民有集体游行和示威的权利，但我国《集会游行示威法》规定，依照本法规定需要申请的集会、游行、示威，其负责人必须在举行日期的 5 日前向主管机关递交书面申请。

（3）公民表达自己的意见采取以下渠道：其一，经过合法程序申请集会、游行和示威。其二，可以向政府信访办公室或人大信访办公室提出自己的意见。其三，可以通过行政诉讼制度解决。

本章推荐的阅读文献：

1. 胡锦光、韩大元：《中国宪法》，法律出版社 2020 年版。
2. 马长山主编：《高校法治教育教程》，中国民主法制出版社 2019 年版。
3. 张震、刘泽刚：《外国宪法》，中国人民大学出版社 2021 年版。

第十五章课后练习题